# i-Manuel

## LA SOLUTION NUMÉRIQUE POUR ENRICHIR L'ENSEIGNEMENT

- **En usage collectif,** pour animer la classe et vidéoprojeter les activités et les corrections.
- **En usage individuel** pour motiver et faire travailler les élèves sur poste informatique.

## COMMENT ACCÉDER À VOTRE i-Manuel ÉLÈVE

### Pour ACTIVER votre i-Manuel

▶ Transmettez votre clé d'activation imprimée ci-dessous à votre enseignant qui, en retour, vous communiquera vos **identifiant** et **mot de passe**.

**votre clé d'activation élève**

BP24-F3BNA-EKRG7

PRONOTE.net
Votre établissement est équipé de Pronote.net : activez et accédez à votre i-Manuel avec vos identifiants Pronote depuis Pronote.net

### Ensuite, pour vous CONNECTER

▶ Rendez-vous sur **www.i-manuel.fr** et connectez-vous à votre espace élève avec vos **identifiant** et **mot de passe**.

**À SAVOIR**

- **Votre clé d'activation élève est unique et personnelle**, une fois utilisée, elle ne sera plus valide. Elle offre un accès à un seul élève pour une période de 24 mois (à compter de la première activation) et ne peut être réutilisée par d'autres élèves les années suivantes.
- L'activation des licences i-Manuel des élèves est laissée au libre choix de l'enseignant et l'ouvrage imprimé peut toujours être utilisé seul.

**Pour l'enseignant :** rendez-vous sur **www.nathan.fr/i-manuel** pour contacter votre délégué pédagogique Nathan, disposer de toutes les informations pratiques pour créer vos classes, activer les licences de vos élèves et équiper vos élèves de nouvelles licences.

W0111018

Nathan
TECHNIQUE

# Droit

# BTS 1re année

Marie-Hélène Bonifassi

Laurence Garnier

Patrick Mercati

Professeurs agrégés d'économie et gestion

Nathan
TECHNIQUE

# Sommaire




Édition : Florence Terrasse, Anna-Tatum Villalba

© Nathan – 25 avenue Pierre de Coubertin, 75013 Paris
Avril 2017 – ISBN : 978-2-09-164833-0

# 1 L'accès à une activité professionnelle

## Éléments du droit positif : 121-1

**Liberté d'établissement, liberté de circulation, liberté d'entreprendre, liberté de travail, droit à l'emploi**

| Les compétences attendues | Le plan du chapitre |
| --- | --- |
| Identifier les différents régimes juridiques d'exercice de l'activité professionnelle et leurs effets dans une situation donnée | I – La liberté d'accès à une activité professionnelle<br>A • Les salariés<br>B • Les indépendants<br>C • Les fonctionnaires |
| Apprécier l'opportunité du choix d'un statut dans une situation donnée | II – La liberté de choix d'un régime juridique du travail<br>A • La subordination juridique à l'égard d'un employeur privé<br>B • Le travail dans un contexte d'indépendance<br>C • La subordination juridique à l'égard d'un employeur public |

### Mise en situation

Thomas va bientôt finir ses études de médecine… Il s'interroge sur son avenir professionnel : va-t-il ouvrir son cabinet pour exercer à son compte, en tant que médecin libéral ? pratiquer la médecine hospitalière en passant les concours de la fonction publique ? travailler en qualité de médecin salarié pour une maison de retraite ?

# I La liberté d'accès à une activité professionnelle

## A. Les salariés

**Document 1** *Le statut de salarié*

Le statut de salarié se définit par l'existence d'un contrat de travail que l'employé signe avec l'entreprise. Le critère essentiel de la qualité de salarié est le **lien de subordination** qui se caractérise par l'exécution d'un travail sous l'autorité d'un employeur, en échange d'une rémunération.

Faire reconnaître l'existence d'un contrat de travail permet à l'employé de revêtir la qualité de salarié, et donc de prétendre à la protection des lois sociales relatives, par exemple, à la durée maximale du travail, au paiement des heures supplémentaires ou encore au droit à congés payés.

**Questions**

1. Relevez les conditions qui permettent de définir le statut de salarié.
2. Quels sont les intérêts d'adopter un tel statut ?

**Document 2** *Travailler en tant que salarié*

**La liberté de travail**

La Constitution française de 1958 (préambule de 1946) accorde à toute personne la latitude d'exercer une activité professionnelle.

**Le droit à l'emploi**

Le tribunal administratif de Paris a condamné Pôle emploi pour le suivi insuffisant du dossier d'un chômeur âgé de 55 ans, inscrit à Pôle emploi depuis de nombreux mois. Cet homme s'appuyait sur le droit à l'emploi, liberté fondamentale proclamée dans le préambule de la Constitution de 1946 auquel se réfère la Constitution du 4 octobre 1958, selon lequel « chacun a le devoir de travailler et le droit d'obtenir un emploi ». Si le tribunal a considéré que Pôle emploi n'est pas tenu à une obligation de résultat, il a ordonné de recevoir le demandeur d'emploi pour lui proposer toute offre ou formation utile en rapport avec la situation du marché du travail et de la situation de l'intéressé.

**Question**

3. Sur quel principe ce demandeur d'emploi s'est-il appuyé pour demander la condamnation de Pôle emploi ?

## B. Les indépendants

**Document 3** *Travailler en tant qu'indépendant*

**Liberté d'entreprendre, fondement du droit de l'Union européenne**

La liberté d'entreprendre est une composante de la liberté du commerce et de l'industrie, c'est-à-dire la liberté d'accéder et d'exercer librement toute activité économique. Il est dès lors possible, pour toute personne physique ou morale, de s'installer en créant, en acquérant et en organisant une entreprise. L'article 16 de la Charte des droits fondamentaux de l'Union européenne dispose : « La liberté d'entreprise est reconnue conformément au droit communautaire et aux législations et pratiques nationales. »

Indépendants… ils le sont tous, qu'ils soient artisan, commerçant, artiste, électricien, expert-comptable, coiffeur, plombier, architecte… et aussi dans les métiers du journalisme, de l'informatique, la communication, le conseil, la formation, etc.

Le travailleur indépendant n'est pas lié par un contrat de travail avec l'entreprise ou la personne pour laquelle il exécute sa mission. En pratique, il travaille pour son propre compte.

**Questions**

4. Qu'est-ce qui distingue un travailleur indépendant d'un salarié ?
5. En quoi peut-on dire que la liberté d'entreprendre est au cœur du droit de l'Union européenne ?

## C. Les fonctionnaires

**Document 4** *Travailler en qualité de fonctionnaire*

**Qu'est-ce qu'un fonctionnaire ?**

Dans le langage courant, ce mot désigne l'ensemble du personnel de l'Administration.

Mais au sens strict, les fonctionnaires n'en représentent qu'une partie, l'Administration employant des agents publics titulaires (fonctionnaires et autres catégories) et des agents non titulaires (auxiliaires, agents contractuels, vacataires).

*www.vie-publique.fr*

Un fonctionnaire est un individu employé et nommé par une personne publique dans un emploi permanent et titularisé à son poste dans un grade de la hiérarchie administrative.

Il existe **trois catégories de fonctionnaires**, correspondant aux trois fonctions publiques : les fonctionnaires de l'État, territoriaux et hospitaliers.

On retrouve pratiquement toutes les professions dans la fonction publique : des fonctions administratives (adjoint administratif, attaché d'administration, ingénieur d'études, directeur de recherche…), spécifiques (sapeur-pompier, officier de police, professeur des écoles, professeur des collèges et lycées, inspecteur des impôts…) et tous les métiers du privé (cuisinier, jardinier, architecte, ingénieur, infirmier, médecin hospitalier…).

**Questions**

6. Relevez les trois catégories de fonctionnaires.
7. Qu'est-ce qui distingue les fonctionnaires des salariés ?

# II La liberté de choix d'un régime juridique du travail

## A. La subordination juridique à l'égard d'un employeur privé

**Document 5** *Les trois pouvoirs de l'employeur*

**Le pouvoir de direction**

L'employeur fixe les conditions de travail dans son entreprise, donne des ordres et des directives.

**Le pouvoir réglementaire**

L'employeur élabore les règles qui s'appliquent dans son entreprise.
Il rédige pour cela un règlement intérieur, document écrit et obligatoire dans les entreprises d'au moins 20 salariés précisant les règles relatives à l'hygiène et la sécurité, à la discipline, etc. Le règlement intérieur doit être affiché sur le lieu de travail pour être connu de tous.

**Le pouvoir disciplinaire**

L'employeur peut sanctionner un salarié qui commet une faute en exécutant son travail. Les sanctions doivent être proportionnées à la faute commise et varier selon leur gravité (ex. : blâme, avertissement, licenciement).

**Document 6** *L'employeur et le salarié*

Monsieur,

Vous avez été engagé il y a deux ans comme chef de rang dans notre restaurant et j'ai déjà dû vous adresser un avertissement pour huit retards au cours du seul mois d'octobre. Je vous rappelle que vous êtes soumis aux horaires affichés dans le règlement intérieur de l'entreprise et que le contenu de vos tâches est clairement énoncé dans votre contrat de travail.

En outre, je vous ai déjà expliqué que la notoriété de notre restaurant et votre contact avec la clientèle rendent incompatible votre fonction avec le port de boucles d'oreilles pendant la durée du service.

Je vous invite à vous conformer dorénavant aux contraintes de notre entreprise, sous peine d'encourir une mesure de licenciement.

Cordialement,

Didier Lemoine

**Question**

1. Repérez l'expression des trois pouvoirs de l'employeur dans le document 6.

# B. Le travail dans un contexte d'indépendance

**DOCUMENT 7** *« Quand j'ai dû choisir entre deux CDI… et l'entreprenariat »*

Vincent Redrado a cofondé en 2012, à 23 ans, *thetops.fr*, un *concept store* pour les 20-35 ans. Son truc, c'est de donner envie aux jeunes de créer leur entreprise ! […]

« À la fin de ma césure, j'ai eu deux propositions : un poste chez Priceminister en continuité avec ce que je faisais [en stage] mais qui restait encore à définir et un job dans une *startup* où l'on me proposait un poste d'associé. Cependant, le projet ne me convenait pas, en tout cas le secteur. […] Il restait une solution : créer ma boîte ! […] J'avais énormément envie de me sentir libre et une féroce volonté de prouver que je pouvais créer quelque chose.

**Question de timing**

Puis je me suis dit, c'est le bon moment. Créer une boîte à la sortie des études est l'une des meilleures périodes : on dispose de beaucoup de temps et d'énergie, pas « d'accroche », pas de gros besoins financiers. Ce sont toutes ces raisons qui m'ont poussé à refuser les deux propositions de CDI pour créer ma boîte. Et je ne le regrette pas du tout. […] Que *thetops* soit une grande réussite dans plusieurs années ou pas, les compétences acquises, les relations ou encore la maturité professionnelle gagnée valent bien plus que tous les CDI !

**Quelques conseils pour la route :**

1/ Le CDI n'est pas une finalité : bien évidemment, un CDI c'est rassurant, mais cela ne doit pas être une fin en soi. Gardez l'ambition de changer les choses !

2/ Gardez cette folie : quand vous êtes jeune, vous avez cette folie en vous, utilisez-la à bon escient en entreprenant.

3/ Entreprendre jeune, une opportunité : c'est le meilleur moment pour le faire, allez-y, lancez-vous, vous n'avez vraiment pas grand-chose à perdre.

Vincent Redrado, start.lesechos.fr, 16 juin 2016.

**Questions**

2. Quelles sont les raisons qui ont poussé ce jeune homme à délaisser le statut de salarié au profit de la création d'une entreprise ?
3. Pourquoi un CDI aurait-il été plus rassurant ?
4. Pourquoi entreprendre est-il présenté comme une opportunité ?

# C. La subordination juridique à l'égard d'un employeur public

**DOCUMENT 8** *Le fonctionnaire au service de l'État*

[…] La subordination de l'Administration se traduit, dans le système français, par des obligations pour les fonctionnaires. D'abord, ils doivent se consacrer entièrement à leur fonction : le cumul d'activités professionnelles est interdit et donc toute activité lucrative privée complémentaire est exclue, sauf dérogation. Les fonctionnaires doivent également observer une discrétion professionnelle et une obligation de secret : ils ne doivent jamais divulguer des documents ou des informations dont ils ont eu connaissance dans l'exercice de leurs fonctions.

Ils doivent ensuite respecter un devoir d'obéissance hiérarchique : un fonctionnaire ne peut refuser d'exécuter un ordre de son supérieur, sauf si celui-ci est manifestement illégal.

Les membres de l'Administration ont aussi un devoir de loyauté : ils doivent servir loyalement le gouvernement et observer une totale neutralité dans l'exercice de leurs fonctions (ex. : ne pas faire part de ses opinions politiques ou religieuses face aux usagers d'un service public). […]

*www.vie-publique.fr*

**Questions**

5. En quoi consiste le lien de subordination qui relie les fonctionnaires à l'État ?
6. Donnez des exemples.

# Entraînement à la rédaction d'une note structurée

**Les compétences attendues**

- Identifier les différents régimes juridiques d'exercice de l'activité professionnelle et leurs effets dans une situation donnée
- Apprécier l'opportunité du choix d'un statut dans une situation donnée

Pierre va bientôt terminer ses études de droit et il s'interroge sur son futur statut professionnel : exercer le métier d'avocat ? travailler comme juriste dans une grande entreprise ? ou bien encore devenir magistrat ?

## Question

**À l'aide de vos connaissances et des annexes, conseillez Pierre.**

- Rédigez une note structurée dans laquelle vous lui exposerez les choix qui s'offrent à lui pour embrasser une carrière juridique.

**Annexe 1**

### Le métier de juriste d'entreprise, un statut de salarié

Le juriste d'entreprise, salarié, rédige les contrats commerciaux, de travail…, et suit la législation en droit des affaires et droit fiscal pour conseiller les dirigeants de sa société et protéger leurs intérêts dans le respect des lois en vigueur.

Son rôle de conseil lui permet d'informer les différents services (ressources humaines, direction financière, direction commerciale…). Il accompagne les démarches et les projets en cours en s'appuyant sur sa parfaite connaissance des réglementations.

Généralement titulaires d'un bac + 5 au minimum, la plupart des juristes d'entreprise ont un master 2 en droit privé, avec des spécialisations possibles en droit des affaires, droit fiscal… D'autres spécialités de masters (droit bancaire, droit des assurances, droit des transports, droit du sport, droit maritime…) permettent d'exercer dans des secteurs d'activité précis.

**Je suis juriste d'entreprise**

Mon métier consiste à protéger les intérêts de ma société sur les plans commercial, fiscal et social. Je suis salarié dans un grand groupe bancaire et je m'occupe des contrats à passer et des contentieux.

Je reçois de mon employeur toutes les consignes de travail et suis soumis à des horaires fixes. En contrepartie, je perçois tous les mois un salaire fixe qui peut s'accompagner de primes en fonction des objectifs atteints. J'aime ce statut car je suis rassuré par le fait de pouvoir percevoir un salaire tous les mois.

# Choisir un statut juridique

**Annexe 2**

## La profession d'avocat, un statut libéral

Pour devenir avocat, il faut posséder au moins un master 1 ou 2 en droit. À l'issue de sa formation, l'étudiant passe l'examen du CAPA (certificat d'aptitude à la profession d'avocat). Il lui faut ensuite prêter serment et demander son inscription au barreau des avocats.
Les avocats étant des auxiliaires de la justice, leur profession est très réglementée. Ils exercent leur activité sous statut libéral et sont rémunérés par leurs clients.

**Je suis avocate**
Ma passion est de défendre les personnes et les entreprises engagées dans un procès. Il m'arrive aussi d'avoir un rôle de conseiller dans le règlement de conflits avant que ceux-ci ne soient portés sur la scène judiciaire.
Je suis considérée comme une auxiliaire de justice car je représente et défends mes clients devant un tribunal, et je m'occupe d'affaires civiles (accidents, divorces...) et pénales (vols, crimes...).
Je n'ai pas hésité longtemps avant d'opter pour le statut de profession libérale en ouvrant mon propre cabinet car je suis d'un caractère très indépendant. Je ne compte pas mes heures, je suis libre... Enfin, ma seule contrainte, c'est les clients !

**Annexe 3**

## La profession de magistrat, un statut de fonctionnaire

En qualité d'agent public de l'État, le magistrat est recruté sur concours du ministère de la Justice pour rendre la justice et veiller au respect des textes législatifs et réglementaires. Si cette profession attire de nombreux candidats, elle reste extrêmement difficile d'accès. Le niveau bac + 4 est requis au minimum. L'École nationale de la magistrature (ENM) est l'unique école de formation des magistrats de l'ordre judiciaire en France.

**Je suis magistrat**
J'aime rendre la justice et veiller au respect des lois. Je suis devenu agent public de l'État il y a quinze ans, après avoir été recruté sur concours du ministère de la Justice. Devenir fonctionnaire représentait pour moi la « sécurité de l'emploi », et toutes les possibilités d'évolution de carrière offertes par la fonction publique me permettaient de diversifier mes compétences professionnelles. Je dois dire que je suis toujours heureux et fier de participer à une mission de service public. Être fonctionnaire correspond vraiment à une certaine idée que je me fais de la puissance publique, dans l'action au service des citoyens.

# Sens de la leçon

## L'accès à une activité professionnelle

**1** **Toute personne a la possibilité d'exercer une activité professionnelle. L'accès à l'emploi est soumis aux principes :**

- De la liberté d'entreprendre
- De la liberté de travailler
- Du droit à l'emploi

**2** **La liberté de l'accès à un emploi permet, selon le choix de chaque individu, d'accéder au statut :**

- De salarié
- D'indépendant
- De fonctionnaire

**3** **L'accès à l'emploi s'exerce au travers du choix d'un régime juridique qui s'effectue :**

- **Pour les salariés** : Dans le cadre d'un lien de subordination juridique à l'égard d'un employeur
- **Pour les indépendants** : Dans un contexte d'indépendance
- **Pour les fonctionnaires** : Dans le cadre d'une subordination juridique à l'égard d'un employeur public

# 2 Le régime des salariés

## Éléments du droit positif : 121-2

**Régime juridique du salarié de droit privé : contrat de travail, droit du recrutement, droits et obligations du salarié de droit privé**

| Les compétences attendues | Le plan du chapitre |
|---|---|
| Vérifier la légalité des formalités et des conditions d'accès à une profession salariée et d'une procédure de recrutement | I – Le recrutement<br>A • Le respect des obligations essentielles de l'employeur lors de l'embauche<br>B • Le respect des libertés individuelles et des droits fondamentaux lors de l'embauche<br>II – Le contrat de travail<br>A • Les conditions du contrat de travail<br>B • Les différentes formes de contrats de travail |
| Analyser tout ou partie d'un engagement professionnel salarié | III – Les droits des salariés<br>A • Les droits fondamentaux et les libertés individuelles<br>B • Les libertés collectives<br>IV – Les obligations des salariés<br>V – Les clauses particulières du contrat de travail<br>A • La clause de mobilité<br>B • La clause de non-concurrence |

## Mise en situation

Juliette, 24 ans, est à la recherche de son premier emploi. Elle a décroché un entretien.
Comment va se passer le recrutement ? Quel genre de questions l'employeur va-t-il pouvoir poser ? Si Juliette est recrutée, quel type de contrat lui sera proposé ?

# I Le recrutement

## A. Le respect des obligations essentielles de l'employeur lors de l'embauche

**Document 1** *Ce que peut demander le recruteur*

**L'article L. 1221-6 du Code du travail** précise que « les informations demandées doivent présenter un lien direct et nécessaire avec l'emploi proposé ou avec l'évaluation des aptitudes professionnelles ».

**Questions**

1. Justifiez le fait que les informations demandées au candidat doivent avoir pour finalité d'apprécier sa capacité à occuper l'emploi proposé.
2. Dites si les questions posées dans le document 1 sont légalement acceptables.

**Document 2** *L'encadrement des dispositifs de recrutement*

**Article L. 1221-8 du Code du travail :** Le candidat à un emploi est expressément informé, préalablement à leur mise en œuvre, des méthodes et techniques d'aide au recrutement utilisées à son égard. Les résultats obtenus sont confidentiels. Les méthodes et techniques d'aide au recrutement ou d'évaluation des candidats à un emploi doivent être pertinentes au regard de la finalité poursuivie.
**Article L. 1221-9 du Code du travail :** Aucune information concernant personnellement un candidat à un emploi ne peut être collectée par un dispositif qui n'a pas été porté préalablement à sa connaissance.

**Euro Disney condamné pour avoir espionné des candidats à l'embauche**

Loin du monde féerique de Walt Disney, le tribunal correctionnel de Meaux a condamné Euro Disney à 150 000 euros d'amende [dont 75 000 avec sursis], pour avoir illégalement enquêté sur des milliers de candidats à l'embauche et de salariés en période d'essai. En pratique, le groupe a eu recours, entre 1997 et 2004, aux services de deux gendarmes retraités reconvertis dans le renseignement privé : moyennant l'équivalent de 37 000 euros par an, ces derniers ont reconnu avoir demandé à d'anciens subordonnés de leur transmettre en toute illégalité des informations issues des fichiers de police Stic et de gendarmerie Judex sur les personnes désignées par Euro Disney. [...]

*www.lefigaro.fr*, 27 juin 2013.

**Questions**

3. Faites le lien entre les articles du Code du travail et l'affaire Euro Disney.
4. Justifiez la décision du tribunal.

# B. Le respect des libertés individuelles et des droits fondamentaux lors de l'embauche

**DOCUMENT 3** *L'offre d'emploi à la lumière des droits français et européen*

- La loi n° 2005-102 du 11 février 2005 pour l'égalité des droits et des chances, la participation et la citoyenneté des personnes handicapées renforce les dispositions en faveur de l'emploi des personnes handicapées.
- La loi n° 2006-340 du 23 mars 2006 relative à l'égalité salariale entre les femmes et les hommes vise à lutter contre les discriminations directes et indirectes en raison du sexe.
- La directive n° 2006/54 relative à la mise en œuvre du principe de l'égalité des chances et de l'égalité de traitement entre hommes et femmes en matière d'emploi et de travail intègre des éléments issus de la jurisprudence de la Cour de justice de l'Union européenne (CJUE).

**Question**

**5.** Quel est l'objectif des droits français et européen en matière d'emploi ?

**DOCUMENT 4** *Le droit à la non-discrimination*

**D'après l'article L. 1132-1 du Code du travail** (modifié par la loi du 18 novembre 2016) aucune personne ne peut être écartée d'une procédure de recrutement ou de l'accès à un stage ou à une période de formation en entreprise, aucun salarié ne peut être sanctionné, licencié ou faire l'objet d'une mesure discriminatoire, directe ou indirecte [...] en raison de son origine, de son sexe, de ses mœurs, de son orientation ou identité sexuelle, de son âge, de sa situation de famille ou de sa grossesse, de ses caractéristiques génétiques, de son appartenance ou de sa non-appartenance, vraie ou supposée, à une ethnie, une nation ou une race, de ses opinions politiques, de ses activités syndicales ou mutualistes, de ses convictions religieuses, de son apparence physique, de son nom de famille, de son lieu de résidence ou en raison de son état de santé ou de son handicap.

**Questions**

**6.** Comment qualifier l'énumération inscrite à l'article L. 1132-1 du Code du travail ?

**7.** Pourquoi le législateur a-t-il pris soin d'énumérer cette multiplicité de cas de discrimination ?

**DOCUMENT 5** *Une condamnation pour discrimination à l'embauche*

[...] Après avoir répondu à une annonce de Pôle Emploi pour un CDI en tant que formatrice, Elena est contactée pour un entretien téléphonique par les Compagnons du devoir [...].
Lors d'un second entretien, on lui donne son planning de formation pour toute l'année. Elena n'a plus qu'à fournir des renseignements administratifs. Mais les choses ne se passent pas comme prévu. Son identité sociale, selon ses propres mots, est celle d'une femme. Mais sur ses papiers administratifs, elle reste un homme. Son numéro de carte Vitale commence par un 1 et son prénom sur sa carte d'identité est masculin.
[...] Elena apprend par un coup de téléphone de l'assistante du directeur que l'embauche est annulée. Elle n'obtiendra pas plus d'explications.
Choquée, Elena se tourne vers le Défenseur des droits et décide d'aller aux prud'hommes. Selon lui, c'est un cas flagrant de discrimination à l'embauche basée sur l'identité sexuelle [...]. Bien que ce critère ait été introduit dans la loi en 2012, les juges n'avaient encore jamais reconnu cette discrimination. Mais contre toute attente, le conseil des prud'hommes de Tours condamne les Compagnons du devoir à 1 500 euros de dommages et intérêts. Une grande reconnaissance pour cette femme transexuelle, qui au moment où elle avait postulé devait pourvoir un poste de formatrice sur la lutte contre les discriminations.

*www.liberation.fr*, 18 juin 2015.

**Questions**

**8.** Quels sont les faits ?

**9.** Quel est le problème de droit qui se pose ?

**10.** Justifiez la décision du conseil des prud'hommes.

# II Le contrat de travail

## A. Les conditions du contrat de travail

**Document 6** *Les critères du contrat de travail*

Formellement, les contrats qui lient Uber [plateforme de mise en relation de clients et de chauffeurs de véhicules de tourisme] et les chauffeurs [...] sont dénommés « contrats de partenariat ». [...] La dénomination donnée par les parties à leur contrat (par exemple contrats de louage de services ou d'industrie) est inopérante si le juge estime que les critères du contrat de travail sont réunis (critères fixés par la jurisprudence et non par le Code du travail).
Les critères du contrat de travail sont au nombre de trois :
– un travail pour autrui,- en contrepartie d'une rémunération,- l'existence d'un lien de subordination entre les parties.
Les deux premiers critères sont systématiquement remplis dans ce genre de cas. En effet, il s'agit toujours d'un service rendu ou d'un travail fait pour un donneur d'ordre, en contrepartie d'une rémunération. Ce qui signifie que le critère réellement déterminant pour voir appliquer le droit du travail à la relation contractuelle sera la preuve d'un lien de subordination effective. Le lien de subordination repose sur un « faisceau d'indices » qui sera recherché par le juge, par exemple : – la marge de manœuvre dont dispose le travailleur dans l'accomplissement de sa tâche ou encore l'organisation de ses fonctions- le pouvoir de contrôle dans l'accomplissement de la tâche; éventuelle sanction en cas de réalisation non-conforme; l'environnement dans lequel se réalise la prestation (horaires, règlement intérieur, gestion des absences, etc.) la jurisprudence évoque la notion de « service organisé »; l'utilisation des outils, du matériel ou des locaux de l'entreprise cliente; [...].

*www.cfdt.fr*, 18 novembre 2015.

**Questions**

1. Relevez les trois critères du contrat de travail.
2. Quel est celui qui est réellement déterminant pour qualifier un contrat de travail ? Justifiez votre réponse.

**Document 7** *Vrai ou faux auto-entrepreneur ?*

Le nombre d'auto-entrepreneurs augmente considérablement depuis des années... celui des fraudes à ce statut aussi !
Que penser d'une entreprise qui après avoir fait travailler un étudiant en stage lui demande de revenir travailler sous le statut d'auto-entrepreneur ? d'un restaurant qui licencie le cuisinier en l'invitant à poursuivre le travail sous ce statut ? d'une chaine d'hôtels qui licencie ses salariés en leur remettant tous les documents nécessaires à la création d'une auto-entreprise ? d'une entreprise de livraison de repas qui fournit du travail à ses coursiers... qui ne sont pas aussi bien couverts qu'en cas d'accident du travail ? Sans compter que ces « auto-entrepreneurs » ne cotisent pas pour le chômage, causant ainsi un manque à gagner pour la collectivité puisque « l'employeur » ne paie pas de charges sociales ! Alors peut-on légitimement prétendre au statut d'auto-entrepreneur quand on n'a qu'un « client » (le vrai-faux employeur ) avec lequel on est tenu par le lien de subordination, pour lequel on travaille dans ses locaux ou avec son matériel. Ne s'agirait-il pas en réalité de salariat déguisé... avec toutes les caractéristiques... sauf le bulletin de salaire !

**Questions**

3. Relevez les différences entre un « vrai » et un « faux » salarié.
4. Quels sont les problèmes qui découlent des fraudes au statut d'auto-entrepreneur ?

# B. Les différentes formes de contrats de travail

**Document 8** *Le principe : le contrat à durée indéterminée (CDI)*

**L'article L. 1221-2 du Code du travail** précise que « le contrat de travail à durée indéterminée est la forme normale et générale de la relation de travail ». Le CDI assure donc la stabilité de l'emploi et ne prend fin, à l'initiative de l'employeur, que par le licenciement qui est encadré par la loi, tant sur le fond que sur la forme.

La société Gouyer Électronique, dont le siège est à Ivry (94200), 26 rue du Ruisseau, représentée par M. Prayer, s'engage à embaucher Mlle Olympe Lebon, demeurant à Paris 12e, 2 rue du Docteur Bray, pour une durée indéterminée à compter de ce jour en qualité de comptable.
En rémunération de ses services à temps plein, Mlle Lebon percevra chaque mois un salaire brut de 2 300 euros.
Mlle Lebon s'engage pendant la durée de son contrat à respecter les instructions qui lui seront données par l'employeur et à se conformer aux règles régissant le fonctionnement interne de l'entreprise.

**→ Question**

**5.** Relevez les mentions caractéristiques de ce contrat et précisez ce que cela implique pour Mlle Lebon.

**Document 9** *Les cas de recours au contrat à durée déterminée (CDD)*

Un contrat à durée déterminée est conclu pour une durée limitée et précisée, au départ, dans un contrat obligatoirement écrit. Il prend fin soit à la date fixée, soit lorsque l'objet pour lequel il a été conclu se réalise (ex. : retour du salarié remplacé, fin de la saison). La durée totale du contrat, c'est-à-dire la durée initiale + celle des renouvellements éventuels (maximum 2) ne doit pas dépasser en général 18 mois.

| | |
|---|---|
| **Remplacement d'un salarié** | • Salarié absent temporairement ou dont le contrat est suspendu (maladie, maternité, congés payés, congé parental, etc.).<br>• Salarié passé provisoirement à temps partiel (congé parental, etc.).<br>• Salarié ayant quitté définitivement l'entreprise et dans l'attente de la suppression du poste.<br>• Un CDD peut être signé en attendant l'arrivée d'un salarié recruté en CDI. |
| **Accroissement temporaire de l'activité** | Il ne peut, par conséquent, être conclu que pour l'exécution d'une tâche précise et temporaire (ex. : commande exceptionnelle). |
| **Emploi saisonnier** | Le tourisme (activités commerciales en stations balnéaires ou de ski), l'agriculture et l'industrie agroalimentaire (ex. : récoltes). |
| **CDD d'usage** | Pour des emplois où l'usage exclut le recours au CDI en raison de la nature de l'activité et du caractère temporaire de ces emplois (ex. : hôtellerie, restauration, centres de loisirs et de vacances). |

Les cas d'interdiction du CDD sont multiples :
– pourvoir un poste lié à l'activité normale et permanente de l'entreprise qui peut être assuré en CDI ;
– remplacer un ou plusieurs salariés en grève ;
– effectuer des travaux particulièrement dangereux (ex. : exposition à l'amiante).

**→ Questions**

**6.** Expliquez pourquoi le CDD : 1) doit obligatoirement être écrit, 2) ne peut dépasser une durée de 18 mois, 3) est considéré comme un contrat de travail précaire.

**7.** Justifiez les cas de recours autorisés par la loi.

**DOCUMENT 10** *Le « recordman du monde » des CDD obtient un CDI !*

[...] Le Conseil [des prud'hommes] a requalifié en contrat à durée indéterminée (CDI) les contrats à durée déterminée (CDD) de ce serveur qui en a accumulé pas moins de 2 500 en 25 ans de carrière. « Ce qui fait de lui le recordman du monde de la précarité » avait plaidé Me Philippe Mouret. [...] Didier a commencé à travailler en octobre 1987 à l'âge de 27 ans comme serveur chez Helen Traiteur. [...] Si la pratique de faire appel à des extras en restauration n'a rien d'extraordinaire, il ressort du dossier que Didier est en extra systématique depuis 25 ans et que ceci, comme l'a soutenu Me Mouret, est le signe que son poste de travail correspondait bien à un besoin durable d'emploi.

Bruno Hurault, *La Provence*, 9 juin 2016.

**Questions**

**8.** Quels sont les faits ?

**9.** Justifiez la décision du conseil des prud'hommes.

**DOCUMENT 11** *Le contrat de travail temporaire*

Le travail temporaire est un processus par lequel un salarié est embauché par une entreprise de travail temporaire et affecté à une autre société pour y réaliser une tâche précise et ponctuelle. L'intérimaire est donc recruté pour une durée limitée dans le temps afin d'effectuer une mission précise.

Le contrat de travail temporaire (CTT) réunit donc 3 intervenants par un contrat entre l'entreprise de travail temporaire et l'entreprise utilisatrice à la recherche d'un salarié, et un autre contrat entre l'entreprise de travail temporaire et le salarié.

**Questions**

**10.** Quelles sont les trois parties en présence dans un contrat de travail temporaire ?

**11.** Quelles sont les caractéristiques principales de ce contrat ?

**DOCUMENT 12** *Le contrat de travail en alternance*

L'alternance est un système intéressant pour entrer dans la vie professionnelle tout en poursuivant une formation qualifiante se composant d'une succession de périodes d'acquisition de savoir-faire en entreprise et de périodes de formation théorique.

| Le contrat d'apprentissage | Le contrat de professionnalisation |
| --- | --- |
| En permettant, dans le cadre d'une formation initiale, à des jeunes de 16 à 25 ans de suivre une formation à la fois générale, théorique et pratique pour obtenir un diplôme professionnel ou technologique, ce contrat alterne des périodes d'enseignement en centre de formation d'apprentis (CFA) et des phases de travail en entreprise. Le salaire minimum perçu par l'apprenti correspond à un pourcentage du SMIC. | En favorisant l'insertion ou la réinsertion professionnelle des jeunes de moins de 26 ans et des adultes demandeurs d'emploi afin de leur donner une qualification professionnelle, ce contrat permet à des étudiants devenus salariés de se former gratuitement tout en étant rémunéré. Le salaire, calculé en pourcentage du SMIC, varie en fonction de l'âge du bénéficiaire et de son niveau de formation initiale. |

**Question**

**12.** Quel est l'intérêt de ces contrats pour les jeunes ? pour les employeurs ?

# III Les droits des salariés

## A. Les droits fondamentaux et les libertés individuelles

**Document 13** *Le droit à une rémunération*

### Un salaire libre mais sous contrainte

En matière de salaire, si l'employeur est relativement libre de fixer les rémunérations de ses salariés (elles sont réputées se fixer de gré à gré avec le salarié), cette liberté de principe s'exerce en fait dans un cadre limité. L'employeur doit en effet respecter un certain nombre de paramètres.

La rémunération ne peut être inférieure au SMIC (salaire minimum interprofessionnel de croissance) ou au salaire minimum conventionnel (salaire minimum prévu par la convention collective d'une branche professionnelle qui ne peut être inférieur au SMIC). L'employeur doit également veiller à l'égalité de salaire entre hommes et femmes. Au 1er janvier 2017, le SMIC horaire est de 9,67 euros brut de l'heure, soit 1466,62 euros brut mensuels sur la base de la durée légale de 35 heures hebdomadaires.

### Interdiction des discriminations salariales

La discrimination est une différence de traitement illégitime, c'est-à-dire fondée sur un motif inhérent à la personne, et non sur des motifs objectifs. Toute mesure concernant un salarié (augmentation de salaire, sanction, promotion, mutation, etc.) doit être prise en fonction de critères professionnels objectifs (compétence, expérience, pénibilité du travail, etc.) et non en fonction de critères d'ordre personnel (sexe, race, religion, etc.).

### Le principe « à travail égal, salaire égal »

L'employeur est tenu d'assurer l'égalité de rémunération entre tous les salariés en application du principe selon lequel « à travail égal, le salaire doit être égal ». Cette règle, qui s'applique pour tous les salariés placés dans une situation identique, n'interdit pas à l'employeur, dans l'exercice de son pouvoir de direction, de traiter différemment des salariés. Mais toute exception à cette règle doit pouvoir être justifiée par des critères objectifs et pertinents, matériellement vérifiables, et étrangers à tout motif discriminatoire illicite.

*www.cci.fr*

**Question**

1. Pourquoi peut-on dire qu'en matière de rémunération, l'employeur ne dispose que d'une liberté relative ? Justifiez votre réponse.

**Document 14** *Le respect de la vie privée*

[L]'article 9 du Code civil énonce que «chacun a droit au respect de sa vie privée». Ce respect de la vie privée s'applique également dans l'entreprise. Il faut donc protéger la vie privée du salarié sur son lieu de travail […]. S'il est du droit et même du devoir de l'employeur de contrôler l'activité de son salarié, ce contrôle doit pouvoir se concilier avec la nécessité impérieuse de respecter la vie privée du salarié. En effet, selon l'article L. 1121-1 du Code du travail, «nul ne peut apporter aux droits des personnes et aux libertés individuelles et collectives des restrictions qui ne seraient pas justifiées par la nature de la tâche à accomplir ni proportionnées au but recherché». […]

Yves Léopold Kouahou, le Village de la justice, 18 février 2016.

Pour la première fois en droit français, la loi El Khomri (dite loi Travail, adoptée le 21 juillet 2016 et promulguée le 8 août 2016) reconnaît un droit à la déconnexion : les entreprises auront le devoir de mettre en place des instruments de régulation des outils numériques, pour respecter les temps de repos et l'équilibre entre vie professionnelle et personnelle.

**Questions**

2. Que faut-il déduire de l'article 9 du Code civil quant aux libertés individuelles des salariés sur leur lieu de travail ?
3. Quels sont les droits de l'employeur ? Quelles en sont les limites ?
4. Quel est l'avancée de la loi Travail en faveur du respect de la vie personnelle des salariés ?

**DOCUMENT 15** *La liberté d'expression des salariés*

Arrêt de la Cour de cassation, 6 mai 2015
Attendu, selon l'arrêt attaqué [...], que M. X... a été [...] licencié pour faute grave le 9 mars 2011, son employeur lui reprochant des propos tenus dans deux articles parus sur un site Internet [...] ; qu'il a saisi la juridiction prud'homale ; [...]
Attendu que l'employeur fait grief à l'arrêt de dire que le licenciement ne reposait ni sur une faute grave ni sur une cause réelle et sérieuse et de le condamner à payer diverses indemnités à ce titre, alors, selon le moyen :
1°/ que constitue un abus de la liberté d'expression le fait pour un salarié de mettre en ligne, sur un site Internet accessible à des personnes étrangères à l'entreprise, un article imputant à l'employeur des faits graves, non établis, en usant de termes excessifs ; que dans l'article mis en ligne le 14 février 2011, sur le site Internet Miroir social, accessible à des personnes étrangères à l'entreprise, M. X... affirmait que l'un de ses collègues de travail avait été « sanctionné pour avoir soi-disant mal répondu à son chef d'équipe », [...];
2°/ que le salarié est tenu à une obligation de loyauté envers son employeur [...].
Mais attendu que l'exercice de la liberté d'expression des salariés en dehors de l'entreprise ne peut justifier un licenciement que s'il dégénère en abus ;
Et attendu qu'ayant retenu [...] que le fait pour un salarié de s'interroger, dans le cadre d'une situation de conflit et par la voie d'un site Internet revêtant un caractère quasiment confidentiel, sur le licenciement de l'un de ses collègues, sans que les propos incriminés soient injurieux ou vexatoires, n'excédait pas les limites de la liberté d'expression, la Cour d'appel a légalement justifié sa décision ;
PAR CES MOTIFS : REJETTE le pourvoi ;

**Questions**

5. Qualifiez les faits et précisez le problème de droit.
6. Justifiez la décision de la Cour de cassation.

# B. Les libertés collectives

**DOCUMENT 16** *Des libertés sur le lieu de travail*

Compte tenu du lien de subordination et de la relation de déséquilibre qu'il engendre entre le salarié et l'employeur, la loi garantit aux salariés la reconnaissance et le respect de certaines libertés sur le lieu de travail. En plus des libertés individuelles (ex. : droit d'expression, respect de la vie personnelle), l'exercice de ces droits et surtout la garantie de leur respect peuvent s'exercer dans une relation collective (ex. : droit de grève, droit à la négociation collective), grâce aux libertés collectives, souvent défendues par des groupements de personnes salariées (ex. : les syndicats, les délégués du personnel).

**Questions**

7. De quelle nature sont les libertés accordées aux salariés par le législateur ?
8. Comment s'exercent-elles ?

# IV Les obligations des salariés

**Document 17** *Le droit de grève, un droit reconnu*

« Inadmissible ! » Les qualificatifs ne manquaient pas aux grévistes pour définir l'intervention musclée des policiers, hier matin, venus dégager l'accès de l'entreprise Karma à Toulon. La secrétaire générale et les membres de l'Union Départementale CGT, venus prêter main-forte aux grévistes de l'entreprise ne décolèrent pas : « En grève, une dizaine de salariés ont bloqué l'entrée de l'entreprise depuis deux jours ». Les forces de l'ordre sont arrivées vers 9 heures et ont délogé les grévistes pour dégager l'entrée pour laisser passer les camions. Jeudi, nous avons rencontré l'Inspecteur du travail pour dénoncer les conditions de travail des salariés et à la place d'un dialogue social, le lendemain matin on nous envoie les forces de l'ordre. La direction a refusé le dialogue social et toute négociation. La question est de savoir si le préfet va aussi faire intervenir les forces de l'ordre pour faire respecter la sécurité au travail dans cette entreprise, alors que la direction affiche un mépris total pour les salariés et veut les faire renoncer à toute revalorisation de salaire. Le malaise est palpable chez les grévistes dont l'un d'eux rappelle qu'il travaille dans l'entreprise depuis 2007 et gagne 19 cts de plus que le Smic. Je dénonce un salaire trop bas et sans espoir de revalorisation et c'est pour cela que j'ai rejoint le mouvement de grève.

**Questions**

1. En quoi les libertés du droit de grève et de l'exercice syndical sont-elles illustrées dans cet article ?
2. Pourquoi parle-t-on de libertés collectives ?

**Document 18** *Le respect du règlement intérieur*

**Article L. 1321-1 C. trav.** – Le règlement intérieur est un document écrit par lequel l'employeur fixe exclusivement :
1° Les mesures d'application de la réglementation en matière de santé et de sécurité dans l'entreprise ou l'établissement [...] ;
2° Les conditions dans lesquelles les salariés peuvent être appelés à participer, à la demande de l'employeur, au rétablissement de conditions de travail protectrices de la santé et de la sécurité des salariés, dès lors qu'elles apparaîtraient compromises ;
3° Les règles générales et permanentes relatives à la discipline, notamment la nature et l'échelle des sanctions que peut prendre l'employeur.

**Table des matières du règlement intérieur de la société Avril**

**Article 1 – Sanctions disciplinaires**
1.1. Définition
1.2. Échelle des sanctions
**Article 2 – Procédure**
2.1. Délais de prescription des faits fautifs et des sanctions
2.2. Suspension du salarié à titre conservatoire et provisoire
2.3. Entretien préalable
2.4. Notification des sanctions
2.5. Effet des sanctions disciplinaires
**Article 3 – Interdiction et sanction du harcèlement sexuel**
**Article 4 – Prescriptions relatives à l'hygiène et la sécurité**
4.1. Hygiène et sécurité
4.2. Santé – Médecine
4.3. Accidents
4.4. Droit de retrait – Situation dangereuse
4.5. Boissons alcoolisées / Stupéfiants
4.6. Matières dangereuses / Armes
4.7. Interdiction de fumer
**Article 5 – Règles relatives à l'usage du matériel**
**Article 6 – Règles relatives à l'accès et à l'usage de locaux**

**Question**

3. Après avoir repéré les différents sujets traités par ce règlement intérieur, dites quel est l'intérêt d'un tel document.

# V Les clauses particulières du contrat de travail

## A. La clause de mobilité

**Document 19** *Les conditions de validité de la clause de mobilité*

La clause de mobilité, consistant à faire accepter par avance à un salarié que son lieu de travail puisse être modifié, et qu'il exerce ses fonctions dans les différents établissements où l'entreprise déciderait de le muter, est valable sous les conditions suivantes :
**1)** figurer impérativement dans le contrat de travail ;
**2)** définir avec précision la zone géographique d'application de la mobilité (il n'est pas possible de prévoir que le salarié exercera son activité dans « tout lieu que son employeur lui désignera » ou « dans tous les établissements que la société ouvrira ultérieurement ») ;
**3)** être justifiée par l'intérêt de l'entreprise (être mise en œuvre avec loyauté), proportionnée compte tenu de l'emploi occupé et du travail demandé (l'employeur doit être en mesure de pouvoir justifier l'application d'une clause de mobilité par des motifs objectifs liés au bon fonctionnement de l'entreprise, en cas de contestation par le salarié), au but recherché et non pour nuire au salarié (l'employeur doit tenir compte des difficultés financières ou familiales que le changement de lieu de travail peut engendrer) ;
**4)** programmer un délai de prévenance raisonnable (pouvant aller de un à plusieurs mois selon le déménagement et s'appréciant selon les circonstances comme la situation familiale du salarié, le lieu de la nouvelle affectation, etc.).

**Questions**

1. Relevez les conditions que doit remplir toute clause de mobilité.
2. Justifiez ce cumul de conditions.

**Document 20** *Des exemples de clauses de mobilité*

**Quelques clauses de mobilité**

1. Le secteur initial d'intervention du salarié sera susceptible d'être modifié à tout moment selon les besoins de l'entreprise.
2. Un délai de prévenance de 10 jours sera proposé au salarié basé dans le Nord, pour travailler à Tours.
3. Le lieu de travail de la salariée est fixé à Grenoble, étant entendu qu'en fonction des besoins de la société, la salariée pourra être transférée en tout autre endroit en France.
4. Le secteur initial d'intervention sera susceptible d'être modifié à tout moment selon les besoins de l'entreprise. Les zones indiquées n'ont aucun caractère de fixité et pourront varier librement sur décision de l'employeur.
5. Vous pourrez être conduit à travailler dans toute la région parisienne.
6. La société se réserve le droit de procéder à votre mutation dans tous les sites et implantations où elle exerce son activité.
7. Vous vous engagez à exercer votre activité sur l'une ou l'autre des implantations de la société dans l'ensemble de la région Bretagne (dép. 22, 29, 35, 56), en fonction des impératifs d'organisation de la société.

**Question**

3. Dites si chacune de ces clauses vous paraît valable. Justifiez votre réponse.

## B. La clause de non-concurrence

**Document 21** *Les conditions de validité de la clause de non-concurrence*

La clause de non-concurrence est prévue pour qu'un salarié s'interdise, lors de son départ de l'entreprise, d'exercer certaines activités susceptibles de nuire à son ancien employeur. Destinée à protéger les intérêts légitimes de l'entreprise, elle ne doit pas entraver la liberté de travailler du salarié et doit être inscrite dans le contrat de travail ou faire l'objet d'un avenant approuvé par le salarié.

Elle doit respecter les **conditions cumulatives** suivantes :
- être limitée dans le temps et l'espace (ex. : 1 an dans la région parisienne) ;
- être indispensable à la protection des intérêts légitimes de l'entreprise (ex. : un laveur de vitres ne peut pas être contraint de signer une clause lui interdisant pour 4 ans d'entrer dans une entreprise concurrente dans le même département) ;
- tenir compte des spécificités de l'emploi du salarié (ex. : une maison de retraite ne peut pas imposer une clause de non-concurrence au médecin salarié qui passe voir ses pensionnaires car le métier d'une maison de retraite n'est pas l'exercice de la médecine et les pensionnaires peuvent voir un autre médecin s'ils le souhaitent) ;
- comporter l'obligation pour l'employeur de verser au salarié une contrepartie financière qui ne doit pas être dérisoire, afin d'indemniser le salarié, limité dans ses possibilités d'exercer un autre emploi (ex. : est dérisoire une contrepartie de 3 mois de salaire pour une entrave à la libre recherche d'emploi durant 24 mois).

**Questions**

4. Quel est l'intérêt de cette clause pour l'entreprise ? pour le salarié ?

5. Quelle est la justification de la contrepartie financière due au salarié ?

**Document 22** *Des exemples de clauses de non-concurrence*

### Clauses liées aux intérêts légitimes de l'entreprise

1. Clause interdisant à un garçon de café, en contact avec la clientèle, de travailler, pendant un an, pour une entreprise concurrente exerçant la même activité de café brasserie dans le même quartier.

2. Clause de non-concurrence applicable à un directeur technique détenteur des secrets de fabrication de l'entreprise.

### Clauses limitées dans le temps et dans l'espace

3. Clause limitée à deux ans et à un seul département qui interdit à un salarié d'exercer l'activité pour laquelle il avait reçu une formation.

4. Clause de non-concurrence interdisant à un salarié, durant trois ans, d'exercer un emploi concurrent sur le territoire français et dans tout autre pays européen où son ex-employeur est implanté.

### Clause comportant une contrepartie financière

5. Subordonner l'obligation de payer la contrepartie financière à la condition préalable que le salarié fournisse, chaque trimestre, une attestation de non-emploi.

**Question**

6. Pour chaque clause de non-concurrence, indiquez si son contenu vous paraît justifié ou non. Expliquez votre choix.

# Entraînement à l'analyse d'une situation juridique

**Les compétences attendues**

- Vérifier la légalité des formalités et des conditions d'accès à une profession salariée et d'une procédure de recrutement
- Analyser tout ou partie d'un engagement professionnel salarié

Alice a présenté sa candidature comme chargée de clientèle auprès de l'entreprise Zitrone. Sa surprise est grande lorsqu'on lui demande de remplir un questionnaire avant son entretien d'embauche, une démarche qu'elle conteste auprès de l'employeur.

Au sein de ce questionnaire figurent plusieurs questions relatives à la situation de famille du candidat ; l'âge et la profession du conjoint/concubin ; le nombre d'enfants, leurs âges et leurs prénoms ; la profession des parents ; le nombre de frères et sœurs.

Finalement, Alice n'a pas été recrutée et elle apprend par la suite que les candidats n'ayant pas répondu au questionnaire n'ont pas été convoqués en entretien, que les deux candidates sélectionnées pour le poste n'ont pas d'enfant et, enfin, que la candidate recrutée est une personne célibataire sans enfant.

Joseph, le mari d'Alice, travaille depuis deux ans en qualité d'attaché commercial au sein de l'entreprise Xapa. Celle-ci lui demande d'abandonner son poste à Marseille pour rejoindre Toulouse en vertu de la clause de mobilité contenue dans son contrat de travail. L'employeur invoque en effet la nécessité de développer le chiffre d'affaires de sa filiale de Toulouse.

Alice et Joseph s'interrogent sur leurs droits.

## Questions

**À l'aide de vos connaissances et des annexes, traitez la situation juridique suivante.**

- Vérifiez la légalité de la procédure de recrutement à laquelle a été soumise Alice.
- Appréciez la légalité de la clause de mobilité insérée dans le contrat de Joseph.

### Annexe 1

#### Réponse de l'employeur à la contestation d'Alice à propos du questionnaire

[…] Notre questionnaire a pour but essentiel de servir de support lors de l'entretien, en vue d'alimenter l'échange sur une trame identique pour tous les candidats, notamment afin de faire connaissance avec eux et d'échanger à bâtons rompus. Le fait de répondre aux questions ainsi formulées n'est pas un critère de sélection et n'influe pas sur le fait d'être convoqué en entretien […].

### Annexe 2

#### Extraits du Code du travail

L'**article L. 1132-1** prévoit qu'aucune personne ne peut être écartée d'une procédure de recrutement et qu'aucun salarié ne peut faire l'objet d'une mesure discriminatoire en raison de sa situation de famille.

L'**article L. 1221-6** dispose que les informations demandées au candidat à un emploi « ne peuvent avoir comme finalité que d'apprécier sa capacité à occuper l'emploi proposé ou ses aptitudes professionnelles. Ces informations doivent présenter un lien direct et nécessaire avec l'emploi proposé ou avec l'évaluation des aptitudes professionnelles ».

# L'employeur ne fait pas ce qu'il veut dans son entreprise...

**Annexe 3**

## Extrait de la clause de mobilité signée par Joseph

Le secteur initial d'intervention sera susceptible d'être modifié à tout moment selon les besoins de l'entreprise. En effet, les zones indiquées n'auront aucun caractère de fixité et pourront varier au gré de la société.

**Annexe 4**

## La zone géographique d'une clause de mobilité

La clause de mobilité permet d'imposer par avance au salarié une affectation sur un nouveau lieu de travail de l'entreprise plus ou moins éloigné du secteur géographique au sein duquel il est employé (ex : de Brest à Marseille). En conséquence, le salarié doit connaître précisément, au moment où il s'engage, l'étendue de son obligation de mobilité. Dès lors qu'elle est nécessaire aux intérêts de l'entreprise, ne porte pas atteinte à la vie privée et familiale de l'employé, et que l'employeur respecte un délai de prévenance raisonnable, la clause de mobilité contraint le salarié à la respecter, sachant qu'il a manifesté sa volonté de l'accepter en signant son contrat.

Cependant, par arrêt du 19 mai 2016, la Cour de cassation a renouvelé sa position relative à la nullité des clauses de mobilité qui ont une portée trop générale.

Le périmètre géographique d'application de la clause de mobilité doit être précisément défini tout en étant proportionné aux fonctions du salarié. Dans le même temps, la clause de mobilité ne confère pas à l'employeur le pouvoir d'en étendre unilatéralement la portée.

Ainsi, une clause de mobilité stipulant que les fonctions du salarié s'exerceront « sur l'ensemble du territoire national mais également dans tous les pays » ou permettant toute mutation « en fonction des nécessités de l'entreprise » n'est pas assez précise et ne peut, donc s'imposer au salarié.

Cela n'interdit pas pour autant à l'employeur de prévoir une clause de mobilité couvrant tout le territoire national par exemple, lorsque le salarié exerce des fonctions qui le justifient.

# Sens de la leçon

## Le régime des salariés

### 1 Le droit du recrutement doit respecter :

- Les libertés individuelles et les droits fondamentaux des candidats
- Le principe de non-discrimination

### 2 Le contrat de travail

Il est caractérisé par trois éléments :

- Un travail effectué par le salarié
- Une rémunération versée par l'employeur
- Un élément distinctif : le lien de subordination

Il convient de distinguer plusieurs contrats de travail.

- Le CDI, qui est le contrat de droit commun.
- Les contrats de travail atypiques :
  - le CDD ;
  - le CTT ;
  - les contrats en alternance (professionnalisation, apprentissage…).

### 3 Les droits des salariés

- **Droits fondamentaux et libertés individuelles** (respect de la vie personnelle, liberté d'expression, rémunération selon le principe « à travail égal, salaire égal »)
- **Libertés collectives** (syndicales, représentation des salariés, négociation collective, droit de grève)

### 4 Les obligations des salariés

- Travailler dans le respect du règlement intérieur
- Respecter les clauses particulières du contrat de travail
  - Clause de mobilité
  - Clause de non-concurrence

# 3 Les régimes du fonctionnaire et du travailleur indépendant

## Éléments du droit positif : 121-3 et 121-4

- **Régime juridique du fonctionnaire : statut, conditions d'accès, droits et obligations du fonctionnaire**
- **Régime juridique du travailleur indépendant : déclaration d'existence, droit d'accès à la profession, droits et obligations**

| Les compétences attendues | Le plan du chapitre |
| --- | --- |
| Analyser tout ou partie d'un engagement professionnel non salarié | I – Le régime des fonctionnaires<br>A • Le statut des fonctionnaires<br>B • Les droits des fonctionnaires<br>C • Les obligations des fonctionnaires |
| Vérifier la légalité des formalités et des conditions d'accès à une profession non salariée | II – Le régime des indépendants<br>A • L'exemple du commerçant<br>B • Les professions libérales |

## Mise en situation

Valentine, 35 ans, est avocate depuis près d'une dizaine d'années. À la suite de la naissance de ses jumeaux, elle songe à se reconvertir dans le métier d'enseignant, qu'elle rêve d'exercer et qui lui permettra, en outre, de disposer de plus de temps pour s'occuper de ses enfants. À quelle catégorie de profession appartient le métier d'avocat ? Et celui d'enseignant ? Comment y accède-t-on ?

# I Le régime des fonctionnaires

## A. Le statut des fonctionnaires

**Document 1** *Qu'est-ce qu'un fonctionnaire ?*

Dans le langage courant, ce mot désigne l'ensemble du personnel de l'administration. Mais au sens strict, les fonctionnaires n'en représentent qu'une partie, l'administration employant des agents publics titulaires (fonctionnaires) et des agents non titulaires (auxiliaires, agents contractuels, vacataires).
Il existe trois catégories de fonctionnaires correspondant aux trois fonctions publiques – les fonctionnaires de l'État, territoriaux et hospitaliers – mais définies par des critères communs. Un fonctionnaire est une personne employée et nommée par un État, une collectivité territoriale dans un emploi permanent et titularisée à son poste dans un grade de la hiérarchie administrative. [...]
Contrairement aux personnels du secteur privé, la situation des fonctionnaires n'est pas régie par un contrat. En principe, seuls la loi et le règlement organisent leur statut. [...]

*www.vie-publique.fr*

**Question**

1. Quelles différences existe-t-il entre le statut d'un fonctionnaire et celui d'un salarié ?

**Document 2** *Le recrutement dans la fonction publique*

« Je suis directrice d'une maison d'arrêt et mon mari est professeur d'université. Nous avons passé les concours de la catégorie A, qui s'adressent à des candidats de niveau bac + 3 et plus. Cette catégorie correspond aux fonctions de direction, d'encadrement, de conception et d'expertise. »

« J'ai le diplôme d'État d'infirmier. J'ai passé le concours de la catégorie B correspondant aux emplois requérant une technicité particulière. Nous pouvons encadrer des équipes, des ateliers, des services, c'est l'encadrement intermédiaire. »

« Je suis ouvrier professionnel et je travaille à l'Élysée ! J'ai passé le concours de catégorie C correspondant aux fonctions d'exécution et qui est accessible sans condition de diplôme, mais moi j'ai un CAP, et ma sœur avait besoin de son brevet des collèges pour passer le concours d'agent de recouvrement du Trésor. »

« Quand j'ai voulu devenir fonctionnaire, j'ai découvert que les métiers qui mènent à la fonction publique sont accessibles par concours et donc garantissent l'égalité des chances. Les concours de la fonction publique ont une valeur républicaine, pour permettre l'égale admissibilité des citoyens aux emplois publics. »

**Questions**

2. Relevez les professions de ces différents fonctionnaires.
À quelle fonction publique appartiennent-elles ?
3. Quelle est la particularité de leur recrutement ?
4. Quel est l'objectif des concours de la fonction publique ?

## Document 3 *La carrière des fonctionnaires : principe*

**– Monsieur Cavanna, parlez-nous de votre carrière dans la fonction publique.**
– Je suis entré dans la fonction publique il y a vingt ans. Selon le système de la carrière publique, je suis entré dans un corps, celui des chercheurs, c'est-à-dire un ensemble de fonctionnaires exerçant des fonctions comparables, avec des conditions de rémunération et un déroulement de carrière identiques. Chaque corps est divisé en grades : le mien est « directeur de recherche » (d'autres sont « chargés de recherche »), j'y ai progressé en gravissant peu à peu les échelons grâce à mon ancienneté et mes résultats.
À chaque échelon est associé un indice, qui définit la position sur une échelle indiciaire commune à tous les fonctionnaires. Ainsi, à tout moment durant sa carrière, le fonctionnaire connaît sa rémunération en multipliant la valeur du point d'indice par le chiffre de l'indice.

**➔ Question** **5.** Quels sont les trois éléments déterminants dans l'évolution de carrière d'un fonctionnaire ?

## Document 4 *Les carrières dans les douanes*

| Indice de rémunération des inspecteurs des douanes Fonctionnaires de catégorie A | | |
|---|---|---|
| Échelons | Durées de carrière dans l'échelon | Indices de rémunération |
| 12 | – | 658 |
| 11 | 4 ans | 626 |
| 10 | 3 ans | 584 |
| 9 | 3 ans | 545 |
| 8 | 3 ans | 524 |
| 7 | 3 ans | 496 |
| 6 | 2 ans 1/2 | 461 |
| 5 | 2 ans | 431 |
| 4 | 2 ans | 408 |
| 3 | 2 ans | 389 |
| 2 | 1 an | 376 |
| 1 | 1 an | 349 |

| Contrôleur principal Catégorie B | | |
|---|---|---|
| Échelons de fin de carrière | Durée de carrière dans l'échelon | Indices |
| 11 | – | 562 |
| 10 | 3 ans | 540 |
| 9 | 3 ans | 519 |
| 8 | 3 ans | 494 |
| **Agent de constatations 1re classe – Catégorie C** | | |
| Échelons de fin de carrière | Durée de carrière dans l'échelon | Indices |
| 13 | – | 515 |
| 12 | 4 ans | 491 |
| 11 | 4 ans | 468 |
| 10 | 3 ans | 445 |
| Valeur du point d'indice : 4,6858 € brut au 01/02/2017 | | |

*www.fodouanes.fr*

**➔ Question** **6.** Sur quel principal critère est fondée l'évolution de carrière d'un inspecteur des douanes ?

## Document 5 *Le renforcement des règles sur le cumul d'activités des fonctionnaires*

La loi relative à la déontologie et aux droits et obligations des fonctionnaires a été promulguée le 20 avril 2016. […]
L'encadrement des cumuls d'activités est renforcé. Les agents publics ne pourront plus cumuler notamment un temps complet avec le statut d'auto-entrepreneur ou la création ou la reprise d'une entreprise immatriculée au registre du commerce ou au répertoire des métiers. Le temps partiel de droit pour créer ou reprendre une entreprise est, par ailleurs, supprimé. L'autorisation d'accomplir un temps partiel dans ce cas sera accordée à l'agent sous réserve des nécessités du service et après autorisation de la Commission de déontologie de la fonction publique pour deux années maximum.

*www.vie-publique.fr*, 21 avril 2016.

Exemples de questions auxquelles doit répondre un fonctionnaire scientifique qui demande l'autorisation de cumuler une activité privée à son travail de fonctionnaire à la commission de déontologie de la fonction publique :
a) Votre demande peut-elle être préjudiciable au fonctionnement normal du service public ?
b) Votre nouvelle activité vous semble-t-elle de nature à porter atteinte aux intérêts matériels ou moraux du service public ?

**➔ Question** **7.** Quels sont les objectifs de la loi relative à la déontologie d'avril 2016 ?

## B. Les droits des fonctionnaires

**Document 6** *La protection fonctionnelle des agents et de leurs familles*

**Loi Déontologie du 20 avril 2016**

La protection fonctionnelle signifie que l'agent mis en cause pénalement ou civilement pour des actes liés à sa mission ou victime de menaces, violences, voies de fait, injures, diffamations ou outrages liées à sa mission a le droit d'être protégé sur le plan juridique par son administration. Récemment 43 % des agents publics se disaient victimes de violences verbales ou physiques. La loi élargit les situations ouvrant droit à cette protection. […] Les bénéficiaires de la protection fonctionnelle sont également revus. Les conjoints, concubins, partenaires pacsés, ainsi que les enfants et ascendants directs de l'agent public bénéficieront de la protection fonctionnelle lorsqu'ils seront eux-mêmes victimes d'atteintes volontaires à leur intégrité du fait des fonctions de l'agent public […].

*www.vie-publique.fr*, 21 avril 2016.

**Questions**

8. En quoi consiste le droit à la protection fonctionnelle ?

9. Pourquoi la loi Déontologie la renforce-t-elle ?

**Document 7** *Le droit syndical*

**Question**

10. Les fonctionnaires ont-ils le droit d'adhérer à un syndicat ?

**Document 8** *Le droit de grève*

Le droit de grève est reconnu aux agents publics (sauf exceptions) avec certaines limitations possibles :
– le dépôt obligatoire d'un préavis par un ou plusieurs syndicats représentatifs cinq jours francs au moins avant le début de la grève ;
– le préavis doit préciser les motifs de la grève, fixer le lieu, la date et l'heure de début ainsi que la durée de la grève envisagée.
Pendant la durée du préavis, les parties sont tenues de négocier. […] En application de la jurisprudence du Conseil d'État, deux grandes catégories d'agents peuvent se voir ordonner de demeurer à leur poste en cas de grève : les personnels d'autorité qui participent à l'action gouvernementale ; les agents assurant le fonctionnement des services indispensables à l'action gouvernementale, à la garantie de la sécurité physique des personnes ou à la conservation des installations et du matériel. Les limitations du droit de grève par le pouvoir réglementaire (ex. : mise en place d'un service minimum) sont effectuées sous le contrôle du juge administratif.

*juntravail.fonctio.com*

**Questions**

11. Quelles sont les spécificités du droit de grève des fonctionnaires ?

12. Comment se justifient, selon vous, les limites apportées au droit de grève pour certains fonctionnaires ?

## C. Les obligations des fonctionnaires

**DOCUMENT 9** *Des obligations spécifiques*

| | |
|---|---|
| Obligation générale de servir | Les agents de la fonction publique ont l'obligation de servir l'intérêt général. Ils doivent consacrer l'intégralité de leur activité professionnelle aux tâches qui leur sont confiées et donc se consacrer à l'emploi public pour assurer la continuité du service public. |
| Obligation de réserve | L'obligation de réserve, qui consiste à s'interdire toute expression de ses opinions personnelles, ne figure plus explicitement dans le texte final de la loi Déontologie. Ce principe jurisprudentiel qui est une obligation essentielle dans tout emploi public continuera de s'appliquer même en l'absence de son inscription dans la loi. |
| Discrétion professionnelle | Les fonctionnaires doivent faire preuve de discrétion professionnelle pour tous les faits, informations ou documents dont ils ont connaissance dans l'exercice ou à l'occasion de l'exercice de leurs fonctions. |
| Obéissance hiérarchique | Les fonctionnaires doivent se conformer aux instructions de leur supérieur hiérarchique. Tout refus d'obéissance équivaudrait à une faute professionnelle. Les fonctionnaires doivent en outre témoigner de la déférence à leurs supérieurs et se soumettre au contrôle hiérarchique de l'autorité supérieure compétente. Ils doivent respecter les lois et règlements de toute nature. |

**Question**

**13.** Pourquoi travailler dans le service public impose-t-il le respect de telles obligations ?

**DOCUMENT 10** *Dans la fonction publique : la neutralité prime*

Ni prosélytisme, ni port de signes.
Si la discrimination est proscrite, certaines expressions ou comportements liés à la religion et pratiqués dans le cadre du travail peuvent être sanctionnés.
Pour les fonctionnaires, le droit administratif impose ainsi un « principe de neutralité ».
Il est interdit au salarié de manifester ses convictions religieuses, quelle que soit la fonction exercée.
Le prosélytisme (le fait de promouvoir sa religion) pendant le service et le fait d'arborer des signes religieux sont donc interdits.
La jurisprudence va même très loin en matière de respect de la neutralité : le 15 octobre 2003, le Conseil d'État est allé jusqu'à condamner un agent public qui affichait son adresse mail professionnelle sur le site d'une association catholique.
La règle est toutefois plus souple pour les aménagements du temps de travail.
Les pratiquants d'une religion peuvent demander des autorisations d'absence ou des aménagements d'horaire pour participer à des fêtes religieuses ou leur permettre d'aller prier par exemple.
Avec une condition de taille : que cela n'affecte pas la continuité du service public.
En 1981 par exemple, la Cour européenne de sauvegarde des Droits de l'homme avait débouté un instituteur musulman qui voulait un aménagement d'horaire pour aller prier le vendredi.

*www.europe1.fr*, 21 avril 2015.

**Questions**

**14.** Relevez les faits évoqués dans cet article.

**15.** En quoi consiste le principe de neutralité qui s'impose aux fonctionnaires ?

**16.** Quels sont les deux principes qui sont malmenés dans chacune des affaires évoquées ?

# II Le régime des indépendants

## A. L'exemple du commerçant

**Document 11** *Qui sont-ils ? Comment devient-on commerçant ?*

**Article L. 121-1 du Code de commerce :** « Sont commerçants ceux qui exercent des actes de commerce et en font leur profession habituelle. »
C'est la répétition des actes de commerce par nature, pour son propre compte, qui rend commerçant.

L'inscription au registre du commerce et des sociétés (RCS) concerne les personnes physiques, les indépendants et se fait auprès du greffe du tribunal de commerce. Toutefois, selon les localités géographiques, le Centre de formalités des entreprises (CFE) ou la chambre de commerce et d'industrie (CCI) peuvent se charger de transmettre la demande du commerçant au tribunal de commerce. Lorsque l'inscription au registre du commerce est acceptée, le greffe du tribunal de commerce attribue un numéro d'identification unique pour l'entreprise ou l'entrepreneur, que l'on appelle le numéro Siren. Ce numéro permet d'accéder aux informations sur l'entreprise et figure sur l'extrait Kbis, qui représente la véritable carte d'identité à jour d'une entreprise immatriculée au RCS.

Fabien Renou, fiche pratique « Inscription au registre du commerce »,
*JDN L'économie de demain, www.lejournaldunet.com*

**Questions**

1. Une personne qui travaille pour un commerçant est-elle commerçante ?
2. D'après vous, quel est l'intérêt pour un commerçant de s'immatriculer au tribunal de commerce ?

**Document 12** *Le strict encadrement du statut de commerçant*

### Les activités réglementées

Pour exercer certaines activités commerciales, il faut :

- soit justifier d'un diplôme (ex. : opticien-lunetier, pharmacien) ;
- soit détenir une autorisation (licence) délivrée par le préfet (ex. : pour ouvrir un débit de boissons-tabac, une agence de voyages) ;
- soit, si l'on est étranger, être titulaire d'une carte d'identité professionnelle de commerçant étranger sauf si l'on est titulaire d'une carte de résident ou si on a la nationalité d'un des pays membres de l'Union européenne.

### Les interdictions qui frappent les personnes

- Les incapacités : les mineurs et les incapables majeurs (ex. : personne sous tutelle) ne peuvent être commerçants.
- Les incompatibilités : certaines personnes, en raison de leur profession, ne peuvent exercer une activité commerciale jugée incompatible avec leurs fonctions. Il en est ainsi des huissiers, avocats, greffiers, notaires, par exemple. Le but est d'éviter que certaines professions soient gagnées par l'esprit du profit.
- Les déchéances : certaines personnes peuvent être expressément déchues par le juge de leur droit d'exercer le commerce en raison de leur moralité douteuse et condamnées pour des infractions graves (ex. : délits fiscaux ou économiques, comme l'escroquerie).

**Question**

3. Quelles sont les finalités de ces restrictions et interdictions ?

# B. Les professions libérales

**Document 13** *Les caractéristiques des professions libérales*

– Pas de définition juridique de la profession libérale.
– Exercice indépendant de l'activité professionnelle caractérisée par la pratique personnelle, et en toute indépendance, d'une science, d'une technique, d'un art, où l'activité intellectuelle joue un rôle principal.
– L'activité libérale se caractérise par une activité non salariée et elle est imposée selon le régime fiscal des bénéfices non commerciaux (BNC).

- Les membres des professions libérales **réglementées** (accès et exercice) doivent respecter des principes déontologiques et sont contrôlés par une instance professionnelle (ex. : Ordre des avocats). Exemples : médecins, chirurgiens-dentistes, sages-femmes, pharmaciens, vétérinaires, kinésithérapeutes, avocats, huissiers de justice, notaires.
- Les professions libérales **non réglementées** regroupent toutes les professions qui ne sont ni commerciales, ni artisanales, ni industrielles, ni agricoles et qui ne figurent pas dans la liste des professions libérales réglementées. Exemples : consultants, attachés de presse, traducteurs.

**Questions**

**4.** Quel est le critère commun à toutes les professions libérales ?

**5.** Pourquoi existe-t-il des professions réglementées au sein des professions libérales ?

**Document 14** *Déontologie : l'avis d'un avocat à la Cour*

**Comment envisagez-vous votre profession ?**
En raison même de sa nature qui réclame indépendance, dignité, désintéressement et le dévouement aux causes qui lui sont confiées, la profession d'avocat est incompatible avec toutes les professions qui exigent le sacrifice moral total ou partiel de cette indépendance ainsi qu'avec toutes les professions à but purement lucratif qui empêcheraient l'avocat de se consacrer à sa mission première.

**Pourquoi de telles restrictions ?**
Cette garantie assure au citoyen ou à l'entreprise que la consultation qui leur est donnée ne sera jamais guidée par un intérêt personnel ou une pression extérieure. C'est pourquoi la profession d'avocat est incompatible avec toutes les activités à caractère commercial, les fonctions d'associé dans une SNC, de gérant dans une SARL, etc.

**En quoi consiste votre déontologie ?**
Nul ne peut être avocat s'il n'a prononcé ce serment l'engageant pour toute sa vie professionnelle : « Je jure comme avocat d'exercer mes fonctions avec dignité, conscience, indépendance, probité et humanité. » Dans nos rapports avec les clients, nous sommes tenus à un devoir général de conseil, de prudence et de diligence. Nous sommes aussi obligés au secret professionnel. Si la publicité pour la profession est autorisée, le démarchage nous est strictement prohibé. En matière de déontologie, un décret de mai 2007 permet, dans le cadre de notre exercice des droits de la défense, de communiquer des éléments d'information à des tiers, par exemple des membres de la famille de son client, sans que l'on puisse nous reprocher une violation du secret professionnel.

**Questions**

**6.** Comment justifier les incompatibilités liées à la profession d'avocat ?

**7.** Quels sont les principes déontologiques qui s'appliquent à cette profession ?

**8.** L'accès à cette profession est-il soumis uniquement à des conditions de compétence ? Justifiez.

# Entraînement à la rédaction d'une note structurée

**Les compétences attendues**

- Analyser tout ou partie d'un engagement professionnel non salarié
- Vérifier la légalité des formalités et des conditions d'accès à une profession non salariée

Saïd, 33 ans, est fonctionnaire au service des marchés publics du conseil départemental de la Seine-Saint-Denis. Ingénieur de formation, il occupe le poste de chef de projet informatique depuis huit ans (maintenance, planification de l'installation de nouvelles fonctionnalités ou versions, suivi opérationnel et budgétaire des projets, alerte et proposition de solutions sur les risques, coordination et contrôle du travail des différents prestataires).
Il souhaite créer une petite entreprise de formation avec le statut d'auto-entrepreneur dans laquelle il interviendrait pour donner des cours dans son domaine de compétence, grâce notamment à sa parfaite maîtrise des outils bureautiques. Il se demande s'il lui est possible de cumuler cette activité avec son métier de fonctionnaire.

**Question**

**À l'aide de vos connaissances et des annexes, conseillez Saïd.**

- Rédigez une note structurée dans laquelle vous exposerez à Saïd d'une part les règles de non-cumul et les exceptions à ce principe et d'autre part les avantages pour le fonctionnaire qui cumule plusieurs activités.
- Précisez les règles du non-cumul, les exceptions à ce principe, et soulignez les avantages pour le fonctionnaire qui cumule plusieurs activités.

**Annexe 1**

## Loi Déontologie et cumul d'activités des fonctionnaires

La loi du 20 avril 2016 relative à la déontologie et aux droits des fonctionnaires vient de modifier la situation des fonctionnaires en matière de cumul d'activités.
Elle rappelle que les fonctionnaires consacrent l'intégralité de leur activité professionnelle aux tâches qui leur sont confiées et ne peuvent exercer à titre professionnel une activité lucrative de quelque nature que ce soit. [...]
Vos droits en matière de cumul d'activités
Selon votre situation et l'activité indépendante que vous envisagez, les conditions de cumul et la procédure à respecter diffèrent.
Vous êtes fonctionnaire à temps plein (ou à temps partiel choisi) et vous souhaitez créer une entreprise
Principe : il vous est interdit de :
– de créer ou de reprendre une entreprise commerciale ou artisanale, notamment en tant que micro-entrepreneur,
– de participer aux organes de direction de sociétés ou d'associations à but lucratif.

Agence France Entrepreneur – *www.afecreation.fr*

# Cumuler une carrière dans le public et dans le privé : c'est possible ?

Annexe 2

## Cumul d'activités : les dérogations

Vous pouvez être autorisé par votre autorité hiérarchique à accomplir un service à temps partiel (qui ne peut être inférieur au mi-temps) pour créer ou reprendre une entreprise.
Le cumul est alors possible pendant une durée de 2 ans renouvelable un an à compter de la création ou de la reprise de cette entreprise.
Dans cette formule, vous conservez une rémunération au titre de votre emploi dans la fonction publique tout en disposant de temps pour vous consacrer à votre projet d'activité non salariée.
L'autorisation est accordée, sous réserve des nécessités de la continuité et du fonctionnement du service et des possibilités d'aménagement de l'organisation du travail [...].
La demande d'autorisation est soumise au préalable à l'examen de la commission de déontologie qui est chargée d'examiner la compatibilité de votre projet de création ou de reprise d'une entreprise avec vos fonctions exercées.

Agence France Entrepreneur – *www.afecreation.fr*

Annexe 3

## La commission de déontologie

Depuis le 1er janvier 2016, la saisine du secrétariat de la commission de déontologie de la fonction publique pour les demandes de cumul d'activités et de départ dans le secteur privé est entièrement dématérialisée. Depuis 1995, la commission de déontologie a pour rôle de contrôler le départ des agents publics, et de certains agents de droit privé, qui envisagent d'exercer une activité dans le secteur privé et dans le secteur public concurrentiel. Elle examine si les activités privées qu'ils envisagent d'exercer ne sont pas incompatibles avec leurs précédentes fonctions.
Elle est aussi compétente pour donner un avis sur la déclaration de création ou de reprise d'une entreprise faite par un agent qui cumule cette activité avec son emploi public.
De même, elle donne un avis sur la déclaration de poursuite d'une activité privée dans une entreprise ou une association faite par un agent qui vient d'entrer dans la fonction publique par concours ou sur contrat.

DGAFP – *www.fonction-publique.gouv.fr*

# Sens de la leçon

## Les régimes du fonctionnaire et du travailleur indépendant

### 1 Le régime des trois catégories de fonctionnaires est caractérisé par :

**un statut particulier avec :**

- Un recrutement par concours
- Une carrière liée à l'avancement d'échelon et de grade

**des droits :**

- La protection fonctionnelle
- Le droit syndical
- Le droit de grève

**des obligations :**

- Servir l'intérêt général
- La réserve
- La discrétion professionnelle
- Le respect de la déontologie

### 2 Le régime des indépendants

**Un indépendant est une personne exerçant à son profit une activité professionnelle (artisan, commerçant, profession libérale) dont il supporte les risques…**

- **Le commerçant**
  Personne exerçant des actes de commerce et qui en fait sa profession habituelle.
- **La profession libérale**
  Professions intellectuelles exercées de manière indépendante.

… qui doit faire une déclaration d'existence *via* les Centres de formalités des entreprises (CFE)…

… dont les conditions d'accès à ces professions sont encadrées par une réglementation spécifique.

# 4 L'évolution de l'activité professionnelle des salariés

**Éléments du droit positif : 122-1 et 122-2**

- **Formation professionnelle, adaptation à l'emploi**
- **Modification des conditions de travail, transfert d'entreprise**

| Les compétences attendues | Le plan du chapitre |
|---|---|
| Analyser des dispositifs de formation professionnelle | I – La formation, facteur d'adaptation<br>A • Un droit pour les salariés<br>B • Une obligation pour les salariés et les employeurs<br>II – La formation, facteur d'évolution<br>A • Pour les salariés<br>B • Pour les entreprises |
| Qualifier les modifications de la relation de travail et en déduire les conséquences juridiques | III – Les modifications de la relation de travail proposées par l'employeur<br>A • Les modifications du contrat de travail<br>B • Les modifications des conditions de travail<br>IV – La modification de la situation juridique de l'employeur |

## Mise en situation

Frédéric, salarié depuis douze ans dans son entreprise, s'interroge sur la possibilité d'obtenir de nouvelles qualifications pour progresser dans sa carrière.

Quels sont les dispositifs qui lui permettront d'évoluer professionnellement ? Qu'est-ce que la formation ? Est-ce un droit pour lui ? une obligation pour son employeur ? Son contrat et ses conditions de travail peuvent-ils être modifiés en cours d'exécution ?

# I La formation, facteur d'adaptation

## A. Un droit pour les salariés

**Document 1** *Le droit à la formation*

**Article L. 6321-1 du Code du travail**
L'employeur assure l'adaptation des salariés à leur poste de travail.
Il veille au maintien de leur capacité à occuper un emploi, au regard notamment de l'évolution des emplois, des technologies et des organisations. [...]
Il peut proposer des formations qui participent au développement des compétences [...].
**Article L. 6321-2 du Code du travail**
Toute action de formation suivie par un salarié pour assurer son adaptation au poste de travail [...] constitue un temps de travail effectif et donne lieu pendant sa réalisation au maintien par l'entreprise de la rémunération.

**Questions**

1. Quel est le but de la formation ?
2. En quoi la formation des salariés peut-elle être vue comme un investissement pour l'entreprise ?

**Document 2** *Formation et employabilité*

Cour de cassation, chambre sociale, 24 septembre 2015
LA COUR DE CASSATION, CHAMBRE SOCIALE, a rendu l'arrêt suivant :
Attendu qu'appréciant souverainement les éléments de fait et de preuve produits devant elle, la cour d'appel qui a constaté que le salarié, présent dans l'entreprise depuis seize ans, n'avait bénéficié au cours de cette période que d'un stage de formation continue d'un jour, a pu en déduire que le manquement de l'employeur à son obligation de veiller au maintien de la capacité de l'intéressé à occuper un emploi était établi ; que le moyen n'est pas fondé ;
PAR CES MOTIFS :
REJETTE le pourvoi ;

**Questions**

3. Quels sont les faits ?
4. Sachant que dans cette affaire, l'employeur a été condamné à 5000 euros de dommages et intérêts, justifiez cette décision.

## B. Une obligation pour les salariés et les employeurs

**Document 3** *Formation et évolution professionnelle*

Un arrêt du 5 octobre 2016, a condamné un employeur à verser des dommages et intérêts à une salariée, titulaire d'un BTS, engagée comme agent de fabrication. En effet, pendant 8 ans, il ne lui a proposé que deux formations :l'une sur la sécurité incendie du bâtiment qu'elle estime sans rapport avec l'obligation d'adaptation, et l'autre sur l'hygiène et la sécurité. L'employeur a donc manqué à ses obligations et aurait dû proposer à la salariée, durant une période aussi longue, d'autres formations. En effet, ce manquement a conduit la salariée à devoir limiter sa recherche d'emploi à des postes ne nécessitant pas de formation particulière et a compromis son évolution professionnelle.

**Question**

5. Expliquez pourquoi, alors que la salariée concernée a pourtant bien suivi des formations à l'initiative de son employeur, celui-ci a été condamné pour défaut de formation.

## Document 4 *Le refus du salarié de suivre une formation*

| Extraits de jurisprudence | | |
|---|---|---|
| Le refus, sans motif légitime, d'un salarié de suivre une formation destinée à compenser ses carences et son insuffisance professionnelle avérées et reconnues par le salarié lui-même est constitutif d'une faute grave justifiant un licenciement immédiat (Cass. soc. 7 juin 2011). | Un employeur a mis en place une formation pour ses salariés dans le cadre de l'exécution de leur contrat de travail.<br>Il a licencié pour faute grave une salariée qui a interrompu cette formation d'adaptation, malgré les mises en demeure qui lui ont été adressées. L'employeur a estimé qu'il s'agissait d'un comportement rendant impossible le maintien de la salariée dans l'entreprise. La Cour de cassation lui a donné raison (Cass. soc. 13 février 2008). | Un salarié est en droit de refuser une formation s'il invoque un motif valable, par exemple le fait que l'employeur ne prenne pas en charge les frais de transport pour se rendre à la formation dispensée à 35 km du lieu de travail (C. Appel de Reims 11 janvier 1995). |

**Questions**

6. Qu'est ce qui justifie qu'un salarié soit sanctionné pour avoir refusé de suivre une formation ?
7. Existe-t-il une exception ?

## Document 5 *C'est à l'employeur de proposer des formations*

Cour de cassation, chambre sociale, 24 juin 2015
LA COUR DE CASSATION, CHAMBRE SOCIALE, a rendu l'arrêt suivant :
[...] Attendu que [...] l'employeur assure l'adaptation des salariés à leur poste de travail et veille au maintien de leur capacité à occuper un emploi, au regard notamment de l'évolution des emplois, des technologies et des organisations ;
Attendu que pour rejeter la demande du salarié en paiement de dommages-intérêts pour violation de l'obligation de formation, l'arrêt retient [...] que celui-ci n'a pas été confronté à une difficulté d'adaptation à son poste de travail, qu'aucun élément ne permet de dire que des formations étaient nécessaires pour son maintien à ce poste, et que la société Jean Y... dispose d'un plan de formation soumis aux délégués du personnel et au comité d'entreprise ;
Qu'en statuant ainsi, alors que le fait que le salarié n'ait bénéficié d'aucune formation professionnelle continue pendant toute la durée de son emploi dans l'entreprise établit un manquement de l'employeur à son obligation de veiller au maintien de sa capacité à occuper un emploi, la cour d'appel a violé le texte susvisé ;
PAR CES MOTIFS, [...] CASSE ET ANNULE [...]

**Questions**

8. Quels sont les faits ?
9. Exposez le problème de droit.
10. Pourquoi est-ce à l'employeur de proposer des formations aux salariés ?

# II La formation, facteur d'évolution

## A. Pour les salariés

**Document 6** *Des dispositifs tout au long de sa vie*

### Le plan de formation

Dans le cadre de la réflexion stratégique pour le développement de ma société, j'ai bâti mon plan de formation pour développer les compétences de mes salariés afin de faire face aux évolutions technologiques et organisationnelles. Ces actions de formation incluses dans ce plan se déroulent sur le temps de travail.

### Le CPF

Le dispositif du compte personnel de formation m'intéresse car je cherche actuellement à renforcer mes compétences et mes chances d'évolution professionnelle au sein de mon entreprise. Tout salarié âgé d'au moins 16 ans ou demandeur d'emploi possède désormais un compte personnel de formation pendant toute sa vie professionnelle, même en cas de changement d'entreprise ou de perte d'emploi. C'est un crédit fixé initialement à 24 heures par an. Pour une année de travail à temps plein, le compte sera crédité dans la limite de 120 heures, puis 12 heures par an, dans la limite de 150 heures et utilisé bien sûr pour suivre une formation, avec maintien du salaire… C'est tout à fait adapté à ma situation !

### Le CIF

Je viens de réintégrer mon poste de travail à la suite d'une formation d'un an à temps plein grâce au congé individuel de formation (CIF) me permettant d'accéder à un niveau supérieur de qualification et au minimum d'évoluer dans mon métier, voire de changer de profession ou de secteur d'activité… Le financement de mon CIF a été assuré par des organismes paritaires agréés par l'État, auquel mon entreprise verse ses contributions obligatoires pour la formation professionnelle continue. Ma rémunération a été prise en charge à 80 %, mon contrat de travail a été suspendu.

### Le CPA

Et depuis la loi du 8 août 2016, un nouveau compte personnel d'activité (CPA) permettra un suivi individuel de tous les actifs, quel que soit leur statut, du début de leur activité professionnelle jusqu'au décès, en intégrant le compte personnel de formation, le compte pénibilité et un nouveau compte d'engagement citoyen permettant d'obtenir des heures de formation en cas de volontariat et d'activité bénévole.

### La VAE

Durant mon chômage, j'ai vu que les employeurs privilégient les candidats diplômés. Avec ma dizaine d'années d'expérience professionnelle mais sans aucun diplôme, j'ai entendu parler de la validation des acquis de l'expérience (VAE).
Après réflexion, j'ai choisi le BTS Assistant de gestion, correspondant à mon expérience professionnelle. J'ai réalisé mon dossier en décrivant toutes mes activités professionnelles. Un jury d'enseignants m'a fait approfondir mon parcours professionnel. J'ai reçu une lettre de l'Académie qui validait toutes les épreuves. J'avais mon BTS et j'ai obtenu un emploi dans un poste correspondant à ma nouvelle qualification !

**➔ Questions**

1. Faites la distinction entre ces cinq dispositifs de formation en faisant ressortir les modalités et les objectifs de chacun.
2. Un vendeur vient de bénéficier d'un an de congé rémunéré pour suivre une formation « en un an » au DUT Techniques de commercialisation. À quel dispositif de formation cette situation se rattache-t-elle ?

## B. Pour les entreprises

**Document 7** *Dassault Systèmes se dote d'un accord GPEC ambitieux*

[…] Le groupe Dassault Systèmes a enfin bouclé une négociation pour renouveler son accord de gestion prévisionnelle des emplois et des compétences (GPEC). [Le] nouveau texte a l'ambition d'organiser la gestion prévisionnelle des emplois et des compétences et de favoriser la « transformation sociale » d'une entreprise qui compte 5 000 personnes en France (14 000 dans le monde). […]

**Un référentiel par rôles**

Avec ce texte, Dassault Systèmes crée ou améliore une quinzaine de dispositifs de maintien dans l'emploi et de mobilité interne ou externe. La mise en œuvre de la GPEC est fondée sur un référentiel de « rôles » et non plus d'emplois. « Le rôle est au cœur du processus de gestion des compétences et de la carrière des collaborateurs de l'entreprise », affirme l'accord.

Éric Béal, Liaisons sociales Magazine, 29 juin 2016.

**Questions**

3. Quels sont les objectifs de la GPEC dans cette entreprise ?
4. Quel est l'intérêt de la GPEC pour l'entreprise ? Pour les salariés ?

# III Les modifications de la relation de travail proposées par l'employeur

## A. Les modifications du contrat de travail

**Document 8** *Accepter ou refuser une modification du contrat*

Il y a modification du contrat de travail lorsqu'un élément du contrat qui a été jugé essentiel par le salarié et l'employeur au moment de la signature du contrat, est modifié.

**La modification du contrat proposée par l'employeur peut porter sur :**
- la rémunération ;
- la durée du travail ;
- le lieu de travail (sous certaines conditions) ;
- la qualification professionnelle, le poste et le grade ;
- les responsabilités et les attributions.

**Exemples de modifications proposées**
- La modification, sous prétexte d'un aménagement des tâches, qui se traduit par un véritable changement de fonctions accompagné d'une perte d'avantages matériels.
- La suppression d'un avantage en nature comme le logement de fonction.
- L'employeur propose une modification du contrat de travail pour faire face à des difficultés économiques.

**1er cas : le salarié accepte la modification**

Le contrat est modifié par un avenant.

**2e cas : le salarié refuse la modification**
- Si la modification est justifiée par des difficultés économiques, le refus du salarié peut entraîner son licenciement pour motif économique.
- Dans les autres cas, la modification ne peut se faire sans l'accord du salarié, qui peut donc la refuser. Si le salarié refuse la modification, l'employeur doit :
  – soit le rétablir dans son emploi et abandonner la modification ;
  – soit tirer les conséquences du refus en engageant une procédure de licenciement.

**Questions**

1. Relevez la définition de la modification du contrat de travail. Quel en est l'élément central ?
2. Que se passe-t-il si le salarié refuse la modification ?

**Document 9** *Nouveau salaire*

## Rémunération : l'employeur peut-il diminuer les salaires en temps de crise ?

**L'accord obligatoire du salarié**

Certes, le « chantage à l'emploi » est une donnée à laquelle on peut être confronté dans un secteur en crise. Mais « le mode de rémunération d'un salarié constitue un élément du contrat de travail qui ne peut être modifié sans son accord » (arrêt de la Cour de cassation du 2 novembre 2005, n° 03-44.278). S'il veut le changer, même de manière minime, l'employeur a l'obligation constante d'obtenir l'accord « non équivoque » du salarié : « l'acceptation de cette modification ne peut résulter de la seule poursuite, par [le salarié], du travail » (cass., 16 novembre 2005, n° 03-47.560). [...]

**Un avenant au contrat de travail**

Dans tous les cas, l'employeur qui souhaite baisser la rémunération d'un salarié doit l'en informer par écrit (lettre recommandée) en lui proposant un avenant qui modifie le contrat de travail. Le salarié a un mois pour en accepter ou refuser les termes (sans justification dans ce dernier cas). [...] Si le salarié refuse, son employeur ne peut le considérer comme démissionnaire (cass., 28 janvier 1998, n° 95-40.275). S'il décide de le licencier, il devra invoquer un motif réel et sérieux, mais ne pourra s'appuyer sur ce refus. [...]

*www.pourseformer.fr*, septembre 2012.

**Questions**

**3.** L'employeur peut-il modifier unilatéralement le mode de rémunération ?

**4.** Sous quelles conditions une telle modification peut-elle se faire ?

# B. Les modifications des conditions de travail

**Document 10** *Les changement des conditions de travail*

| |
|---|
| Il y a changement des conditions de travail lorsque les modalités d'exécution du travail inhérentes au pouvoir de direction de l'employeur dans son entreprise sont modifiées. |
| **Le changement proposé par l'employeur peut porter sur :**<br>• les horaires de travail ;<br>• le lieu de travail (s'il se trouve dans le même secteur géographique et justifié dans l'intérêt de l'entreprise) ;<br>• les tâches dans une même fonction (dans le respect de la qualification du salarié). |
| **Exemples de changements proposés**<br>• Un changement de tâche qui correspond à la qualification du salarié.<br>• Une nouvelle répartition de l'horaire dans la journée, sans modification de la durée de travail ou de la rémunération. |
| **1er cas : le salarié accepte le changement**<br>Le contrat se poursuit aux nouvelles conditions proposées par l'employeur. |
| **2e cas : le salarié refuse le changement**<br>Le salarié ne peut pas refuser un changement des conditions de travail car cela entraînerait son licenciement pour faute. |

**Questions**

**5.** Relevez la définition du changement des conditions de travail.

**6.** Expliquez la différence entre modification du contrat de travail et changement des conditions de travail.

**Document 11** *Les modifications susceptibles d'appréciations différentes*

### L'employeur veut imposer un changement de lieu de travail

**Principe :** l'indication du lieu de travail dans le contrat de travail n'a qu'une valeur informative, par rapport au secteur géographique. Il n'y a pas modification du contrat mais simple changement des conditions de travail lorsque l'employeur change le lieu de travail, dès lors que ce nouveau lieu se situe dans le même secteur géographique.

### Deux cas à distinguer

**1. Il existe une clause de mobilité**

Le contrat de travail peut contenir une clause de mobilité licite. Dans ce cas, l'employeur peut imposer un changement de lieu de travail. Si le salarié refuse, il encourt un licenciement car, du fait de la clause de mobilité, ce changement important est un simple changement des conditions de travail.

**2. Il n'existe pas de clause de mobilité**

L'employeur peut seulement imposer un changement de lieu dans le secteur géographique prévu au contrat.

Le secteur géographique est déterminé selon divers critères :

- la distance séparant le site initial et le nouveau site ;
- le réseau de transports en commun et les facilités de déplacement.

**Questions**

**7.** Rappelez les conditions de validité d'une clause de mobilité.

**8.** Quelles différences faut-il faire entre les deux cas abordés dans le document ?

# IV La modification de la situation juridique de l'employeur

**Document 12** *La continuité du contrat de travail lors du transfert de l'entreprise*

**Le principe du transfert**

L'article L. 1224-1 du Code du travail : « Lorsque survient une modification dans la situation juridique de l'employeur, notamment par succession, vente, fusion, transformation du fonds, mise en société de l'entreprise, tous les contrats de travail en cours au jour de la modification subsistent entre le nouvel employeur et le personnel de l'entreprise. » Les contrats de travail sont maintenus, mais les salariés dont le contrat a été rompu (licenciement, démission) avant la modification de la situation de l'entreprise ne peuvent prétendre au transfert du contrat de travail au nouvel employeur. La jurisprudence retient la poursuite et le transfert des contrats avec le nouvel employeur dès lors que l'activité transférée constitue une « *activité économique autonome* ».

**Les effets du transfert**

Le contrat de travail continue de s'exécuter dans les mêmes conditions et selon les mêmes modalités. Ainsi, le salarié conserve son ancienneté, sa qualification, sa rémunération et les avantages qu'il a acquis. C'est au nouvel employeur de payer les salaires, les primes ou les dommages-intérêts qui n'auraient pas été payés au moment du transfert.

**Activité économique autonome**

C'est à dire un ensemble organisé de personnes et d'éléments corporels (ex. : mobilier, matériel, machines, marchandises) ou incorporels (ex. : clientèle, marque, enseigne) permettant l'exercice d'une activité économique qui poursuit un objectif propre (ex : cession par une clinique à un centre hospitalier de ses immeubles et équipements / une même activité qui se poursuit dans un même lieu comme un salon de coiffure.

**Questions**

1. Expliquez en quoi le fait que les contrats se poursuivent avec le nouvel employeur contribue à la stabilité de l'emploi.
2. Pourquoi le salarié conserve-t-il son ancienneté ou sa qualification ?
3. Justifiez le fait que ce soit au nouvel employeur d'assumer ce qui n'a pas été rémunéré par le précédent employeur.

**Document 13** *Transfert d'entreprise et modification du contrat de travail*

Par arrêt du 1er juin 2016, la Cour de cassation précise que si le transfert d'entreprise entraîne pour le salarié une modification de son contrat de travail autre que le changement d'employeur, il est en droit de s'y opposer. Il faut donc que le cessionnaire, s'il n'est pas en mesure de maintenir les conditions antérieures, soit formule de nouvelles propositions, soit tire les conséquences de ce refus en engageant une procédure de licenciement pour cause réelle et sérieuse.

**Question**

4. Que doit faire l'entreprise repreneuse en cas de modification du contrat de travail des salariés transférés ?

# Entraînement à la rédaction d'une note structurée

**Les compétences attendues**

- Analyser des dispositifs de formation professionnelle
- Qualifier les modifications de la relation de travail et en déduire les conséquences juridiques

M. Jean-François Péria, dirigeant d'une PME fabriquant et commercialisant en boutiques des vêtements pour hommes, a engagé en 2017 Coralie Brio en tant que vendeuse. Jusqu'à présent, elle conseillait les clients et effectuait les ventes ; il a récemment décidé de lui demander d'encaisser en outre ses ventes.
En effet, il estime que cette tâche supplémentaire relève de son pouvoir de direction et est conforme à la qualification de Coralie. La salariée conteste cette modification, estimant qu'il s'agit d'une modification « essentielle » de son contrat de travail.

## Question

- Conseillez dans une note structurée Monsieur Péria sur la distinction qu'il faut faire, en général entre d'une part, la modification du contrat de travail et d'autre part la modification des conditions de travail. Vous conclurez en justifiant votre réponse et en précisant si d'après vous, il y a modification du contrat de travail ou modification des conditions de travail dans le cas présent.

**Annexe 1**

### Extrait du contrat de travail de Coralie.

(...) Madame Coralie Brio embauchée, à compter de ce jour en qualité de vendeuse – catégorie 2 au salaire de (...)

**Annexe 2**

### Extrait de la convention collective de l'habillement (classification des emplois)

**Définition des tâches catégorie 2**

Filière vente

Vendeur(se) de 3 mois à 1 an de pratique professionnelle ou vendeur(se) débutant(e) titulaire du CAP vente :
- sous le contrôle de son supérieur, assure les ventes, encaisse les paiements, épingle les retouches simples de façon satisfaisante ;
- peut ouvrir et fermer le magasin en l'absence de son supérieur.

# La relation de travail n'est pas figée

**Annexe 3**

## Cour de cassation, chambre sociale, 6 janvier 2016

LA COUR DE CASSATION, CHAMBRE SOCIALE, a rendu l'arrêt suivant :

Attendu, selon l'arrêt attaqué (Poitiers, 27 novembre 2013), que Mme X..., engagée le 3 avril 2006 par la société Riondel VI, [...] en qualité de standardiste, employée administrative, échelon 3, a été promue par avenant du 1er février 2007 au poste de secrétaire et assistante commerciale, statut employée, échelon 6 ;

que l'employeur l'a informée le 19 mars 2010 qu'elle serait affectée sur le poste de standardiste et assistante véhicule d'occasion ; [...] que la salariée a été licenciée pour faute grave le 7 janvier 2011, en raison de son refus d'accepter sa nouvelle affectation ; qu'elle a saisi la juridiction prud'homale ; [...]

attendu qu'ayant relevé que l'affectation de la salariée au poste de secrétaire standardiste précédemment occupé par une autre salariée, à statut et rémunération égaux, constituait un simple changement de ses conditions de travail, la cour d'appel, qui a constaté que la salariée avait déjà fait l'objet en mars 2009 d'un avertissement, a pu décider que son refus réitéré de ce changement constituait un acte d'insubordination rendant impossible son maintien dans l'entreprise ; [...]

PAR CES MOTIFS : REJETTE le pourvoi [...]

**Annexe 4**

## Cour de cassation chambre sociale 15 juin 2016

LA COUR DE CASSATION, CHAMBRE SOCIALE, a rendu l'arrêt suivant :

Sur le moyen unique : Vu l'article 1134 du code civil (aujourd'hui 1103) ;
Attendu, selon l'arrêt attaqué, que MM. X..., Y..., Z... et Mmes A... et B... salariés de la société Laiterie Volcans Auvergne, travaillaient de 21 heures à 5 heures et le vendredi de 19 heures à 2 heures, ce qui leur permettait de bénéficier d'une majoration de leur salaire brut de base de 30 % liée au travail de nuit ;

Qu'en vertu de la nouvelle organisation mise en place à compter de juin 2010, ils ont dû travailler selon un cycle de 5 heures à 13 heures, de 13 heures à 21 heures ou de 21 heures à 5 heures ; qu'ils ont saisi la juridiction prud'homale ;

Attendu que pour les débouter de leurs demandes tendant à voir condamner la société au paiement de rappels de salaire et de dommages-intérêts en indemnisation de la perte de rémunération consécutive à la diminution de leur temps de travail de nuit, l'arrêt retient que la décision de modification des horaires de travail n'a pas été prise à la seule initiative de la direction de la société mais sous la pression des salariés en horaire de jour qui souhaitaient pouvoir, eux aussi, bénéficier des conditions financières plus favorables apportées par le travail de nuit, qu'il n'en demeure pas moins qu'elle constitue pour les salariés qui travaillaient pour l'essentiel en horaire de nuit une modification qui aurait nécessité leur accord si leurs contrats de travail n'avaient pas tous prévu qu'ils occuperaient un emploi dans un poste de jour ou de nuit, que donc il ne peut être considéré que la modification intervenue soit abusive ;

Qu'en statuant ainsi, alors que le passage d'un horaire de nuit à un horaire de jour constitue une modification du contrat de travail qui devait être acceptée par les salariés, la clause contractuelle selon laquelle les salariés étaient engagés pour travailler de nuit ou de jour, sans autre précision étant inopérante, la cour d'appel a violé le texte susvisé ;

PAR CES MOTIFS : CASSE ET ANNULE, en ce qu'il déboute les salariés de leur demande [...]

# Sens de la leçon

## L'évolution de l'activité professionnelle des salariés

### 1 La formation tout au long de la vie professionnelle…

- est un droit pour le salarié.
- impose des obligations :
  – à l'employeur, qui doit financer et organiser la formation du personnel ;
  – au salarié, qui doit participer aux formations.

### 2 La formation constitue un facteur d'évolution permettant…

- d'inciter les salariés et les employeurs à anticiper les changements de leur environnement de travail, grâce au plan de formation.
- de développer l'employabilité des salariés, grâce à divers dispositifs (CPF, CIF, VAE…).
- de développer leurs compétences (la GPEC).

### 3 La relation de travail peut évoluer…

**Par modification du contrat de travail :**

- – Rémunération
  – Durée et lieu (sous certaines conditions) du travail
  – Qualification professionnelle, responsabilités et attributions
- L'employeur ne peut imposer unilatéralement la modification car les éléments concernés sont déterminants au moment de la conclusion du contrat.

**Par changement des conditions de travail :**

- – Des horaires de travail comme nouvelle répartition (dans la journée ou la semaine).
  – Du lieu de travail s'il se trouve dans le même secteur géographique et justifié dans l'intérêt de l'entreprise.
  – Des tâches dans la même fonction.
- Les mesures prises par l'employeur relèvent de son pouvoir de direction : le salarié ne peut les refuser sans s'exposer au licenciement.

**Lorsque la situation juridique de l'employeur est modifiée :**

→ Les contrats de travail des salariés se poursuivent avec le nouvel employeur ou la nouvelle structure (ex. : transfert d'entreprise).

préparation à l'épreuve

S'entraîner au BTS n° 1

# La société Barba s'étend

### Les compétences attendues

- Analyser tout ou partie d'un engagement professionnel et en tirer les conséquences juridiques
- Qualifier les modifications de la relation de travail et en déduire les conséquences juridiques
- Analyser des dispositifs de formation professionnelle

## Mise en situation

La PME Barba, située à Marseille, produit des composants électroniques qu'elle vend à ses nombreux clients dans toute la France. Le directeur, M. Barbaroux, rencontre diverses difficultés dans la gestion de ses salariés. Vous effectuez un stage à ses côtés et il s'adresse à vous pour obtenir des conseils en droit du travail.

### Travail à faire

#### Dossier 1

M. Barbaroux envisage de licencier Mlle Berri, commerciale, qui travaille à temps partiel depuis son récent retour de congé parental. En effet, son contrat fixe son lieu de travail à Marseille, siège de l'entreprise. Cependant, une clause prévoit la possibilité de « missions en dehors de la région Provence-Alpes-Côte d'Azur », en fonction des besoins de l'entreprise. En application de cette clause, M. Barbaroux a demandé à Mlle Berri de partir en région parisienne 15 jours plus tard, pour une mission commerciale de prospection de nouvelle clientèle, qui doit durer entre quatre et six mois. La salariée a refusé, argumentant qu'il ne s'agit pas d'un « court déplacement », comme prévu dans la clause, mais d'une longue période la contraignant à un déménagement familial puisqu'elle ne peut pas laisser son bébé. Selon elle, l'employeur n'a donc pas le droit de lui imposer cette mission. De son côté, M. Barbaroux estime qu'il y va de l'intérêt de l'entreprise, et il envisage donc de licencier son employée.
Il vous demande de l'éclairer sur le résultat possible d'un contentieux devant le conseil de prud'hommes, au cas où la salariée contesterait le licenciement.

**À l'aide de vos connaissances et des annexes, conseillez M. Barbaroux.**

1. **Appréciez la légalité de la clause de mobilité du contrat de Mlle Berri. La salariée était-elle en droit de refuser la proposition de son employeur ?**
2. **Quelle serait l'issue possible d'un contentieux devant le conseil de prud'hommes ? Quel est l'état de la jurisprudence en la matière ?**

## Dossier 2

Un autre conflit oppose M. Barbaroux à plusieurs salariés d'origine camerounaise, qui ont pris rendez-vous avec lui par l'intermédiaire du délégué du personnel. Ces salariés se plaignent de n'avoir bénéficié d'aucune formation alors qu'ils travaillent dans l'entreprise depuis dix ans. Ils souhaitaient notamment se former davantage à la langue française, qui n'est pas leur langue maternelle, et ils estiment que ce handicap lié à l'illettrisme les a empêchés d'évoluer au sein de l'entreprise. M. Barbaroux est très inquiet quant aux suites à donner à cette affaire, qu'il va devoir régler rapidement.

M. Barbaroux vous demande de préparer une note structurée qui l'aiderait à répondre à ses préoccupations :

– L'employeur peut-il être sanctionné pour ne pas avoir formé ses salariés ?
– Comment les salariés pourraient-ils justifier leur requête devant le juge ?

### Ressources documentaires

**Annexe 1** Cour de Cassation chambre sociale 10 février 2016 N° de pourvoi 14-17576
**Annexe 2** Clause de mobilité : les limites au pouvoir de l'employeur
**Annexe 3** Article L. 6321-1 du Code du travail
**Annexe 4** L'obligation de formation
**Annexe 5** Management à l'obligation de formation

## Annexe 1 *Cour de cassation chambre sociale 10 février 2016 N° de pourvoi : 14-17576*

LA COUR DE CASSATION, CHAMBRE SOCIALE, a rendu l'arrêt suivant :
Attendu, selon l'arrêt attaqué, que Mme X... a été engagée le 1er décembre 2004 par la société Castorama en qualité de directrice stagiaire de l'établissement de Saint-Nazaire, son contrat comportant une clause de mobilité ; qu'elle exerçait depuis le 1er août 2008 les fonctions de directrice du magasin de Vannes ; qu'elle est partie en congé de maternité le 19 mars 2010 et a été remplacée dans ses fonctions de directrice du magasin de Vannes le 22 mars 2010 ; qu'après avoir refusé les postes de directrice du magasin de Mérignac en Gironde et du magasin de Clayes-sous-Bois en région parisienne, elle a été licenciée pour faute grave le 24 décembre 2010 ; (...)
Vu l'article L. 1121-1 du code du travail ;
Attendu qu'après avoir écarté la faute grave de la salariée au motif que sa nouvelle situation familiale était difficilement compatible avec une mutation à Mérignac ou à Clayes-sous-bois, celle-ci étant désormais mère de deux enfants dont un nouveau-né et l'autre dont elle assurait la résidence alternée, l'arrêt, pour dire le licenciement fondé sur une cause réelle et sérieuse, retient que le refus de la salariée d'accepter une modification de son contrat de travail qui n'est que la mise en œuvre d'une stipulation expresse, reste constitutif d'une faute ;
Qu'en se déterminant ainsi, sans rechercher, comme il lui était demandé, si la mise en œuvre de la clause contractuelle ne portait pas une atteinte au droit de la salariée à une vie personnelle et familiale et si une telle atteinte pouvait être justifiée par la tâche à accomplir et était proportionnée au but recherché, la cour d'appel n'a pas donné de base légale à sa décision PAR CES MOTIFS : CASSE ET ANNULE

## ANNEXE 2 *Clause de mobilité : les limites au pouvoir de l'employeur*

### Attention à la rédaction et à l'application des clauses de mobilité !

***Si le contrat de travail prévoit une clause de mobilité, le salarié conserve une petite marge de manœuvre...***

Ce matin, l'employeur annonce à l'un de ses collaborateurs qu'il l'affecte à 300 kilomètres de son lieu de travail actuel dans des locaux construits sur une zone de 2 000 habitants...
Le salarié a toutes les raisons de ne pas être satisfait. Or, s'il a signé une clause de mobilité lors de son engagement, il devra en principe suivre l'entreprise où qu'elle aille.
Selon la définition issue de l'actuelle jurisprudence, la clause de mobilité est la « stipulation par laquelle un salarié accepte à l'avance que son lieu de travail puisse être modifié, et donc d'exercer ses fonctions dans les différents établissements, agences et succursales où l'entreprise déciderait de le muter ».
En refusant la mutation géographique, le salarié risque d'être licencié pour faute grave. Sauf à démontrer un éventuel abus de l'employeur. Car l'application d'une clause de mobilité n'est valable que si elle intervient exclusivement dans l'intérêt de l'entreprise, qu'elle est justifiée par la tâche à accomplir et proportionnée au but recherché. Et cela sera le cas, *a fortiori*, lorsque la clause de mobilité met en cause le droit à une vie familiale normale et le libre choix du domicile.
Un salarié peut contester judiciairement ce type d'abus. Pour prévenir de telles pratiques, la jurisprudence exige désormais une rédaction précise des clauses de mobilité.
Au final, c'est au juge d'apprécier souverainement le caractère réel et sérieux d'un licenciement.
Il est essentiel de bien négocier la portée de la clause au moment de l'embauche.
Il est indispensable que l'employeur définisse de manière précise la zone géographique d'application de la clause pour permettre au salarié de connaître le périmètre de son obligation.
Si la clause n'est pas limitée géographiquement, elle est nulle et sans effet.

## ANNEXE 3 *Article L. 6321-1 du Code du travail*

**« L'employeur assure l'adaptation des salariés à leur poste de travail.**
**Il veille au maintien de leur capacité à occuper un emploi, au regard notamment de l'évolution des emplois, des technologies et des organisations.**
**Il peut proposer des formations qui participent au développement des compétences, y compris numérique, ainsi qu'à la lutte contre l'illettrisme.**
**Les actions de formation mises en œuvre à ces fins sont prévues, le cas échéant, par le plan de formation [...]. »**

## ANNEXE 4 *L'obligation de formation*

Même lorsque le salarié n'a fait aucune demande de formation, l'obligation de former pèse toujours sur l'employeur.
L'employeur a l'obligation de veiller au maintien de la capacité des salariés à occuper un emploi. Cette obligation relève de son initiative, comme le rappelle un arrêt de la Chambre sociale du 9 décembre 2015.
En l'espèce, suite à son licenciement, un salarié a saisi la juridiction prud'homale pour contester cette mesure et obtenir paiement de diverses sommes au titre de la rupture ainsi que des dommages-intérêts en raison du préjudice subi du fait des manquements de l'employeur à son obligation de sécurité et de formation professionnelle. Le salarié n'avait en effet pas bénéficié de formations au cours des dernières années.
L'employeur affirmait pour sa défense que le salarié n'avait pas sollicité de formation ou d'évolution de son emploi rendant nécessaire une adaptation à son poste de travail. La Cour d'appel a suivit ce raisonnement pour rejeter la demande du salarié.
Cependant, la Cour de cassation rappelle sa jurisprudence en la matière : «en statuant ainsi, alors que l'obligation de veiller au maintien de la capacité des salariés à occuper un emploi relève de l'initiative de l'employeur, la Cour d'appel a violé le texte susvisé» (article L6321-1 du Code du travail). En effet, l'obligation de former qui pèse sur l'employeur ne lui permet pas de se dédouaner au motif que le salarié n'a pas exprimé de demande de formation.

*www.cpformation.com.* Arnaud Portanelli.

## ANNEXE 5 *Management à l'obligation de formation*

Un salarié qui a été perpétuellement exclu de toute formation pendant sa carrière dans l'entreprise peut prétendre à des dommages et intérêts de ce fait, notamment quand il est licencié pour motif économique.
Un ouvrier est recruté, sans compétence ni expérience, au poste d'opérateur de lignes auquel le forme une entreprise. Là s'arrêtent les efforts de formation de l'employeur : pendant seize ans, le salarié ne bénéficiera de rien d'autre.
Licencié pour motif économique, il réclame à l'employeur une indemnité pour « manquement à l'obligation de formation ».
Il vise, en fait, l'article L. 6321-1 du Code du travail selon lequel :
« L'employeur assure l'adaptation des salariés à leur poste de travail. Il veille au maintien de leur capacité à occuper un emploi, au regard notamment de l'évolution des emplois, des technologies et des organisations. »
L'employeur soutient que le poste de travail n'a connu depuis son embauche aucune évolution particulière nécessitant une formation d'adaptation et que le salarié peut donc prétendre sans difficulté à des postes similaires dans l'industrie mécanique. [...]
Il considère donc qu'il n'a commis aucun manquement.
L'explication de l'employeur ne satisfait pas la Cour de cassation. En négligeant d'accomplir son obligation d'adaptation, l'employeur a commis une faute qu'il doit réparer (...)

www.wk-rh.fr

# 5 Le rôle des représentants des salariés et la négociation collective

### Éléments du droit positif : 122-3 et 123-1

• **Rôle des représentants des salariés**
• **Négociation collective : acteurs, objets, procédures d'adoption, principe d'articulation des niveaux de négociation. Enjeux et conséquences.**

| Les compétences attendues | Le plan du chapitre |
|---|---|
| Apprécier l'efficacité de l'information et de la protection des salariés dans une situation donnée | I – Des rôles divers selon les représentants du personnel<br>II – Le droit à l'information et à la consultation |
| Identifier les enjeux d'une négociation collective | III – La négociation collective<br>A • Les objets de la négociation collective<br>B • Les acteurs de la négociation collective<br>C • Le principe d'adoption : le principe majoritaire |
| Repérer l'articulation de diverses sources de droit dans une situation de travail donnée | IV – Les enjeux du droit négocié<br>A • Le droit négocié, un facteur de progrès social<br>B • Les risques |

## Mise en situation

Rachid, 24 ans, est embauché comme chargé de communication dans une grande entreprise mais il est en difficulté avec son supérieur hiérarchique à propos de l'application de la convention collective. Quels représentants du personnel peuvent le renseigner, voire l'aider : le délégué du personnel ? le délégué syndical ? le membre du comité d'entreprise ? Quelles sont leurs attributions ? Quelle est l'utilité d'une convention collective ?

# I Des rôles divers selon les représentants du personnel

**DOCUMENT 1** *Les institutions représentatives du personnel*

| Le délégué du personnel (DP) depuis 1936 | Le comité d'entreprise (CE) depuis 1945 | Le délégué syndical (DS) depuis 1968 |
|---|---|---|
| Représentant des salariés, il est élu tous les 4 ans. Il est principalement chargé de présenter au chef d'entreprise les réclamations des salariés. | Cette institution collégiale est composée de salariés élus et présidée par le chef d'entreprise. Élu tous les 4 ans, le CE dispose d'attributions consultatives en matière économique et gère les œuvres sociales et culturelles de l'entreprise. | C'est le salarié désigné par un syndicat pour le représenter dans l'entreprise et, principalement, y présenter des revendications. |
| **La taille de l'entreprise concernée** | | |
| 11 salariés et plus | 50 salariés et plus | 50 salariés et plus |
| **Le rôle de l'institution** | | |
| • Le DP fait part à l'employeur de toute réclamation individuelle ou collective en matière d'application de la réglementation du travail.<br>• Il est consulté, en l'absence du CE, sur les licenciements économiques et la durée du travail.<br>• Il est l'interlocuteur de l'inspecteur du travail. | • **Un rôle économique**<br>– Le CE est informé et consulté sur l'organisation, la gestion et l'évolution de la situation économique et financière de l'entreprise.<br>– Il est consulté sur l'organisation du temps de travail, l'introduction de nouvelles technologies, l'évolution de l'emploi, les projets de licenciement, le plan de formation, l'égalité hommes-femmes…<br>• **Un rôle social et culturel :** il est actif dans la gestion des actions en faveur des salariés et leurs familles (crèche, vacances, cantine, etc.). | • Le DS doit proposer des améliorations concernant les salaires, l'emploi, la formation, les conditions de travail… (contrairement au DP, qui a pour objectif de faire appliquer les décisions déjà prises concernant la marche de l'entreprise).<br>• Il participe aux négociations avec l'employeur sur les conventions et accords collectifs. |
| Si l'entreprise emploie 50 à 299 salariés, l'employeur peut décider de la mise en place d'une **délégation unique du personnel** (DUP) réunissant les attributions du comité d'entreprise et des délégués du personnel. | | |

**Questions**

1. Qu'est-ce qui distingue le délégué syndical des autres représentants ?
2. Caractérisez le rôle de chacune de ces institutions représentatives du personnel.

**DOCUMENT 2** *Le dialogue social au quotidien*

## Promouvoir le dialogue social et la négociation collective

Tous les acteurs de l'entreprise ont intérêt à développer un dialogue social, dans la confiance et la recherche d'un consensus permanent.
Par ce dialogue, il doit être possible :
- d'une part, d'améliorer les conditions de travail et la qualité de la vie en entreprise ;
- d'autre part, de résoudre, par la discussion et par la négociation, les inévitables divergences liées à toute activité professionnelle.

À l'évidence, le dialogue social est préférable au conflit pour résoudre les problèmes qui peuvent se présenter dans les rapports entre les dirigeants de l'entreprise et les salariés. Ainsi conçu, le dialogue social doit gouverner tous les moments de la vie au travail ; il doit imprégner le style de management et commander l'attitude de la direction dans ses rapports avec les représentants des salariés.

**Questions**

3. Que recherche une entreprise en instaurant le dialogue social ?
4. Que peut-il permettre d'éviter ?

**DOCUMENT 3** *Demandes des délégués du personnel*

### Compte rendu du délégué du personnel reçu ce jour par le directeur lors de la réunion mensuelle

Voici les questions qui ont été abordées. La direction s'est engagée à nous répondre sous 8 jours.

- Le retour au principe des augmentations générales pour tous sans discrimination ni plafonnement.
- La demande de meilleures conditions de travail dans les ateliers : plus de chauffage et une lumière plus adaptée.
- Que les invitations aux événements « festifs » organisés par la direction n'imposent pas au salarié qui refuse l'obligation d'en donner les raisons… !

**Questions**

**5.** En quoi peut-on dire que les délégués du personnel sont les porte-parole des salariés ?

**6.** Avec quelle régularité les délégués du personnel rencontrent-ils l'employeur ?

**DOCUMENT 4** *Réunion d'un comité d'entreprise*

STARTEX

### Réunion du comité d'entreprise

Présidente : Éva Guitton – Directrice de STARTEX
Membres présents titulaires élus du comité : Alain Beaune – Camille Arnault – Adèle Fressoz

**Questions à l'ordre du jour :**

**• Sur les comptes**

Le délégué CGT : Les placements financiers réalisés par l'entreprise augmentent d'un million d'euros chaque année. Quel est l'intérêt d'avoir autant d'argent placé ?
La présidente : Cette trésorerie est la contrepartie des provisions pour risques.
Le délégué CFDT : Jusqu'où va-t-on aller ? Pourquoi ne pas faire un retour aux salariés d'une partie de ces sommes sous forme de primes et d'intéressement ?
La présidente : Ces réserves ont permis par le passé « d'éponger » des déficits antérieurs. […]

**• Autres questions**

Le délégué CGT : Nous demandons à avoir des précisions sur ce qui va être entrepris sur la durée du travail et l'introduction de nouvelles technologies.
Le délégué CFDT : Quand les travaux de la bibliothèque mise à disposition de tous seront-ils terminés ? Les conditions d'accès au centre de vacances de l'entreprise seront-elles modifiées ?
Le délégué CGT : Nous souhaitons développer les mesures en faveur des sorties culturelles du personnel ainsi que de la pratique des loisirs et du sport…
Le délégué CFDT : Nous souhaiterions connaître le nombre de salariés n'ayant pas reçu d'augmentations individuelles depuis deux années consécutives et plus.
[…]

**Questions**

**7.** Qui préside le CE ?

**8.** Montrez, à travers ce document, que le CE dispose de deux grands domaines de compétences. Justifiez votre réponse.

**DOCUMENT 5** *Revendications et appel à la grève*

**RESPECTEZ NOS REVENDICATIONS SALARIALES !**

En ma qualité de délégué syndical, je vous rappelle que la Direction est restée sourde à toutes les revendications que j'ai présentées en votre nom.

Les salariés d'***ALTIFRAIS*** entament tous ensemble un mouvement de grève de 24 heures, reconductible !
Les salaires moyens dans l'entreprise ne dépassent pas les 1 400 euros mensuels... ce qui rend la vie trop difficile pour la plupart d'entre nous !
**Nous ne pouvons pas continuer comme ça !**
Nous demandons par ailleurs l'obtention d'une prime de transport de 10 euros par mois !

**Rejoignez-nous dans notre mouvement de contestation légitime que la Direction doit entendre et satisfaire !**

**Questions**

9. Quel est le moyen d'action utilisé ici par le délégué syndical ?
10. De quelle nature sont ses revendications ?

**DOCUMENT 6** *Le droit à des moyens matériels et financiers*

| | Pour les délégués du personnel | Pour les membres du comité d'entreprise | Pour les délégués syndicaux |
|---|---|---|---|
| Heures de délégation (variables en fonction de la taille de l'entreprise), payées comme du temps de travail effectif, pour exercer leur mandat | Oui | Oui | Oui |
| Déplacement hors et dans l'entreprise pendant les heures de délégation | Oui | Oui | Oui |
| Local équipé dédié aux activités de délégation et panneau d'affichage | Oui | Des salariés peuvent aussi être mis à disposition, rémunérés par l'employeur. | Si un accord a été trouvé avec l'entreprise |
| Périodicité des réunions | Une réunion au moins une fois par mois avec l'employeur | Une réunion au moins une fois par mois avec l'employeur | Sur rendez-vous et dans certains cas obligatoires |

À noter que le CE dispose de deux budgets attribués par l'entreprise :
– la subvention de fonctionnement versée tous les ans et égale à 0,2 % de la masse salariale brute ;
– la contribution aux activités sociales et culturelles, dont le montant est à la discrétion de l'employeur.

**Questions**

11. Quelle est l'utilité des heures de délégation pour tous ces représentants du personnel ?
12. Comment justifier les moyens matériels et financiers qui leur sont accordés ?

# II Le droit à l'information et à la consultation

**Document 7** *Les obligations annuelles d'information-consultation du CE*

La loi n° 2015-994 du 17 août 2015 relative au dialogue social et à l'emploi réforme en profondeur les règles relatives à la consultation du Comité d'entreprise (CE).
Ainsi, afin de simplifier et rationaliser l'ensemble des obligations récurrentes d'information et de consultation dans les entreprises, à compter du 1er janvier 2016, les 17 obligations annuelles d'information-consultation récurrentes du CE sont regroupées en trois consultations annuelles qui portent respectivement sur :
– la situation économique et financière de l'entreprise ;
– la politique sociale de l'entreprise, les conditions de travail et l'emploi ;
– les orientations stratégiques de l'entreprise. [...]

*www.droit-de-la-formation.fr*

**Questions**

1. Pourquoi les employeurs ont-ils l'obligation de consulter le CE sur ces sujets ?
2. En quoi peut-on espérer que ces mesures permettent d'améliorer l'efficacité et la qualité du dialogue social au sein de l'entreprise ?

**Document 8** *Le droit d'alerte économique du comité d'entreprise*

**Article L. 2323-50 depuis le 1er janvier 2016 du Code du travail –** Lorsque le comité d'entreprise a connaissance de faits de nature à affecter de manière préoccupante la situation économique de l'entreprise, il peut demander à l'employeur de lui fournir des explications. Cette demande est inscrite de droit à l'ordre du jour de la prochaine séance du comité d'entreprise. Si le comité d'entreprise n'a pu obtenir de réponse suffisante de l'employeur ou si celle-ci confirme le caractère préoccupant de la situation, il établit un rapport. [...]

**Question**

3. En quoi consiste le droit d'alerte du CE et quel est l'intérêt d'une telle procédure ?

**Document 9** *Les représentants du personnel participent au plan de sauvegarde de l'emploi (PSE)*

Le plan de sauvegarde de l'emploi est un dispositif visant à limiter les conséquences des licenciements collectifs, prévu par les articles L. 1233-61 et suivants du Code du travail. Il est obligatoire dans les sociétés employant au moins 50 salariés et lorsque les licenciements envisagés concernent au moins 10 personnes dans une même période de 30 jours. Ses objectifs sont d'éviter ou de réduire le nombre des licenciements et de favoriser le reclassement des salariés dont le licenciement ne pourrait être évité.
Le PSE doit, par conséquent, présenter des mesures pour éviter le recours au licenciement (ex. : mutation, réduction ou aménagement du temps de travail) et proposer un plan de reclassement interne ou externe à l'entreprise (ex. : offres de reclassement interne, dispositif d'accompagnement à la recherche d'emploi, soutien à la création d'entreprise).
Il doit être présenté au comité d'entreprise dans le cadre d'une procédure d'information-consultation et négocié avec les délégués syndicaux ; il entre en vigueur après validation par la Direction régionale des entreprises, de la concurrence, de la consommation, du travail et de l'emploi (Direccte).
Le salarié doit être informé de la décision de validation par voie d'affichage sur le lieu de travail ou par tout autre moyen permettant de déterminer à une date certaine cette information.

**Questions**

4. Que doit faire un employeur qui envisage un licenciement économique ?
5. Quels sont les représentants du personnel associés à l'élaboration du PSE ? Précisez le rôle de chacun.

# III La négociation collective

## A. Les objets de la négociation collective

**Document 10** *Salarié de Auchan, à quelle convention êtes-vous soumis ?*

La convention collective traite des conditions de travail et des garanties sociales des salariés en adaptant les dispositions du Code du travail aux situations particulières du secteur d'activité concerné.

Vous êtes salarié en tant qu'employé de rayon, hôte de caisse ou d'accueil, manager de rayon d'un magasin Auchan ? Vous êtes responsable du rayon boucherie ou poissonnerie ? Vous travaillez en tant que commercial ou comptable dans un Auchan ?

La convention collective qui vous est applicable est la convention collective du commerce de détail et de gros à prédominance alimentaire (Brochure JO n° 3305).

Elle comprend notamment des dispositions sur :

– Les primes : la prime annuelle bénéficie à tous les salariés ayant au moins un an d'ancienneté au moment de son versement et est égale à un mois de salaire, une prime de vacances peut être attribuée par négociation collective ;

– Les heures pour recherche d'emploi, dont bénéficient les salariés licenciés à raison de 2 heures par jour pendant 1 mois ;

– Les congés exceptionnels pour évènements familiaux, par exemple, 1 semaine pour le mariage du salarié après 1 an d'ancienneté, et pour ancienneté, à raison de 1 jour à partir de 10 ans d'ancienneté ;

– Les salaires en fixant des grilles de salaires minima mensuels et annuels garantis pour l'ensemble des salariés : le salaire le plus bas étant garanti à 1 543,13 € en 2016*.

* Le SMIC est de 1 480,27 euros bruts mensuels en janvier 2017.

*www.juritravail.com*

**Question** **1.** Quel est l'intérêt de cette convention collective pour les salariés de Auchan ?

**Document 11** *Des accords collectifs à objectifs spécifiques*

| 1. Accord d'entreprise | 2. Accord de branche | 3. Accord interprofessionnel |
|---|---|---|
| Un accord collectif est conclu entre un employeur ou un groupement d'employeurs et une ou plusieurs organisations syndicales portant sur un ou plusieurs points intéressant les conditions de travail, l'emploi ou les garanties sociales des salariés. | Accord conclu entre les groupements patronaux et les organisations syndicales d'une branche, portant sur un point particulier des conditions de travail dans la branche. | Accord conclu entre des groupements d'employeurs et des syndicats, portant sur un point particulier des conditions de travail de l'ensemble des salariés des différentes branches. |
| **Exemple 1** Des négociations ont lieu chez Renault entre syndicats et direction pour un nouvel accord de compétitivité triennal (2017 – 2019). Les syndicats veulent aborder les conditions de travail, l'emploi précaire et le niveau des salaires. | **Exemple 2** Un accord de branche « professions de la photographie » a été signé pour la prise en compte de la diversité des métiers, qui les composent, et les fluctuations d'activité, grâce à un dispositif d'organisation pluri-hebdomadaire du temps de travail. | **Exemple 3** Depuis le 1er janvier 2016, dans le cadre de l'accord national interprofessionnel (ANI), toutes les entreprises du secteur privé doivent obligatoirement proposer une complémentaire santé collective à leurs salariés et prendre en charge la moitié de la cotisation. |

**Questions** **2.** Relevez les objets de ces différents accords.

**3.** En vous aidant du document 10, dites ce qui distingue une convention collective d'un accord collectif.

# B. Les acteurs de la négociation collective

**Document 12** *Employeurs et syndicats d'employeurs*

| Au niveau de l'entreprise | Au niveau de la branche | Au niveau interprofessionnel |
| --- | --- | --- |
| Négociation collective menée par l'employeur, qui peut se faire assister. | Les employeurs se regroupent par activité dans des unions ou des syndicats. | Négociations nationales menées par trois organisations patronales. |

**Document 13** *Les syndicats de salariés représentatifs*

## Les critères de représentativité

Pour être reconnue représentative, et donc pouvoir désigner un délégué syndical pour négocier des accords au sein de l'entreprise, une organisation syndicale doit cumuler sept critères (C. trav., art. L. 2121-1 ; C. trav., art. L. 2122-1).

Il faut pouvoir démontrer :

- le respect des valeurs républicaines (liberté d'opinion, politique, philosophique ou religieuse) ;
- l'indépendance (par rapport aux partis politiques, aux mouvements religieux, aux employeurs) ;
- la transparence financière ;
- l'ancienneté minimale (impérativement au moins 2 ans) ;
- l'audience (impérativement au moins 10 % des suffrages exprimés du personnel d'une entreprise au premier tour des dernières élections des représentants des salariés) ;
- l'influence (activité et expérience tournée vers la défense des intérêts des travailleurs) ;
- des effectifs d'adhérents et des cotisations suffisants.

La Cour de cassation affirme que tous ces critères doivent être réunis (Cass. soc., 29 févr. 2012).

**Questions**

4. Repérez qui sont les partenaires sociaux. Quels sont les trois niveaux de la négociation collective ?
5. Quel est l'intérêt d'être déclaré syndicat représentatif ?

**Document 14** *La négociation collective ... même sans délégués syndicaux*

La négociation d'une convention ou d'un accord d'entreprise permet d'adapter les règles du Code du travail aux spécificités et besoins de l'entreprise.

Ce sont, en principe, les délégués syndicaux qui négocient avec l'employeur. Mais pour favoriser la négociation dans les petites entreprises dépourvues de délégués syndicaux, un accord peut être conclu, sous certaines conditions, par les représentants élus du personnel au comité d'entreprise (ou à défaut par les délégués du personnel) ou, en l'absence de représentants élus, par un salarié spécifiquement mandaté [par un syndicat représentatif au niveau national]. (...)

*www.travail-emploi.gouv.fr*

**Questions**

6. Qui participe généralement à la négociation collective ?
7. Que prévoit cependant la loi en cas d'absences des interlocuteurs habituels ?

## C. Le principe d'adoption : le principe majoritaire

**DOCUMENT 15** *Les accords majoritaires*

Les accords majoritaires doivent progressivement devenir la règle au niveau de l'entreprise.
Ainsi, pour être valides, les accords devront être signés par des organisations syndicales qui rassemblent plus de 50 % des suffrages en faveur d'organisations représentatives au premier tour des dernières élections professionnelles. Si le ou les syndicats n'ont obtenu que 30 % des suffrages, ils pourront déclencher une consultation des salariés par réferundum sur l'accord d'entreprise. Si plus de la moitié des salariés accepte l'accord, celui-ci est valide, les syndicats majoritaires n'ayant pas de faculté d'opposition.
L'objectif affiché de la loi relative au travail, à la modernisation du dialogue social et à la sécurisation des parcours professionnels, dite loi Travail, publiée au Journal officiel le 9 août 2016, qui a instauré cette possibilité, est de contourner une absence de majorité syndicale pour donner l'occasion aux salariés de s'exprimer sur leurs conditions de vie au travail et les choix qui les concernent directement, et dès lors d'être mieux défendus. Cette règle sera appliquée à la durée du travail, aux congés et aux repos, ainsi qu'aux accords en matière d'emploi. (puis étendue à d'autres chapitres du code du travail à partir de 2018).
En outre, les accords collectifs pourront, avec l'accord du salarié, se substituer aux contrats de travail lorsqu'ils visent à préserver ou à développer l'emploi. Le but est de donner plus de poids aux compromis collectifs. Ces accords ne pourront pas avoir pour effet de diminuer la rémunération mensuelle des salariés.

http://travail-emploi.gouv.fr

**Questions**

8. Relevez la condition pour qu'un accord collectif soit majoritaire.
9. Relevez la condition pour qu'un accord collectif d'entreprise soit conclu avec les représentants syndicaux.
10. Dans quel cas et sous quelle limite, un accord collectif peut-il se substituer à un contrat de travail ?

# IV Les enjeux du droit négocié

## A. Le droit négocié, un facteur de progrès social

**DOCUMENT 16** *Lorsque les textes négociés prennent force de loi*

Il existe 3 types de convention collective. Le ministère du travail peut prendre un arrêté d'élargissement ou d'extension d'accords collectif, publié au Journal Officiel, qui prend alors force de loi en s'imposant aux entreprises autres que les signataires des accords.

| la convention collective ordinaire | la convention collective étendue | la convention collective élargie |
|---|---|---|
| s'applique uniquement aux entreprises entrant dans son champ d'action et adhérentes des organisations patronales signataires du texte. | convention collective ordinaire ayant fait l'objet d'un arrêté ministériel d'extension. Elle s'applique à l'ensemble des employeurs entrant dans son champ d'application professionnel et territorial. | convention collective étendue ayant fait l'objet d'un arrêté ministériel d'élargissement.<br>La convention élargie est alors rendue obligatoire dans une autre branche d'activité, ou dans un secteur territorial non couvert par un texte conventionnel. |
| Ex : S'appliquera aux entreprises signataires du secteur géographique de l'Isère et au secteur professionnel de la laiterie | Ex : s'appliquera à toutes les entreprises signataires ou non du secteur géographique de l'Isère et au secteur professionnel de la laiterie | Ex : La convention applicable dans l'Isère sera applicable aussi en Savoie et s'appliquera aussi à un nouveau secteur, celui de la fromagerie |

**Questions**

1. Distinguez ces deux procédures. En quoi peuvent-elles être source de progrès social ?
2. En quoi peut-on dire que le ministre du Travail peut donner force de loi à des dispositions conventionnelles ?
3. Pourquoi peut-on dire que la relation de travail se définit de plus en plus par la négociation collective ?

**Document 17** *Le rôle des accords de branche*

La loi Travail du 8 août 2016 [renforce] considérablement le rôle des branches pour réguler la concurrence entre les entreprises et lutter contre le *dumping social.*
À travers des commissions permanentes de négociation créées par la loi, les branches continueront de définir un « socle social » applicable à tous les salariés (sur les salaires, les qualifications, les complémentaires santés, la durée minimale des contrats à temps partiel, etc.) et auquel il ne sera pas possible de déroger par accord d'entreprise.
Elles encadreront certaines nouvelles souplesses offertes aux entreprises comme la modulation du temps de travail sur une période supérieure à l'année. Elles devront dresser chaque année un bilan des nouveaux accords conclus en matière de durée du travail, de congés et de repos et pourront émettre des recommandations à destination des entreprises. [...]

http://travail-emploi.gouv.fr

**Questions**

4. Pourquoi peut-on dire que les branches jouent un rôle central dans les négociations ?
5. Relevez les domaines auxquels ce rôle central des accords de branche s'applique.

# B. Le bouleversement de la hiérarchie des normes

**Document 18** *La remise en cause du principe de faveur*

Le droit français est régi par une hiérarchie des normes. En cas de conflit de normes de niveaux différents, c'est la norme supérieure qui s'applique.
En droit du travail, il existait jusqu'à présent, un principe de faveur dans la hiérarchie des normes : « *Une convention ou un accord peut comporter des stipulations plus favorables aux salariés que les dispositions légales en vigueur. Ils ne peuvent déroger aux dispositions qui revêtent un caractère d'ordre public* ».
Or, ce principe de faveur, déjà remis en cause en 2004 et 2008, l'est encore par la loi Travail entrée en vigueur, qui bouleverse cette hiérarchie des normes. En effet, tout ce qui relève de la durée et des horaires de travail est ouvert à la négociation dans l'entreprise ou l'établissement. La limite de ces négociations n'est plus fixée par la norme supérieure (l'accord de branche) mais par l'ordre public (minimum légal auquel l'accord d'entreprise ne peut déroger) défini par le législateur pour chaque thème.

*www.editions-tissot.fr*

**Document 19** *Prépondérance de l'accord d'entreprise sur l'accord de branche*

La primauté de l'accord d'entreprise sur l'accord de branche [est] effective depuis le 1er janvier 2017. L'article 8 [...] de la Loi Travail [...] vise à faire primer l'accord d'entreprise, majoritaire, sur la convention de branche pour la plupart des dispositions concernant le temps de travail, ce que les opposants au texte voient comme une « inversion de la hiérarchie des normes », facteur de « dumping social ».
Il sera notamment possible de passer, par accord d'entreprise, à une moyenne hebdomadaire de travail de 46 heures (au lieu de 44) sur 12 semaines. Pour la majoration des heures supplémentaires, il sera également possible de descendre à 10 % par accord d'entreprise, et les branches qui pratiquent généralement 25 % perdent leur pouvoir de « verrou ». [...]

**Questions**

6. Quelle est la hiérarchie des normes en droit français ?
7. Après avoir défini le « principe de faveur », dites en quoi le droit du travail se distinguait-il jusqu'à présent.
8. Pourquoi parle-t-on d'inversion de la hiérarchie des normes ? Expliquez la nouvelle articulation des normes en matière de temps de travail.

# Entraînement à l'analyse d'une situation juridique

**Les compétences attendues**

- Apprécier l'efficacité de l'information et de la protection des salariés dans une situation donnée
- Identifier les enjeux d'une négociation collective
- Repérer l'articulation de diverses sources de droit dans une situation de travail donnée

Pour la première fois depuis l'entrée en vigueur de la loi Travail, l'entreprise LIX dans laquelle vous effectuez votre stage va procéder d'ici quelques semaines aux élections professionnelles.

Votre jeune tuteur Joffrey Prost, chargé d'organiser ces élections par sa hiérarchie, vous demande de réfléchir avec lui sur différentes hypothèses pour conclure des accords d'entreprise concernant la durée du travail, à la suite de ces élections.

## Questions

À l'aide de vos connaissances et des annexes fournies, vous traiterez les cas que vous soumet votre tuteur.

**Cas 1**

Dites à votre tuteur si un accord d'entreprise concernant la durée du travail, peut être conclu avec la direction dans les deux cas ci-dessous et dans quelle configuration. (annexes 1 et 2)

**Cas 2**

Votre tuteur vous demande d'expliquer dans une courte note structurée, d'une part l'intérêt et d'autre part, les risques qu'entraine la possibilité de faire primer un accord d'entreprise sur l'accord de branche dont relève l'entreprise concernée et plus généralement le bouleversement de la hiérarchie des normes.

**Annexe 1**

### Hypothèses sur les résultats respectifs des syndicats présents dans l'entreprise

**–1re hypothèse**

Les syndicats obtiennent : 53 % pour la CGT ; 38 % pour la CFDT ; FO 9 %

**– 2e hypothèse**

Les syndicats obtiennent : 28 % pour la CGT ; 40 % pour la CFDT ; FO 30 %

**Annexe 2**

### La représentativité des syndicats

Pour se présenter au premier tour des élections de DP ou de CE, un syndicat n'a pas à démontrer, avant le vote des salariés, qu'il est représentatif puisque c'est ce vote qui va le déterminer. Ainsi, pour présenter une liste au premier tour des élections de DP ou de CE, un syndicat doit réunir un certain nombre de critères suivants (ex leur indépendance vis-à-vis de l'employeur, des effectifs et des cotisations, le respect des valeurs républicaines telles que la liberté, l'égalité, la fraternité). Ce sont donc les salariés qui décident de la représentativité des syndicats. En effet, seuls les syndicats qui cumulent ces critères peuvent présenter des listes au premier tour des élections de DP et du CE.

**Annexe 3**

### Code du travail – Article L.2232-12 (modifié par la loi n° 2016-1088 du 8 août 2016)

La validité d'un accord d'entreprise ou d'établissement est subordonnée à sa signature par, d'une part, l'employeur ou son représentant et, d'autre part, une ou plusieurs organisations syndicales de salariés représentatives ayant recueilli plus de 50 % des suffrages exprimés en faveur d'organisations représentatives au premier tour des dernières élections des titulaires au comité d'entreprise ou de la délégation unique du personnel ou, à défaut, des délégués du personnel, quel que soit le nombre de votants.

# La négociation d'un accord

Si cette condition n'est pas remplie et si l'accord a été signé à la fois par l'employeur et par des organisations syndicales représentatives ayant recueilli plus de 30 % des suffrages exprimés en faveur d'organisations représentatives au premier tour des élections mentionnées au premier alinéa, quel que soit le nombre de votants, une ou plusieurs de ces organisations ayant recueilli plus de 30 % des suffrages disposent d'un délai d'un mois à compter de la signature de l'accord pour indiquer qu'elles souhaitent une consultation des salariés visant à valider l'accord. [...].
L'accord est valide s'il est approuvé par les salariés à la majorité des suffrages exprimés.
Faute d'approbation, l'accord est réputé non écrit.
Un décret définit les conditions de la consultation des salariés organisée en application du présent article.

**Annexe 4**

## La loi Travail étend la primauté, sur l'accord de branche, de l'accord négocié au niveau de l'entreprise.

Il est désormais établi que sur plusieurs thèmes, l'accord d'entreprise prime sur l'accord de branche. Ainsi, l'accord de branche s'applique uniquement si rien n'est prévu dans un accord d'entreprise pour, entre autres, le taux de majoration des heures supplémentaires, la mise en œuvre d'horaires à temps partiel à l'initiative de l'employeur, la détermination des jours fériés chômés, l'instauration du travail de nuit, la rémunération des temps de restauration et de pause, les contreparties aux temps d'habillage et de déshabillage ou la mise en place des astreintes. L'accord négocié au niveau de l'entreprise prime sur l'accord de branche même s'il contient des règles moins favorables aux salariés. Par exemple, un accord d'entreprise peut, à présent, déterminer un taux de majoration des heures supplémentaires inférieur à celui prévu dans l'accord de branche, à condition toutefois de respecter le minimum légal fixé à 10 %.

*www.business.lesechos.fr*

**Annexe 5**

## HIÉRARCHIE DES NORMES

(...).Cette loi instaure donc une inversion des normes : les règles ne seront plus négociées pour tout un secteur mais entreprise par entreprise. (...) les règles seront censées être plus adaptées à la réalité du terrain. Mais si ce changement de paradigme permet d'être plus souple et pragmatique, il risque d'être défavorable aux salariés puisque leurs représentants pèseront bien moins lors des négociations que les syndicats ne pouvaient le faire au niveau de la branche professionnelle. Pour éviter les abus, la branche professionnelle pourra une fois par an passer au crible ces accords et jouer les vigies en cas d'abus. (...)

*www.europe1.fr*

**Annexe 6**

## Faut-il s'inquiéter de l'inversion des normes ?

Jusqu'à présent, le droit du travail respectait le principe de la hiérarchie des normes. L'objectif était, compte tenu du lien de subordination des salariés à leur employeur, de les protéger en fixant une hiérarchie claire : la loi est supérieure aux accords de branche, eux-mêmes supérieurs aux accords d'entreprise. Donc, en toute logique les accords d'entreprise et de branche ne pouvaient aboutir qu'à des mesures plus favorables aux salariés que les règles supérieures, en vertu du «principe de faveur». Il s'agissait bien de limiter le pouvoir des entreprises dans leur rapport de force face aux salariés, qui sont par définition en position de faiblesse.
Or, la loi Travail inverse la hiérarchie : les accords d'entreprise peuvent désormais prévoir des mesures moins favorables aux salariés que les accords de branche et les dispositions générales. Les détracteurs de cette loi s'inquiètent de la mise à mal de la protection des salariés qui ne sont pas bien sûr pas sur un pied d'égalité avec leur employeur. N'est-il pas possible d'imaginer que sous menaces et pressions liées à l'emploi, des chefs d'entreprise négocient à la baisse des salaires et à la hausse du temps de travail ? Ne peut-on douter de l'objectif annoncé qui est de renforcer le dialogue social alors que la tentation sera grande, compte tenu des disparités de situation entre les catégories de salariés, de mettre en place des modalités qui leur seront peu favorables ? L'avenir le dira.

# Sens de la leçon

## Le rôle des représentants des salariés et la négociation collective

### 1 Les représentants du personnel ont :

**des missions différentes**

- Le **délégué du personnel** représente le personnel auprès de l'employeur.
- Le **comité d'entreprise** est informé et consulté sur l'évolution économique de l'entreprise.
- Le **délégué syndical** négocie et conclut des accords collectifs.

**des moyens d'action encadrés : matériels (formation, locaux), d'information et de consultation pour le CE**

**des outils de prévention des difficultés économiques :**

- **la GPEC** (gestion prévisionnelle des emplois et des compétences)
- **le PSE** (plan de sauvegarde de l'emploi)

### 2 Les acteurs de la négociation collective sont :

- **du côté patronal,** les syndicats d'employeurs
- **du côté des salariés,** les syndicats majoritaires, sauf exceptions

**Les objets de la négociation collective et leurs champs d'application peuvent être :**

- **les conventions collectives**
- **les accords collectifs** (d'entreprise, de branche ou interprofessionnelle)

**Les procédures d'adoption évoluent avec :**

- **l'adoption des accords à la majorité absolue**
- **la faculté d'adoption par referendum**

**Les enjeux du droit négocié :**

- **Le principe de faveur**
  Source de progrès social
- **L'application nuancée du principe de faveur**
  Accords dérogatoires fréquents
- **Le rôle innovant des accords collectifs (ANI)**
  Les dispositions sont souvent reprises par la loi.

# 6 La protection des salariés en cas de rupture du contrat de travail

## Éléments du droit positif : 122-4

**Protection de la relation de travail : rupture de la relation de travail, obligation de reclassement, évolution dans le cadre communautaire, européen et international**

| Les compétences attendues | Le plan du chapitre |
| --- | --- |
| Apprécier l'efficacité de l'information et de la protection des salariés dans une situation donnée | I – Les cas de rupture de la relation de travail<br>A • Le licenciement<br>B • La démission<br>C • La prise d'acte de rupture par le salarié<br>D • La rupture conventionnelle homologuée |
| Repérer l'articulation de diverses sources de droit dans une situation de travail donnée | II – Les dispositifs de protection des salariés<br>A • Les principes généraux du licenciement et leur mise en œuvre<br>B • Les mesures particulières entourant le licenciement collectif pour motif économique |

## Mise en situation

Salarié depuis 15 ans dans la même entreprise, Marc apprend qu'il risque d'être prochainement licencié parce qu'il n'a pas su s'adapter aux nouvelles technologies mises en place depuis quelques mois. Comment peut-il se défendre ? Quels sont ses droits ? Bénéficiera-t-il d'indemnités ?

# I Les cas de rupture de la relation de travail

## A. Le licenciement

**Document 1** *La cause réelle et sérieuse*

| Licenciement pour motif économique | Licenciement pour motif personnel |
|---|---|
| Tout licenciement, quel qu'en soit le motif, doit reposer sur une cause réelle et sérieuse qui peut faire l'objet d'un contrôle par un juge. | |
| **L'appréciation de la cause** | |
| Les difficultés économiques invoquées par l'employeur doivent être réelles et sérieuses pour constituer un motif économique légitime de licenciement :(ex : baisse des commandes ou du chiffre d'affaires, observée pendant une durée déterminée en fonction de l'effectif de l'entreprise). | La cause réelle doit être objective et les faits exposés au salarié doivent être exacts et exister réellement.<br>La cause sérieuse relève d'une certaine gravité, rendant impossible, sans dommages pour l'entreprise, la continuation du travail et nécessitant le licenciement. |
| **La cause du licenciement** | |
| Le licenciement pour motif économique est effectué par un employeur pour un ou plusieurs motifs non inhérents à la personne du salarié résultant d'une suppression ou transformation d'emploi ou d'une modification, refusée par le salarié, d'un élément essentiel du contrat de travail, consécutives notamment à des difficultés économiques, à des mutations technologiques mais aussi à une réorganisation de l'entreprise nécessaire à la sauvegarde de sa compétitivité, ou à la cessation d'activité de l'entreprise (caractérisées notamment par une baisse des commandes ou du chiffe d'affaire, des pertes d'exploitation, …) article L1233-3 modifié par la loi du 8 août 2016. | **Licenciement résultant d'une faute du salarié**<br>Une faute est un agissement ou une abstention volontaire entraînant une mauvaise exécution des obligations du salarié.<br>• La faute légère (ex. : une absence occasionnelle) ne peut en principe justifier à elle seule le licenciement.<br>• La faute sérieuse (ex. : absences injustifiées répétées) est une faute assez importante pour justifier le licenciement.<br>• La faute grave (ex. : conduite d'un chauffeur ivre) rend impossible le maintien des relations de travail même pendant la durée du préavis.<br>• La faute lourde (ex. : détérioration de matériel) est d'une particulière gravité associée à l'intention de nuire à l'employeur. Elle justifie la rupture immédiate du contrat sans paiement d'indemnité, sauf celle des congés payés.<br>**Licenciement pour fait non fautif du salarié**<br>Les motifs du licenciement ne sont pas nécessairement liés à des fautes. Il en est ainsi en cas d'insuffisance professionnelle, d'inaptitude physique et de maladie. |

**Questions**

1. Justifiez la nécessité d'une cause réelle et sérieuse quel que soit le type de licenciement.
2. Qu'est-ce qui distingue le licenciement pour motif économique du licenciement pour motif personnel ?
3. Expliquez pourquoi on peut licencier un salarié alors qu'il n'a commis aucune faute.

**Document 2** *Le licenciement de 191 salariés jugé « sans cause réelle et sérieuse »*

[…] Le 9 août 2016, la cour d'appel de Toulouse a jugé « sans cause réelle et sérieuse » le licenciement pour motif économique de 191 salariés du groupe de connectique automobile Molex, dont l'usine de Villemur-sur-Tarn (Haute-Garonne) avait été fermée en 2009.

Les juges du fond confirment ainsi le jugement du conseil de prud'hommes (CPH) de Toulouse rendu en mars 2014 en réduisant toutefois le total des indemnités accordées aux anciens salariés de 10 à 7 millions d'euros. Ils ont considéré que l'employeur avait agi « avec légèreté » dans ces licenciements, retenant que la décision de fermer l'usine avait été prise « alors que le secteur n'était pas en difficulté ». En effet, […] les dividendes versés aux actionnaires par le groupe […] représentaient en 2009 un montant total de 100 millions de dollars (soit environ 72 millions d'euros).

Legalnews, 11 août 2016.

**Questions**

4. Quels sont les faits ?
5. Relevez les étapes de la procédure de ce litige et justifiez la décision rapportée dans le document.

**Document 3** *Licenciement personnel non fautif : insuffisance professionnelle*

Cour d'appel d'Angers, chambre sociale - Audience publique du mardi 16 février 2016
Mme Hayat X... a été licenciée pour insuffisance professionnelle, laquelle, sans présenter un caractère fautif, traduit l'inaptitude du salarié à exercer de façon satisfaisante, conformément aux prévisions contractuelles, les fonctions qui lui ont été confiées. Si l'employeur est juge des aptitudes professionnelles de son salarié et de son adaptation à l'emploi, et si l'insuffisance professionnelle peut constituer une cause réelle et sérieuse de licenciement, elle doit être caractérisée par des faits objectifs et matériellement vérifiables. [...]
Il ressort de ces développements que la société Faure Herman ne produit pas d'éléments objectifs et matériellement vérifiables propres à caractériser l'insuffisance professionnelle invoquée à l'appui du licenciement de Mme Hayat X....
Les courriels produits sont concentrés au cours de la période juin/octobre 2011 alors qu'il n'est justifié ni même allégué d'aucun reproche, d'aucune mise en garde adressée à la salariée au cours de la relation de travail débutée le 26 mai 2005. Cette dernière verse aux débats les attestations établies par ses anciens supérieurs hiérarchiques, Mme Hélène H... et M. Jérôme Z... qui s'accordent pour vanter ses compétences professionnelles, son sérieux et la fiabilité de son travail.

**Questions**

6. Comment définir l'insuffisance professionnelle ?
7. Pourquoi la cour d'appel ne l'a-t-elle pas retenue dans cette affaire ?

# B. La démission

**Document 4** *Attention au contexte d'une démission !*

Tout salarié en CDI peut démissionner sans avoir à justifier sa décision.
La démission est un acte unilatéral par lequel le salarié manifeste de façon claire, libre et non équivoque sa volonté de mettre fin au contrat de travail.

12 février 2016. La Cour de cassation, chambre sociale, a rendu l'arrêt suivant :
Attendu, selon l'arrêt attaqué (Bastia, 9 avril 2014), que Mme X... a été engagée le 3 janvier 2011 par la société Corse de super service, exerçant sous l'enseigne Beauty Monop, en qualité de pharmacienne, responsable de magasin; que, le 20 mars 2012, la salariée a remis à son employeur une lettre de démission ; qu'elle a saisi la juridiction prud'homale afin d'obtenir la requalification de la démission en un licenciement sans cause réelle et sérieuse; (...)
Attendu qu'ayant relevé que la salariée avait rédigé la lettre de démission sous le coup de l'émotion provoquée par l'imputation de fautes professionnelles et qu'elle s'était rétractée dès le lendemain, la Cour d'appel a pu en déduire que la démission ne procédait pas d'une volonté claire et non équivoque et que la rupture s'analysait en un licenciement sans cause réelle et sérieuse; que le moyen n'est pas fondé;
PAR CES MOTIFS : REJETTE le pourvoi;

**Questions**

8. Qualifiez les faits.
9. Relevez les conditions que doit remplir une démission.
10. Pourquoi la Cour de cassation donne-t-elle raison à la salariée désireuse de faire requalifier sa démission en licenciement sans cause réelle et sérieuse ?

# C. La prise d'acte de rupture par le salarié

**Document 5** *Quand le salarié reproche des faits à l'employeur*

**La rupture du contrat de travail par le salarié en raison de faits qu'il reproche à son employeur** constitue une prise d'acte de la rupture du contrat. Il ne s'agit donc pas d'une démission. Le salarié peut saisir le juge afin qu'il statue sur les conséquences de cette rupture. Ainsi, la prise d'acte produit les effets d'un licenciement sans cause réelle et sérieuse si les faits invoqués par le salarié la justifiaient (ex. : indemnités). Dans le cas contraire, elle produit les effets d'une démission (ex. : perte des droits aux allocations chômage). [...] La prise d'acte peut être envisagée si le salarié reproche à l'employeur des manquements suffisamment graves pour empêcher la poursuite du contrat de travail. Elle peut être justifiée notamment dans les cas suivants : discrimination ou harcèlement commis par l'employeur, non-paiement du salaire, modification du contrat sans l'accord du salarié, violences commises à l'encontre du salarié sur le lieu de travail. [...] Il revient au juge de décider si la prise d'acte est justifiée ou non.

*vosdroits.service-public.fr*

Par arrêt du 7 avril 2016, la Cour de cassation a estimé que le fait pour un employeur d'exercer de façon abusive et déloyale son pouvoir disciplinaire, non pas pour sanctionner un manquement réel du salarié mais pour exercer des pressions sur lui, peut justifier la prise d'acte de la rupture du contrat de travail à ses torts.

**Questions**

**11.** Définissez la prise d'acte de rupture par le salarié en expliquant notamment en quoi elle diffère de la démission.

**12.** Relevez des exemples qui peuvent justifier la prise d'acte de rupture par le salarié.

**13** Expliquez ce cas de rupture du contrat de travail par le salarié.

**14** Justifiez la décision de la Cour de cassation.

# D. La rupture conventionnelle homologuée

**Document 6** *La rupture du CDI à l'initiative des deux parties*

La rupture conventionnelle est une procédure permettant à un salarié en CDI et à un employeur de rompre d'un commun accord le contrat de travail. Elle ouvre le droit pour le salarié à une indemnité spécifique de rupture et aux allocations chômage. Elle obéit aux étapes suivantes :

1. Conduite d'un ou plusieurs entretiens préalables
⇩
2. Établissement de la convention de rupture conventionnelle précisant notamment le montant de l'indemnité de rupture ⇨ Délai de rétractation de 15 jours
⇩
3. A l'issue du délai de rétractation, envoi de la convention pour homologation à la DIRECCTE (direction régionale des entreprises, de la concurrence, de la consommation, du travail et de l'emploi) ⇨ Délai d'instruction de 15 jours ouvrables pour s'assurer du libre consentement des parties et du respect des conditions prévues par le Code du travail
⇩
4. A l'issue du délai d'instruction
⇩ Homologation de la convention
⇩ Refus d'homologation → nouvelle convention

**Questions**

**15.** Quelle est la principale caractéristique de la rupture conventionnelle ?

**16.** Pourquoi, d'après vous, cette procédure est-elle autant encadrée ?

# II Les dispositifs de protection des salariés

## A. Les principes généraux du licenciement et leur mise en œuvre

**Document 7** *L'énonciation de la cause et le respect du contradictoire*

**La convocation à l'entretien préalable**

Elle se fait par lettre recommandée et doit indiquer au salarié qu'il s'agit de se présenter à un entretien préalable à un éventuel licenciement avec la date, le lieu de l'entretien, l'objet de la convocation et le droit d'être assisté. Un délai de 5 jours ouvrables doit être prévu entre la convocation et l'entretien lui-même, afin que le salarié ait le temps de se préparer à exposer son point de vue.

**L'entretien préalable**

Cet entretien doit permettre d'une part à l'employeur d'expliquer la cause à l'origine du licenciement, d'autre part au salarié d'apporter des explications ou de défendre son point de vue. Puisqu'il s'agit d'une tentative de conciliation, chacun doit pouvoir s'exprimer en toute liberté.

**La lettre de licenciement**

**Si l'employeur reste convaincu de la nécessité du licenciement**, il doit obligatoirement envoyer au salarié une lettre de licenciement en recommandé avec accusé de réception. La loi fixe un délai minimal d'expédition de 2 jours ouvrables après la date de l'entretien s'il s'agit d'un licenciement pour motif personnel, ou de 7 jours ouvrables s'il s'agit d'un licenciement pour motif économique. La lettre doit contenir très clairement les motifs du licenciement.

**Questions**

1. Rappelez à quoi sert l'entretien préalable.
2. Que prévoit la loi pour que le salarié puisse se faire entendre et que la cause de son licenciement soit parfaitement connue de lui ?
3. En quoi cette précision est-elle utile s'il entend contester son licenciement ?

**Document 8** *Le préavis de licenciement*

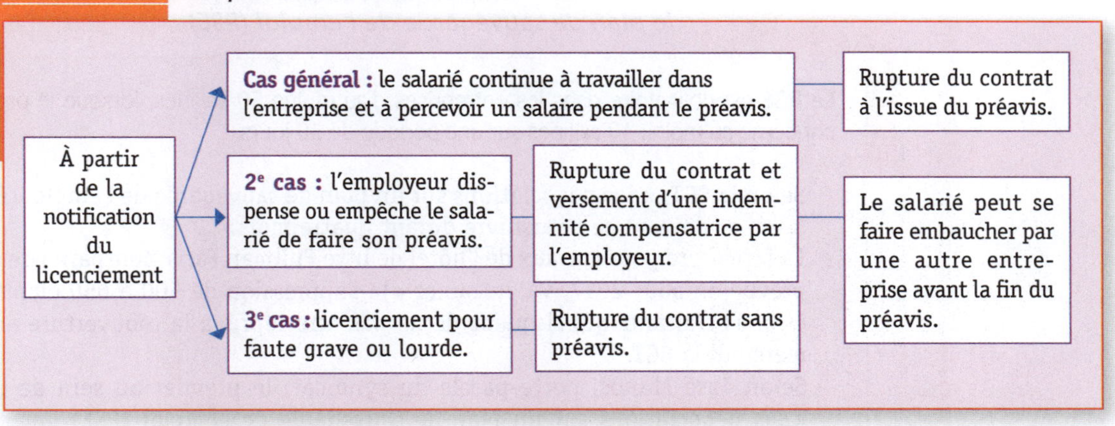


**Question**

4. À quoi sert le délai de préavis ? Dans quels cas n'est-il pas prévu ? Pourquoi ?

**Document 9** *L'indemnité légale de licenciement*

**L'indemnité légale de licenciement constitue le droit minimal du salarié :**
– en contrat à durée indéterminée et licencié pour un motif autre qu'une faute grave ou lourde ;
– comptant au moins 1 an d'ancienneté ininterrompue dans l'entreprise à la date de la notification du licenciement. [...] L'indemnité de licenciement ne peut être inférieure à un cinquième de mois de salaire par année d'ancienneté, auquel s'ajoutent deux quinzièmes de mois par année au-delà de 10 ans d'ancienneté.

*www.travail.gouv.fr*

**Questions**

5. Quel est l'objectif de l'indemnité légale de licenciement ?
6. Combien toucherait au minimum un employé dont le salaire serait de 1 500 € avec une ancienneté de 5 ans ? Et un employé qui aurait un salaire de 4 500 € et une ancienneté de 20 ans ?

# B. Les mesures particulières entourant le licenciement collectif pour motif économique

**Document 10** *La consultation des instances représentatives du personnel (IRP)*

**1re étape**
Avant tout licenciement collectif pour motif économique, l'employeur doit consulter les représentants du personnel sur les motifs et les conditions des licenciements.

→

**2e étape**
L'employeur est tenu d'adresser aux représentants du personnel tous renseignements utiles sur le projet de licenciement collectif (motifs économiques, nombre de licenciements envisagés, catégories professionnelles concernées, critères d'ordre des licenciements, calendrier prévisionnel).

→

**3e étape**
Lors de réunions rendues obligatoires par la loi, la consultation des IRP est effectuée pour leur permettre de donner leur avis et d'émettre des suggestions sur la mise en œuvre du projet de licenciement économique.

**Questions**

**7.** En quoi peut-on dire que les instances représentatives du personnel sont au cœur des dispositifs de licenciement pour motif économique ?

**8.** Pour quelle raison la loi impose-t-elle la consultation des IRP lors des licenciements économiques ?

**Document 11** *Pour limiter l'impact sur l'emploi en cas de licenciement économique : le plan de sauvegarde de l'emploi (PSE)*

**Le PSE** est obligatoire dans les entreprises d'au moins 50 salariés, lorsque le projet de licenciement concerne au moins 10 salariés sur une période de 30 jours.

Selon la CGT, « des négociations sur un plan de sauvegarde de l'emploi (PSE) ont débuté lundi et doivent se poursuivre durant quatre mois »…
La fermeture pour travaux de l'hôtel de luxe Pullman Paris Montparnasse (groupe Accor), prévue en août 2017, va entraîner « la suppression de 500 à 650 emplois » de salariés et sous-traitants qui risquent de ne pas être repris à la réouverture en 2020, affirme mercredi la CGT.
Selon José Munos, porte-parole du syndicat, le premier au sein de l'établissement, « des négociations sur un plan de sauvegarde de l'emploi (PSE) ont débuté lundi et doivent se poursuivre durant quatre mois ».
« Un manque de garanties et de propositions chiffrées »
Ce PSE prévoit des reclassements des anciens salariés dans les autres hôtels du groupe Accor ainsi que des départs volontaires, selon la CGT qui déplore cependant « un manque de garanties et de propositions chiffrées de la part de la direction ».
Le syndicat revendique « le maintien de l'emploi pour ceux qui souhaitent le conserver, avec la mise en place de conventions de mises à disposition dans les hôtels du groupe Accor où des reclassements seront proposés, et un plan ambitieux de formation pendant la fermeture de l'hôtel ». Il estime par ailleurs que le « plan de départs volontaires proposé n'est pas à la mesure des bénéfices colossaux réalisés par Unibail-Rodamco, propriétaire des murs de l'hôtel, et le groupe Accor ».

20minutes avec AFP, 14 septembre 2016

**Questions**

**9.** Rappelez en quoi consiste un plan de sauvegarde de l'emploi.

**10.** Que réclament les syndicats quant à son contenu ?

## Document 12 *Licenciement économique : obligation de reclassement*

L'employeur est tenu, avant tout licenciement économique : d'une part, de rechercher toutes les possibilités de reclassement existant dans le groupe et d'autre part, de proposer ensuite aux salariés concernés tous les emplois disponibles de la même catégorie ou, à défaut, d'une catégorie inférieure.
Conséquence : l'employeur ne peut pas se contenter de consulter ses salariés et de limiter ses recherches de reclassement et ses offres en fonction de leurs « vœux ».
Exemple : une Cour d'appel a ainsi jugé que l'employeur n'avait pas satisfait son obligation de reclassement dès lors qu'il s'était borné à solliciter de ses salariés leurs vœux de mobilité géographique sans qu'ils aient été préalablement instruits des possibilités concrètes de reclassement susceptibles de leur être proposées.
[…] Le licenciement pour motif économique d'un salarié ne peut intervenir que lorsque le reclassement de l'intéressé dans un emploi de même catégorie que celui qu'il occupe ou dans un emploi équivalent, ou, à défaut, et sous réserve de l'accord de l'intéressé, dans un emploi de catégorie inférieure ne peut être réalisé dans le cadre de l'entreprise ou, le cas échéant, dans les entreprises du groupe auquel l'entreprise appartient. [...]

*commentcamarche.net*, août 2016

**Questions**

**11.** Que doit faire l'employeur qui envisage de procéder à un licenciement économique ?

**12.** Expliquez pourquoi, dans l'exemple fourni dans le document, la cour d'appel a sanctionné l'employeur.

## Document 13 *Le contrat de sécurisation professionnelle (CSP)*

Madame,

Suite à notre entretien préalable à votre licenciement pour motif économique, je vous ai remis des documents relatifs au *contrat de sécurisation professionnelle* (CSP), étant rappelé que notre entreprise comporte moins de 1 000 salariés, nous ne sommes pas tenus de vous proposer un congé de reclassement.

Votre licenciement pour motif économique vous ayant été notifié, vous disposez d'un délai de réflexion de 21 jours pour accepter ou refuser le CSP. En cas d'acceptation, vous devrez me remettre impérativement le bulletin d'acceptation signé, accompagné de la demande d'allocation de sécurisation professionnelle et le formulaire « attestation d'employeur ».

Je vous précise que le CSP a une durée maximum de 12 mois durant laquelle vous aurez le statut de stagiaire de la formation professionnelle et percevrez de Pôle emploi une allocation spécifique de sécurisation. Selon le nouveau calcul des indemnisations Pôle emploi, vous toucherez de 80 à 75 % du salaire brut de référence, soit 92,7 % du dernier salaire net touché.

Vous bénéficierez d'un plan d'action de sécurisation professionnelle comprenant un suivi individuel et personnalisé, des mesures d'appui social et psychologique, des mesures d'orientation tenant compte de la situation du marché local de l'emploi, des mesures d'accompagnement (préparation aux entretiens d'embauche, techniques de recherche d'emploi…), des actions de formation, de validation des acquis de l'expérience et de bilan de compétences.

Je me tiens à votre disposition pour tout autre renseignement.

**Question**

**13.** Quels sont les objectifs du contrat de sécurisation professionnelle ?

# Entraînement à l'analyse d'une situation juridique

**Les compétences attendues**

- Apprécier l'efficacité de l'information et de la protection des salariés dans une situation donnée
- Repérer l'articulation de diverses sources de droit dans une situation de travail donnée

Michèle Castro travaille comme conseillère commerciale depuis quatre ans dans l'entreprise Dellus Security, qui commercialise des logiciels de sécurité informatique (antivirus, antispam, etc.). Depuis quelque temps, l'ambiance est tendue en raison des difficultés du marché liées à la crise… Mme Castro vient de recevoir un courrier de licenciement lui reprochant une insuffisance professionnelle en raison de « réalisations très inférieures à l'équilibre économique nécessaire et objectif de rendez-vous non atteint ». Elle estime pour sa part avoir fait « tout son possible » pour atteindre ses objectifs et, en tout cas, ne pas avoir démérité par rapport à ses collègues. Elle constate qu'elle n'a pas bénéficié de formation pour améliorer ses performances depuis qu'elle travaille dans l'entreprise. Elle veut contester cette mesure et vous demande conseil.

## Question

**À l'aide de vos connaissances et des annexes, conseillez Michèle Castro.**

- Appréciez la légitimité de sa demande en la conseillant sur les possibilités de contester son licenciement pour insuffisance professionnelle.

**Annexe 1**

### Article L. 1232-1 du Code du travail

Tout licenciement pour motif personnel est motivé dans les conditions définies par le présent chapitre. Il est justifié par une cause réelle et sérieuse.

**Annexe 2**

### L'insuffisance professionnelle

C'est là un motif qui peut concerner tous les salariés. Et qui peut aboutir, pour certains d'entre eux, à une insuffisance de résultats, autre motif de licenciement sans faute.
Dans certains cas, l'insuffisance professionnelle peut aussi être liée à la notion de faute légère : des erreurs ou omissions répétées qui aboutissent à désorganiser le travail au sein de l'entreprise, etc.

**Les critères d'appréciation**

L'insuffisance professionnelle peut se traduire sur le plan quantitatif. Il s'agit alors, par exemple, d'erreurs matérielles, de malfaçons, d'un rendement insuffisant, etc.
Mais elle peut aussi s'apprécier sur le plan qualitatif (travail désordonné, manque d'autorité ou autoritarisme excessif, etc.).
Mais, dans tous les cas, l'insuffisance professionnelle doit reposer sur des faits objectifs et non sur la seule appréciation subjective de l'employeur. En d'autres termes, ce dernier doit prouver les griefs invoqués.
À l'inverse, le salarié pourra contester l'insuffisance professionnelle en invoquant, par exemple, l'absence de tout reproche pendant une longue période antérieure, le versement d'une prime de résultats, les témoignages de clients, etc.
Les tribunaux pourront aussi refuser un licenciement pour insuffisance professionnelle si l'employeur a commis une faute en embauchant un salarié sans vérifier ses compétences et qualifications.
L'insuffisance professionnelle peut aussi résulter d'une évolution du poste de travail.
Mais, dans ce cas, avant d'envisager un licenciement, l'employeur doit veiller à délivrer la formation nécessaire au salarié. C'est à lui de faire en sorte que le salarié puisse s'adapter aux nouvelles fonctions qui sont les siennes.
Et il ne peut mettre en œuvre un licenciement pour insuffisance professionnelle que si le salarié refuse cette formation. […]

*www.net-iris.fr*

# Pas assez de résultats !

**Annexe 3**

## Licenciement non fautif

Lorsqu'un salarié ne remplit pas les missions qui lui incombent, son employeur peut engager une procédure de licenciement pour insuffisance professionnelle.

Les contours du licenciement pour insuffisance professionnelle

Le licenciement pour insuffisance professionnelle intervient lorsque le salarié ne remplit pas les tâches pour lesquelles il a été employé, en raison de son inaptitude. Pour que le licenciement soit licite, il faut qu'il repose sur des faits objectivement précis et vérifiables. Il faut en outre que les faits reprochés soient imputables au salarié.

L'insuffisance professionnelle n'est en principe pas assimilée à une faute du salarié, sauf dans l'hypothèse de la mauvaise volonté de sa part.

L'insuffisance professionnelle doit en outre être distinguée de l'insuffisance de résultat. Pour ce qui concerne les activités commerciales, la cause réelle et sérieuse doit s'apprécier de façon objective par rapport au secteur d'activité.

Les motifs généralement invoqués pour un licenciement pour insuffisance professionnelle sont multiples : incompétence, erreurs, échecs, inaptitude professionnelle, refus de mise à niveau professionnelle, absence de contact avec la clientèle pour les activités commerciales, absence de ponctualité dans les rendez-vous professionnels...

L'insuffisance professionnelle ne constitue pas une faute.

Le licenciement pour insuffisance professionnelle ne doit donc pas être assimilé au licenciement pour faute.

Le salarié ne pourra donc pas être licencié au motif que son incompétence constitue une faute professionnelle, faute de quoi le licenciement serait dépourvu de cause réelle et sérieuse.

*www.journaldunet.com*

**Annexe 4**

## Les motifs d'insuffisance professionnelle

Pour que cette forme de licenciement soit valable et non réprimandable aux prud'hommes, il faut que la non-atteinte des résultats puisse se mesurer objectivement. Un motif similaire est le licenciement pour abandon de poste qui constitue une faute grave, celui-ci également demande de respecter une procédure spécifique pour faire valoir le licenciement auprès des juges. À ce titre, la Cour de cassation a ainsi déclaré que « l'insuffisance de résultats ne constitue pas en soi une cause réelle et sérieuse de licenciement » et que les juges devront « rechercher si les objectifs fixés étaient réalisables et si le fait de ne pas les avoir atteints était imputable au salarié. »

L'insuffisance de résultats doit ainsi être la conséquence directe et exclusive de la défaillance professionnelle du salarié. Elle doit résulter d'une carence de sa part ou de différentes négligences dans la conduite de son poste : prospection insuffisante, nombre faible de visites chez les clients... Il faut par ailleurs que les objectifs fixés soient objectivement atteignables, que la conjoncture économique ne soit pas défavorable ou encore que l'entreprise ne soit pas en situation de fragilité passagère. Bref, qu'aucun élément extérieur négatif n'entre dans l'équation des mauvais résultats du salarié et que les objectifs puissent tenir compte de la réalité du marché tout en prenant en considération le contexte économique global.

Le licenciement pour insuffisance de résultats est ainsi une forme de licenciement admise par la loi pour autant que certaines conditions soient réunies.

*www.l-expert-comptable.com*, 12 octobre 2015.

# Sens de la leçon

## La protection des salariés en cas de rupture du contrat de travail

### 1 La rupture du contrat de travail se fait par :

**Le licenciement pour motif économique :**

- Suppression ou transformation d'emploi
- Modification refusée par le salarié d'un élément essentiel du contrat de travail, suite à des difficultés économiques ou à des mutations technologiques

**Le licenciement pour motif personnel :**

- Pour faute
- Sans faute (insuffisance professionnelle)

**La démission**

**La prise d'acte de rupture par le salarié**

**La rupture conventionnelle homologuée**

### 2 Tout licenciement doit respecter certaines obligations.

**La procédure du licenciement économique s'accompagne de mesures sociales :**

- Obligation de reclassement
- Consultation des instances représentatives du personnel
- Plan de sauvegarde de l'emploi (PSE)

**Dans tout licenciement, le salarié est protégé par :**

- Le respect du contradictoire
- L'énonciation de la cause du licenciement
- Un délai de préavis
- Le versement d'indemnités

préparation à l'épreuve

# S'entraîner au BTS n° 2

# Salarié… ou pas ?

## Les compétences attendues

- Identifier les différents régimes juridiques du travail et leurs effets dans une situation donnée
- Analyser tout ou partie d'un engagement professionnel et en tirer les conséquences juridiques
- Apprécier l'opportunité du choix d'un statut dans une situation donnée

### Mise en situation

Take Eat Good est une jeune start-up de livraison à domicile de produits alimentaires, par coursiers à vélo. Son créateur, Yamin Khemchane, a identifié la tendance des jeunes urbains à se faire livrer à domicile et veut surfer sur la vague de la *food tech*, ces initiatives qui allient nouvelles technologies et secteur de l'alimentation et de la restauration.

### Travail à faire

Le dirigeant de l'entreprise vous consulte sur la façon de faire travailler les coursiers qui livrent. En effet, il leur a demandé de travailler pour sa start-up en qualité d'auto-entrepreneurs. Il vous soumet un extrait du contrat de prestation de services qu'il a conclu avec eux.

Or, deux des livreurs à vélo qui collaborent depuis 16 mois avec Take Eat Good menacent de saisir le conseil des prud'hommes prétendant pouvoir obtenir la requalification du contrat en contrat de travail. Yamin vante la flexibilité du système, en estimant que les livreurs peuvent travailler quand ils veulent, tout en pratiquant leur sport favori !

**À l'aide de vos connaissances et des annexes, conseillez Yamin qui s'interroge : les livreurs à vélo bénéficient-ils du statut de travailleur indépendant ou de salarié ?**

## Ressources documentaires

**Annexe 1** Extrait du contrat signé par les livreurs à vélo
**Annexe 2** Contrat de travail, contrat de mission
**Annexe 3** Plateformes numériques : les chauffeurs d'Uber sont-ils salariés ?
**Annexe 4** Chauffeur d'Uber : un salarié qui s'ignore ?
**Annexe 5** Un auto-entrepreneur doit être un vrai auto-entrepreneur
**Annexe 6** Les dangers de l'uberisation du travail

## Annexe 1 *Extrait du contrat signé par les livreurs à vélo*

Monsieur,

Je vous confirme notre accord. Vous livrerez les clients de Take Eat Good en répondant au plus vite à leurs commandes.

Pour cela, les conditions suivantes s'appliqueront :
– la société Take Eat Good s'engage à mettre à disposition du coursier le matériel nécessaire (vélo, caisses de livraison) […] ;
– pour obtenir des livraisons, le coursier devra se connecter à certains horaires préalablement définis avec la société Take Eat Good ; en dehors de ces horaires, le coursier est libre d'organiser son travail […] ;
– durant les deux premières années du partenariat, le livreur s'engage à ne pas réaliser de courses pour d'autres entreprises […] ;
– le coursier portera la tenue de l'entreprise […] ;
– la rémunération s'effectuera à la course, dont le tarif est fixé à 7,50 euros bruts. […]

## Annexe 2 *Contrat de travail, contrat de mission*

Le contrat de travail peut être défini comme celui en vertu duquel le salarié s'engage à mettre son activité professionnelle à la disposition de l'employeur, sous la subordination de laquelle il se place, moyennant une rémunération.
Le lien de subordination est l'élément déterminant du contrat de travail.
Selon la Cour de cassation, « le lien de subordination est caractérisé par l'exécution d'un travail sous l'autorité d'un employeur qui a le pouvoir de donner des ordres et des directives, d'en contrôler l'exécution et de sanctionner le manquement de son subordonné » (Cass. soc. 1er juillet 1997, n° 94-45.102).
Le contrat de mission de l'auto-entrepreneur est un contrat d'entreprise (ou louage d'ouvrage), tel que défini par l'article 1710 du Code civil : « Le louage d'ouvrage est un contrat par lequel l'une des parties s'engage à faire quelque chose pour l'autre, moyennant un prix convenu entre elles. »
À la différence du salarié, l'auto-entrepreneur exerce son activité en toute indépendance et n'a donc aucun lien de subordination avec son client.
L'auto-entrepreneur est lié par une obligation de résultat mais conserve toute liberté quant aux moyens mis en œuvre pour y parvenir.

Xavier Berjot, le Village de la justice, *www.village-justice.com*

## ANNEXE 3 *Plateformes numériques : les chauffeurs Uber sont-ils salariés ?*

Faux salarié ou vrai indépendant? Quelle est la liberté du chauffeur de VTC face aux conditions générales d'utilisation décrétées par la plateforme? Le lien de subordination peut-il être caractérisé? (...)

**Uber, catalyseur des problématiques liées aux travailleurs sur plateforme**

Uber est une société américaine implantée en France il y a quelques années déjà. Elle met en relation clients et conducteurs de VTC (véhicule de tourisme avec chauffeur) réalisant des services de transport. La société compterait aujourd'hui 15 000 chauffeurs en France. Pour les chauffeurs utilisateurs de la plateforme, Uber représente l'opportunité de vivre de l'activité de transport de personnes. À l'inverse, pour les traditionnels chauffeurs de taxi, Uber et ses chauffeurs sont synonymes de concurrence déloyale.

Au-delà de l'opposition entre ses partisans et ses détracteurs, le cas Uber soulève la question fondamentale du statut des travailleurs auxquels fait appel cette société.

En effet, les chauffeurs Uber sont officiellement des travailleurs indépendants vis à vis de cette plateforme, pouvant exercer notamment sous statut d'auto-entrepreneur. De ce fait, ils jouissent en principe d'une liberté d'organisation de leur travail, pouvant ainsi par exemple organiser leur emploi du temps à leur guise. En contrepartie, ils supportent les risques de leur activité : par exemple, si un client annule une course, le chauffeur n'est pas payé. Leur activité économique n'est bien souvent générée que grâce à la plateforme Uber, qui assure la mise en relation avec les clients.

Cette dernière, en position de force vis-à-vis des chauffeurs, leur impose le tarif des courses, qui peut être revu à la baisse, sans que les chauffeurs n'aient un quelconque moyen de s'y opposer. Les chauffeurs ne sont pas libres dans le choix de leur véhicule, qui doit remplir certains critères (ancienneté, gamme, finitions...). (...) On le voit, la frontière avec le salariat est mince, l'existence d'une subordination juridique pourrait être retenue, ce qui exposerait Uber à de possibles requalifications de la relation en contrat de travail.

*www.cfdt.fr*, 17 mai 2016.

## ANNEXE 4 *Le chauffeur Uber, un salarié qui s'ignore ?*

[...] Un conducteur de voiture de tourisme avec chauffeur (VTC) vient de saisir le conseil des prud'hommes de Paris pour réclamer une requalification de son contrat de partenariat avec Uber en contrat de travail. Son avocat veut prouver devant cette juridiction qu'il y a bien « un lien de subordination » entre les chauffeurs et la plateforme de réservation Uber. « Les chauffeurs ont l'obligation de se connecter, il y a un prix minimum garanti, ils doivent accepter 90 % des courses et obtenir un taux de satisfaction important sous peine d'être rayés des listes d'Uber, il y a tout de la relation de travail classique », estime maître Erol Demir, l'avocat du plaignant.

[...] Pour la procédure française, l'action est intentée par un chauffeur unique, un proche de l'association des VTC de France qui souhaite rester anonyme. Son avocat invoque l'article L1251-41 du Code du travail qui permet de demander « la requalification d'un contrat de mission en contrat de travail à durée indéterminée ».

« Les bonbons en option » [...] Pour Uber France, il n'existe aucun « lien de subordination » entre la plateforme et les chauffeurs qui l'utilisent pour trouver des clients dans la mesure où « sa liberté d'utilisation est totale, sans aucune exigence d'exclusivité. La seule chose que l'on exige des chauffeurs dans le contrat listant les conditions d'utilisation de la plateforme, c'est d'avoir une bouteille d'eau à disposition pour le client. Même les bonbons, conseillés, sont en option », poursuit le porte-parole. Aucun temps de travail minimum n'est imposé et Uber rappelle que le secteur du transport à la demande ne fonctionne quasiment qu'avec des indépendants.

Christophe Alix, Libération, 21 octobre 2015.

## Annexe 5 *Un auto-entrepreneur doit être un vrai auto-entrepreneur*

L'employeur qui fait travailler ses anciens salariés sous le statut d'auto-entrepreneurs, dans des conditions qui les placent dans un lien de subordination juridique permanente à son égard, se rend coupable de travail dissimulé. C'est ce qu'a jugé la Cour de cassation le 15 décembre 2015.

Une enquête de l'inspection du travail effectuée au sein d'une société de téléprospection téléphonique avait révélé que des salariés avaient à la demande de l'employeur quitté celle-ci, pour travailler en tant qu'auto-entrepreneurs exclusivement pour le compte de leur ancien employeur.

Ils exerçaient dans le cadre d'un contrat type, commun à tous, et selon un mode de rémunération identique. Les modalités d'exécution du travail leur étaient imposées par l'entreprise « donneur d'ordre » (obligation de respecter l'utilisation d'une liste des clients à démarcher ainsi qu'une procédure commerciale précisément définie à l'avance). Enfin, c'était l'entreprise elle-même qui établissait les factures dont elle était débitrice à l'égard des auto-entrepreneurs.

La justice a considéré que ces auto-entrepreneurs fournissaient en réalité à l'entreprise des prestations dans des conditions qui les plaçaient dans un lien de subordination juridique permanente à l'égard de celle-ci, et qu'en conséquence l'infraction de travail dissimulé était constituée.

Direction de l'information légale et administrative (Premier ministre), 21 janvier 2016.

## Annexe 6 *Les dangers de l'uberisation du travail ?*

Le statut d'auto-entrepreneur permet de contourner la plupart des dispositions du code du travail. Par exemple la durée légale du travail, qui ne vaut que pour les salariés. L'entreprise peut dépasser la durée maximale (quarante-huit heures par semaine sauf circonstances exceptionnelles), s'abstenir de payer les heures supplémentaires et s'asseoir sur les temps de pause. Les auto-entrepreneurs n'ont pas non plus droit aux congés payés ni au droit individuel à la formation. [...] Leur rémunération horaire est amputée des cotisations patronales qu'ils doivent régler eux-mêmes. [...]

« Ce qui intéresse ces entreprises dans ce statut, c'est la flexibilité et l'absence de droit du travail. Les auto-entrepreneurs ont les inconvénients des patrons et les inconvénients des salariés » (...)

En cas d'accident ou de maladie, les choses se compliquent. S'il est contraint de s'arrêter, l'auto-entrepreneur ne peut prétendre qu'à une indemnité journalière qu'à condition d'avoir cotisé pendant un an au RSI (régime social des indépendants). Or, pour un livreur en vélo, le risque de collision est réel. Si l'entreprise décide de faire cesser leur collaboration, il n'a pas droit à l'assurance-chômage, réservée aux salariés. Si cette décision est abusive, difficile de se faire indemniser car il n'y a pas eu de licenciement. Ne reste alors qu'une action aux prud'hommes pour faire requalifier la collaboration en contrat de travail. (...)

Un auto-entrepreneur doit exercer son activité en toute indépendance, sans lien de subordination. Ce lien de subordination est défini ainsi par la Cour de cassation : « L'exécution d'un travail sous l'autorité d'un employeur qui a le pouvoir de donner des ordres et des directives, d'en contrôler l'exécution et de sanctionner le manquement de son subordonné. » (...)

Antoine Hasday, *www.slate.fr*, 28 juillet 2016.

# 7 La finalité lucrative ou non lucrative des organisations

**Éléments du droit positif : 221-1**

**But lucratif ou non lucratif**

| Les compétences attendues | Le plan du chapitre |
|---|---|
| Identifier les motivations du ou des créateurs | I – Les organisations à but lucratif<br>A • L'entreprise individuelle<br>B • Les sociétés<br><br>II – Les organisations à but non lucratif<br>A • Les associations<br>B • Les sociétés coopératives<br><br>III – Une limite parfois ténue entre les deux types de structures<br>A • Des activités économiques dans une structure non lucrative<br>B • Une structure sociétaire avec des objectifs non capitalistes |

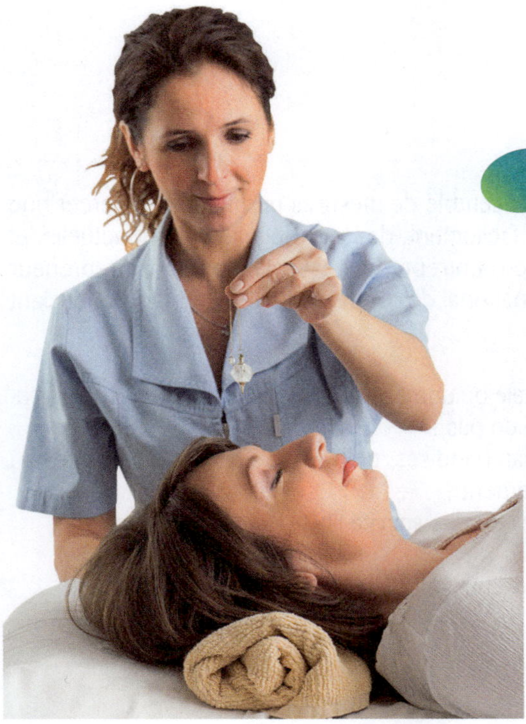

## Mise en situation

Christiane a perdu son emploi et souhaite tenter l'aventure de la création d'entreprise en confortant des dons innés par une solide formation en hypnose. Elle est prête à franchir le pas seule ou avec Lorène, une nouvelle amie membre d'une association d'aide par la sophrologie, qui lui a expliqué que la structure associative n'avait pas de but lucratif et qu'elle ne vivait pas de cette activité.
Christiane s'interroge : l'association constitue-t-elle une structure adaptée à l'activité de thérapie par l'hypnose ? Quelle structure conviendrait à son projet lucratif, éventuellement mis en œuvre avec Lorène ?

# I Les organisations à but lucratif

**Document 1** *La notion d'entreprise*

Toute organisation à but lucratif est une entreprise. Pour la Cour de cassation, c'est la « nature de l'activité économique exercée par une entité » qui permet de la qualifier d'entreprise. L'activité économique consiste à fabriquer, à distribuer ou à offrir une prestation de service. Une entreprise rassemble donc des moyens (matériels, financiers et humains) dans le cadre d'une **structure juridique**. Celle-ci est soit une entreprise individuelle (l'entrepreneur est une personne physique), soit une personne morale, comme la société.

**Questions**

1. Quelle est la finalité de toute entreprise selon la jurisprudence ?
2. Qu'entend-on par « but lucratif » ? Quelles sont les deux formes d'entreprises ?

**Document 2** *Évolution du nombre de créations d'entreprises en France*

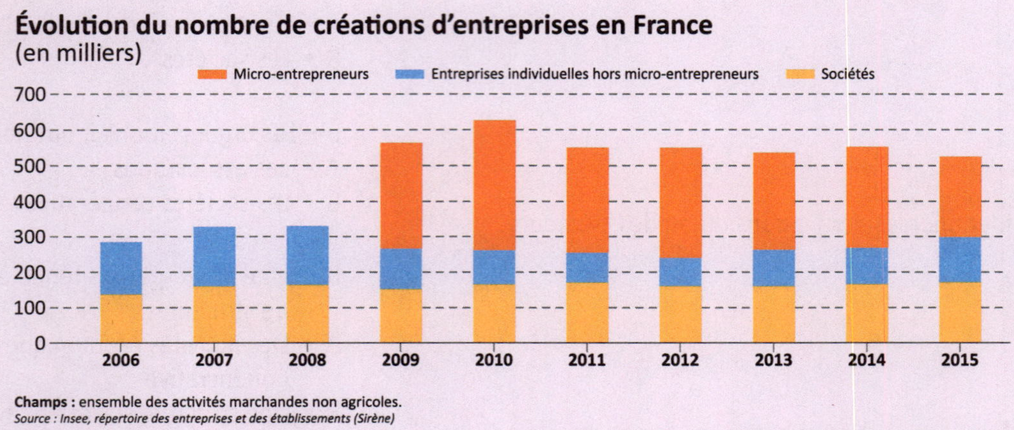


Source : Insee, Répertoire des entreprises et des établissements (Sirene).

**Questions**

3. Quel est le type d'entreprise le plus souvent choisi ?
4. Quelle évolution constate-t-on ?

## A. L'entreprise individuelle

**Document 3** *La micro-entreprise*

Le régime de la micro-entreprise : il s'agit d'un ensemble de mesures permettant d'exercer une petite activité professionnelle indépendante très facilement, de façon régulière ou ponctuelle, et en minimisant les coûts administratifs. […] Le micro-entrepreneur est avant tout un entrepreneur individuel, inscrit comme tel auprès du Registre national des entreprises (RNE), mais bénéficiant de nombreuses mesures simplificatrices. […]

**Que faut-il entendre par « petite activité » ?**

Toute activité indépendante commerciale, artisanale ou une activité libérale […] exercée en entreprise individuelle, dont le chiffre d'affaires n'excède pas :

– 82 200 euros pour une activité de vente de marchandises, d'objets, d'aliments à emporter ou à consommer sur place, ou de fourniture de logement ;

– 32 900 euros pour une autre activité de services ou une activité libérale. […]

**Quelles sont les mesures de simplification ?**

Application du régime fiscal favorable de la micro-entreprise et de la franchise de TVA. […]

D'après *www.apce.com*

**Question**

5. À quoi est dû le succès de la micro-entreprise ?

**Document 4** *L'entreprise individuelle et l'entrepreneur*

Certaines entreprises n'ont pas la personnalité morale, c'est-à-dire qu'elles ne sont pas des personnes de droit autonomes. Il s'agit des entreprises individuelles, qui se confondent totalement avec l'entrepreneur, personne physique. C'est le cas du commerçant, de l'artisan, de l'agriculteur, du professionnel libéral (avocat, médecin, expert-comptable, etc.).

**Document 5** *Une initiative récompensée*

**Talents de la création d'entreprise en Haute-Normandie – Lauréat régional « Artisanat » 2014**

**ARBORISTE - Entreprise individuelle – Créateur : Jessy HAMELIN - Date de création : 01/2014**

À 21 ans à peine, Jessy Hamelin sait déjà que sa vie professionnelle sera consacrée à la valorisation et la protection des arbres. Un bac pro « gestion et conduite des chantiers forestiers » en poche en 2012, il lance l'année suivante Arboriste, une entreprise individuelle de travaux sur cordes dans les grands arbres : taille d'ornement, élagage, abattage, démontage, soins et revalorisation des déchets. Muni d'un harnais, Jessy peut intervenir dans des milieux contraignants et extrêmes en toute sécurité. L'entrepreneur défend une technicité respectueuse de l'arbre et de son environnement [...].

*www.concours-talents.com*

**Question**

6. Pourquoi Jessy Hamelin a-t-elle choisi l'entreprise individuelle ? Que signifie l'expression soulignée dans le document 4 ?

**Document 6** *L'entreprise commerciale et l'entreprise civile*

Le but lucratif d'une organisation ne doit pas être confondu avec la forme juridique (entreprise individuelle ou société) de cette organisation. De plus, ce but peut être poursuivi au travers d'une entreprise commerciale (entreprise de distribution, entreprise de services, banque, etc.) ou au travers d'une entreprise civile (artisan, expert-comptable, médecin, etc.).

**Question**

7. L'entreprise de Jessy Hamelin est-elle commerciale ou civile ? Justifiez votre réponse.

# B. Les sociétés

**Document 7** *La définition de la société*

### La loi

Article 1832 du Code civil : « La société est instituée par deux ou plusieurs personnes qui conviennent par un contrat d'affecter à une entreprise commune des biens ou leur industrie* en vue de partager le bénéfice ou de profiter de l'économie qui pourra en résulter. Elle peut être instituée, dans les cas prévus par la loi, par l'acte de volonté d'une seule personne. Les associés s'engagent à contribuer aux pertes. »

* Industrie : savoir-faire, compétences ou talents particuliers.

### L'apport de la jurisprudence

L'*affectio societatis* : il s'agit d'un élément psychologique qui doit exister chez les associés selon la Cour de cassation. C'est leur volonté d'agir ensemble dans le cadre d'une collaboration égalitaire. Cet élément de la société signifie qu'aucun associé n'est subordonné aux autres, chacun participant aux décisions communes, en général proportionnellement à ses apports.

**Questions**

8. Relevez les éléments constitutifs d'une société selon la loi.
9. Montrez que le but lucratif ne se limite pas à la volonté de réaliser un bénéfice. Justifiez votre réponse.
10. Quelles sont les conséquences pratiques de l'*affectio societatis* dans le fonctionnement d'une société ?

**DOCUMENT 8** *Sociétés commerciales et sociétés civiles*

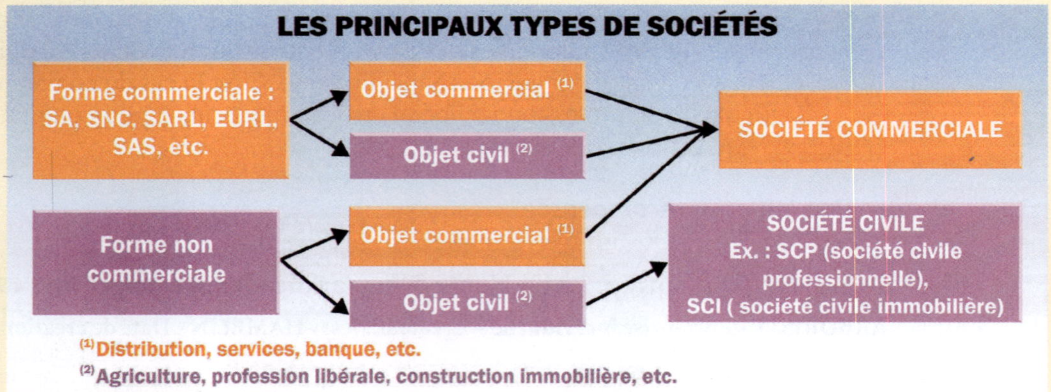


La **société commerciale** a un objet commercial ou une forme commerciale, quel que soit son objet.
La **société civile** a un objet civil et une forme non commerciale.

**Questions**

**11.** Une SARL d'exploitation agricole est-elle civile ou commerciale ? Justifiez.

**12.** Pourquoi une société professionnelle d'avocats est-elle civile ?

**DOCUMENT 9** *Un panorama de sociétés commerciales*

## Choisir le statut juridique de sa société

*Capital minimal, nombre d'associés, fiscalité applicable au dirigeant… Tous les points à connaître pour choisir le bon statut juridique pour son entreprise.*

| Société | Nombre d'associés | Capital social minimal | Responsabilité des associés | Cession |
|---|---|---|---|---|
| EURL | 1 | Pas de minimum | Limitée | Libre |
| SARL | Minimum : 2<br>Maximum : 100 | Pas de minimum | Limitée | Procédure d'agrément sauf si cession à un associé, conjoint, ascendant ou descendant |
| SA | Minimum : 2<br>Maximum : infini | 37 000 € | Limitée | Libre sauf clause statutaire d'agrément |
| SAS et SASU | Minimum : 1<br>Maximum : infini | Pas de minimum | Limitée | Libre sauf clause statutaire d'agrément |
| SNC | Minimum : 2<br>Maximum : infini | Pas de minimum | Solidaire et illimitée | Agrément à l'unanimité |
| SCOP | Minimum : 2 pour la forme SARL et 7 pour la forme SA<br>Maximum : infini | 30 € pour la forme SARL et 18 500 € pour la forme SA | Limitée | Remboursement à la valeur nominale |

*Le Journal du Net, www.journaldunet.com*

**EURL :** entreprise unipersonnelle à responsabilité limitée.
**SARL :** société à responsabilité limitée.
**SA :** société anonyme.
**SAS :** société par actions simplifiée.
**SASU :** société par actions simplifiées unipersonnelles.
**SNC :** société en nom collectif.
**SCOP :** société coopérative ouvrière de production.
**IR :** impôt sur le revenu.
**IS :** impôt sur les sociétés.

**Questions**

**13.** Pourquoi peut-on dire qu'une SNC est dite « fermée », c'est-à-dire que le changement d'associé est difficile ? Comment peut-on le justifier ?

**14.** Pourquoi la SA est-elle qualifiée de société « ouverte », c'est-à-dire que le changement d'associé est facile ? Comment peut-on le justifier ?

**15.** Quels sont les principaux points rapprochant la SA et la SAS ? la SARL et la SA ?

**16.** En quoi la SNC apparaît-elle très différente des autres sociétés commerciales ?

# II Les organisations à but non lucratif

## A. Les associations

**Document 10** *La loi de 1901*

**Article 1** – L'association est la convention par laquelle deux ou plusieurs personnes mettent en commun, d'une façon permanente, leurs connaissances ou leur activité dans un but autre que le partage des bénéfices.

**Questions**

1. Quels sont les buts d'une association ? Quelles activités lui sont interdites ?
2. Quelles sont les conditions pour constituer une association ?

**Document 11** *Une association désintéressée : la Croix-Rouge*

150 ANS À VOS CÔTÉS
croix-rouge française

*Fondée en 1864 par Henry Dunant, la Croix-Rouge a pour vocation de prévenir et d'apaiser toutes les souffrances. En France, à la croisée du secourisme, de la solidarité et de la santé, elle est présente sur tous les fronts de la détresse sociale.*

**Organisation**

La Croix-Rouge française, c'est à la fois une association de 56 000 bénévoles engagés depuis plus de 150 ans sur de nombreux fronts de la lutte contre les précarités et une entreprise à but non lucratif de services dans les champs sanitaire, social, médico-social et de la formation avec 18 000 salariés dans plus de 600 établissements. Chaque année, la Croix-Rouge française aide 1 million de personnes en situation de précarité en France et participe à 107 projets dans 35 pays à l'international.

**Les ressources de la Croix-Rouge française**

Le financement de ces actions dépend en grande partie de fonds privés : dons des particuliers, partenariats avec les entreprises, vente des produits et services Croix-Rouge française.

*www.croix-rouge.fr*

**Questions**

3. Montrez que la Croix-Rouge illustre parfaitement l'organisation à but non lucratif, tant au niveau de ses objectifs que de ses ressources.
4. Si le résultat d'un exercice laisse des excédents, à quoi peuvent-ils être destinés ?

## B. Les sociétés coopératives

**Document 12** *La coopérative Ouvaton*

**Ouvaton est une coopérative d'hébergement de sites Internet.** Pour héberger librement vos contenus, ne pas faire subir des publicités imposées à vos visiteurs, ni fournir des renseignements personnels exploités ensuite à des fins marketing, Ouvaton s'efforce de proposer un hébergement simple et de qualité, largement paramétrable, à des tarifs déterminés selon le principe du consommateur-payeur. Ouvaton est une SA à forme coopérative : chaque utilisateur en est également sociétaire, propriétaire : ses membres sont des hébergés-hébergeurs. On devient sociétaire par l'acquisition d'au moins une « part sociale » (16 €).

**Héberger votre site Web chez Ouvaton :** 25 €/an.

**Pourquoi une coopérative ?** Grâce à cette structure, les webmasters seront réellement des hébergés-hébergeurs. Ils seront en effet copropriétaires et coentrepreneurs de la coopérative.

*www.ouvaton.coop*

**Questions**

5. Quelle différence y a-t-il entre les clients d'une coopérative et ceux d'une société « classique » ?
6. Si la coopérative réalise des profits, comment peut-elle les utiliser ?

# III Une limite parfois ténue entre les deux types de structures

## A. Des activités économiques dans une structure non lucrative

**Document 13** *Les statuts de l'association « Les investisseurs avisés »*

**Article 1er – Titre**
Il est fondé entre les adhérents aux présents statuts une association régie par la loi du 1er juillet 1901 et le décret du 16 août 1901, ayant pour titre « Les investisseurs avisés ».
**Article 2 – Objet**
L'association a pour but d'aider ses membres à opérer en Bourse de la manière la plus pertinente en profitant des informations échangées entre eux et des conseils de spécialistes fournissant leur avis, soit régulièrement, soit de façon plus exceptionnelle.
**Article 3 – Siège social [...]**
**Article 4 – Composition**
L'association se compose de membres d'honneur, membres actifs [...].
**Article 5 – Radiation [...]**
**Article 6 – Ressources**
Les ressources de l'association comprennent :
1°) le montant des cotisations ;
2°) le montant du droit d'entrée aux réunions hebdomadaires (20 €) ;
3°) le fruit de la vente de la revue mensuelle de l'association (*Pertinence boursière*), dont chaque membre peut se porter acquéreur au numéro (25 €) ou par abonnement annuel (250 €).
**Article 7 – Activités**
L'association organise des réunions hebdomadaires consacrées à l'analyse de l'évolution de la situation boursière, tant à Paris que sur les principales places financières étrangères. Les informations qui s'y échangent proviennent soit des remarques et observations des membres présents, soit des communications faites par des invités, choisis chaque semaine par le bureau de l'association.
Des synthèses et des approfondissements font l'objet d'une publication dans la revue *Pertinence boursière* éditée par l'association.
**Article 8 – Conseil d'administration et bureau [...]**
**Article 9 – Réunion du conseil d'administration [...]**
**Article 10 – Assemblée générale [...]**
**Article 11 – Règlement intérieur [...]**

**Document 14** *La dérive de certaines associations*

Une association peut-elle avoir une activité commerciale ? En principe, une association n'est pas faite pour faire du commerce. Mais, au fil des années, de plus en plus d'associations ont été amenées à mettre en œuvre des activités de nature commerciale. Ainsi, elles font payer tout ou partie du coût des biens et services qu'elles proposent : ce sont bel et bien des actes de commerce. Ces actes de commerce peuvent être exceptionnels, lors d'une manifestation par exemple, ou habituels, comme l'organisation régulière de spectacles ou de stages payants.
**Attention !** Une association qui propose des actes de commerce de façon habituelle doit le prévoir dans ses statuts. Ces actes de commerce peuvent entraîner l'assujettissement de l'association aux impôts commerciaux : TVA, impôt sur les sociétés, etc.

*www.reseau-sara.org*

**Questions**

1. Quelles sont les activités de l'association « Les investisseurs avisés » ? Cette organisation doit-elle être considérée comme ayant officiellement une activité lucrative ?
2. Les membres de cette association l'ont-ils constituée dans un esprit de désintéressement ? Dans quelle mesure peut-on dire que l'association offre des avantages lucratifs à ses membres ?
3. Quelle conséquence fiscale peut-on appliquer à l'association « Les investisseurs avisés » ?

# B. Une structure sociétaire avec des objectifs non capitalistes

**Document 15** *Quelles sont les caractéristiques d'une Scop ?*

Une société coopérative ouvrière de production (Scop), ou société coopérative et participative, a la particularité d'être gérée et dirigée collectivement par les salariés associés (créateurs ou repreneurs) qui en détiennent la majorité du capital.
Une Scop peut être créée dans tous les secteurs d'activité : commerce, industrie, artisanat, services, même certaines professions libérales réglementées (architectes, géomètres-experts).
Juridiquement, une Scop est une société coopérative, avec un statut de société anonyme (SA), de société par actions simplifiée (SAS) ou de SARL.
Les salariés y sont associés majoritaires et détiennent au moins 51 % du capital social et 65 % des droits de vote. Ce sont eux qui élisent le dirigeant. Aucun associé ne peut détenir plus de la moitié du capital. […]
Le droit de vote au conseil d'administration est attaché à un individu-salarié, et non proportionnel à la part de capital détenu par un actionnaire, sur le principe « 1 associé = 1 voix » aux assemblées générales, quel que soit le montant de l'apport en capital de chacun. […]
En matière de répartition des bénéfices, le résultat est partagé entre :
– les salariés, sous forme de complément de salaire, d'intéressement ou de participation : au moins 25 % du bénéfice ;
– les salariés associés, sous forme de dividendes : pour une part inférieure à celle des salariés ;
– les réserves de l'entreprise (la dotation aux réserves alimente ses fonds propres) : 15 % minimum (réserve légale).

*vosdroits.service-public.fr*

**Document 16** *Des exemples de Scop*

Up Chèque Déjeuner

Des salariés qui vont bien, c'est une entreprise qui va bien !
**Chèque Déjeuner**, créée en 1964 dès l'introduction du titre-restaurant en France, est une entreprise porteuse de valeurs, qui fonde son originalité dans sa structure de société coopérative de production. Ce choix de structure juridique est significatif de l'engagement du fondateur sur les **valeurs sociales et humaines.**

*www.cheque-dejeuner.com*

ZOO

**PARC ZOOLOGIQUE D'AMNEVILLE,** société coopérative et participative exploitée sous forme de société à responsabilité limitée est active depuis 31 ans.
Localisée à AMNEVILLE (57360), elle est spécialisée dans le secteur d'activité de la gestion des jardins botaniques et zoologiques et des réserves naturelles. Son effectif est compris entre 50 et 99 salariés. […]
Michel LOUIS, est gérant de l'entreprise PARC ZOOLOGIQUE D'AMNEVILLE

*http://www.societe.com*

**Questions**

4. Pourquoi peut-on dire qu'une Scop est une organisation à but lucratif ? Qu'est-ce qui montre qu'une Scop ne se rattache pas totalement à la logique capitaliste ?
5. Quel est l'intérêt des Scop citées dans le document 16 ?

# Entraînement à la rédaction d'une note structurée

**La compétence attendue**

- Identifier les motivations du ou des créateurs
- Justifier le choix d'une structure adaptée à une situation donnée

Amélie Roche, jeune enseignante récemment nommée, vient de trouver un appartement à acheter. Elle dispose d'un apport financier personnel, mais elle a besoin de recourir à un emprunt pour compléter cette somme.

Elle n'ignore pas que les banques ne sont pas des organismes sociaux. Aussi cherche-t-elle activement quel partenaire financier pourrait lui offrir la solution qui serait la moins onéreuse. Amélie Roche est une amie de votre grande sœur. Elle lui a confié avoir rencontré quelques banquiers et avoir consulté diverses offres sur Internet. Elle a également été informée par un collègue de l'existence du Crédit Social des Fonctionnaires (CSF), dont la page d'accueil du site Internet a été annexée ci-après.

Toutefois, Amélie Roche se pose plusieurs questions.

## Questions

À l'aide de vos connaissances et de la documentation annexée, vous rédigerez une note structurée :

- vous ferez ressortir les spécificités juridiques du Crédit Social des fonctionnaires, en vous intéressant en particulier au sort des bénéfices réalisés ;
- vous indiquerez quelles autres structures le CSF aurait pu adopter, en prenant en considération le développement de ses multiples activités.

**Annexe 1**

### Extrait du site Internet du CSF

www.csf.fr

# Le Crédit social des fonctionnaires (CSF)

**Annexe 2**

## Le Groupe CSF, acteur d'une véritable mission de service public

Le Groupe CSF présente plusieurs particularités qui font son originalité et sa force. L'association Crédit social des fonctionnaires en est le pilier. Elle détient tout ou partie du capital des entités du Groupe, ce qui lui permet de proposer à tous ceux qui concourent à une mission de service public des solutions avantageuses de crédits, d'assurances et d'épargne.

Créée en 1955 par des fonctionnaires pour des fonctionnaires, la mission et les engagements du Crédit social des fonctionnaires restent ceux qui ont animé les fondateurs. L'association Crédit social des fonctionnaires a pour objet de « permettre à ses membres d'accéder à un système d'économie sociale dans les domaines du crédit, de l'épargne, de l'assurance et des services en vue d'améliorer la qualité de la vie » (article 4 de ses statuts).

**Les temps ont changé mais l'objectif demeure.** Pour répondre aux attentes des agents des services publics et être en conformité avec les réglementations sur la diffusion de produits financiers, le CSF a créé différentes entités. À ce titre, l'association Crédit social des fonctionnaires est l'actionnaire majoritaire de CRÉSERFI, son établissement financier, détient la totalité du capital de CSF Assurances, sa société de courtage d'assurances, et de Progretis, sa société de gestion de patrimoine.

Engagé au cœur du service public, **le Groupe CSF conjugue les valeurs qui fondent l'économie sociale** – participer au développement harmonieux de la société en répondant aux besoins des citoyens – et savoir-faire de l'économie de marché : professionnalisme et performance.

*www.csf.fr*

# Sens de la leçon

## La finalité lucrative ou non lucrative des organisations

### 1 Certaines organisations ont un but lucratif.

**L'entreprise individuelle :**

- « classique » ou en autoentreprise
- civile ou commerciale

**Les sociétés :**

- civiles ou commerciales
- à responsabilité plus ou moins limitée des associés

### 2 D'autres organisations ont une finalité non lucrative.

- L'association
- La coopérative

### 3 La distinction s'atténue entre les organisations.

- Certaines associations ont une activité économique
- Certaines structures sociétaires ont des objectifs non capitalistes
  - Exemple type : la société coopérative ouvrière de production (Scop)

# 8 Les raisons du choix de la structure d'entreprise

### Éléments du droit positif : 221-2 et 221-3

- Pouvoir, régime matrimonial, statut fiscal, statut social, responsabilité
- Structures juridiques et évolution

| Les compétences attendues | Le plan du chapitre |
| --- | --- |
| Justifier le choix d'une structure adaptée à une situation donnée | I – La diversité des motivations du créateur d'entreprise<br><br>II – Les motivations patrimoniales<br>A • La prise en compte des risques et de la responsabilité<br>B • Le choix du régime matrimonial<br>C • La transmission de l'entreprise<br><br>III – Les motivations sociale et fiscale<br>A • Le choix du statut social<br>B • Le choix du régime fiscal<br><br>IV – Les motivations liées à l'organisation de l'entreprise<br>A • Le pouvoir dans l'entreprise<br>B • Le financement de l'entreprise<br>C • Les préoccupations stratégiques |

## Mise en situation

Christiane a tranché. Son projet professionnel se réalisera au sein d'une entreprise qu'elle créera. Pour autant, elle sait bien que le choix définitif de la structure juridique à adopter ne pourra se faire qu'après avoir réfléchi à ses motivations essentielles : quelle responsabilité personnelle suis-je prête à accepter ? Quels impôts vais-je supporter ? De quelle protection sociale vais-je bénéficier ? Vers quelle structure me tourner si je veux faciliter la transmission de mon entreprise ?

# I La diversité des motivations du créateur d'entreprise

**DOCUMENT 1** *Les interrogations d'un créateur d'entreprise*

*Jusqu'ici cadre dans une entreprise industrielle, Bernard Mathieu, ingénieur, envisage de créer sa propre entreprise pour exploiter une invention qu'il compte faire breveter.*

**L'exercice du pouvoir**
Bernard Mathieu pense qu'il pourrait s'adjoindre les services de son épouse Julia, mais il est réticent à l'idée de partager le pouvoir avec d'autres personnes.

**Les risques à assumer**
Conscient que la vie des affaires n'est pas sans risques, Bernard Mathieu souhaite ne pas mettre en péril l'ensemble de son patrimoine ni *a fortiori* celui de sa femme.

**Les impôts**
Par ailleurs, il voudrait minimiser l'impact fiscal de sa nouvelle activité. Son foyer dispose en effet de revenus immobiliers tirés de la location de plusieurs appartements.

**La transmission de l'entreprise**
Bernard et Julia ont deux enfants dont l'aîné, presque majeur, se montre très intéressé par le projet de son père. Ce dernier s'inquiète naturellement du choix de la structure juridique qui sera la plus apte à favoriser la transmission de l'entreprise dans la famille.

**La diversité des structures juridiques**
Association, société, entreprise individuelle paraissaient autant de cadres juridiques envisageables à Bernard Mathieu. Mais, peu au fait des règles de droit, il a préféré interroger un spécialiste.
Il a ainsi appris que l'association ne peut pas avoir de but lucratif. La société, qui est une structure à but lucratif, est naturellement tournée vers une administration collégiale, facilitant la concertation face aux choix stratégiques qui sont souvent délicats. Elle entraîne l'imposition d'une part des profits. Elle peut prendre différentes formes, certaines permettant de limiter la responsabilité des associés.
L'entreprise individuelle est un cadre parfait pour celui qui veut décider seul. Cependant les profits qu'on en retire s'ajoutent aux autres revenus du foyer fiscal. La responsabilité de l'entrepreneur peut être importante, puisque son patrimoine se confond, en principe, avec celui de l'entreprise.

*Bernard et Julia Mathieu ont le sentiment que cette première approche du problème ne saurait répondre à toutes leurs questions. Un approfondissement des règles de droit s'impose…*

**Questions**

1. Identifiez les motivations qui guident la réflexion de Bernard Mathieu sur le choix de la structure juridique de son entreprise.
2. Lorsqu'il aura créé son entreprise, quels changements dans la situation de Bernard Mathieu pourraient lui faire reconsidérer la structure juridique choisie ?

# II Les motivations patrimoniales

## A. La prise en compte des risques et de la responsabilité

**Document 2** *Les préoccupations individualistes, objectif principal de la création d'entreprise*

Toutes les études et tous les sondages réalisés auprès des entrepreneurs convergent vers les mêmes résultats. L'entrepreneur a soif d'indépendance et de liberté au travers de son activité. En choisissant d'être créateur d'entreprise, la personne souhaite en tirer tous les avantages : liberté et indépendance donc, mais aussi aspirer à une meilleure qualité de vie. [...] En tous cas, l'aspect financier est loin d'être une motivation majeure pour l'entrepreneur, au vu des études réalisées auprès d'eux. [...]
Ainsi, d'après une étude du cabinet EY, seuls 15 % des personnes interrogées sont motivées par l'argent. En revanche, pour 84 % des sondés, les motivations principales à créer une entreprise sont le goût d'entreprendre et la volonté déterminante de s'épanouir dans leurs activités professionnelles.

25/06/16 – *www.dynamique-mag.com*

**Questions**

1. Quelles sont les principales motivations des créateurs d'entreprise ?
2. En quoi révèlent-elles une démarche individualiste ?

**Document 3** *La vraie responsabilité de l'entrepreneur individuel*

| Responsabilité illimitée : article 2284 du Code civil | |
|---|---|
| Principe applicable | Quiconque s'est obligé personnellement est tenu de remplir son engagement sur tous ses biens mobiliers et immobiliers, présents et à venir. |
| Atténuations au principe | Le législateur a bien compris que l'incitation à la création d'entreprises nécessitait de minorer les inconvénients de la responsabilité illimitée.<br>1. Avec la loi du 1er août 2003, l'entrepreneur individuel pouvait mettre sa résidence principale à l'abri des poursuites des créanciers professionnels. Il lui fallait réaliser quelques formalités : déclaration de l'insaisissabilité du bien, information par l'inscription de la mesure au RCS.<br>2. La loi du 4 août 2008 permet à l'entrepreneur individuel, grâce à des formalités limitées, de protéger tous ses biens fonciers, bâtis ou non, s'ils ne sont pas affectés à un usage professionnel.<br>3. La loi du 6 août 2015 précise que la résidence de l'entrepreneur individuel est insaisissable de plein droit (sans aucune formalité à accomplir donc) par ses créanciers professionnels. |

**Questions**

3. Que signifie la notion de responsabilité illimitée de l'entrepreneur individuel ?
4. Qu'apporte la loi du 16 août 2015 aux mesures prévues par les lois de 2003 et 2008 ?

**Document 4** *Un statut juridique avantageux pour l'entrepreneur individuel : l'EIRL*

La loi du 16 juin 2010, entrée en vigueur le 1er janvier 2011, permet à l'entrepreneur individuel d'adopter le statut de l'entreprise individuelle à responsabilité limitée (EIRL). Dans ce cas, l'artisan, le commerçant, l'agriculteur ou le professionnel libéral (architecte, avocat, etc.) choisissent de destiner une partie de leur patrimoine à leur activité, en préservant les autres biens des poursuites des créanciers professionnels en cas de difficulté. À la différence de l'EURL, qui est une société à associé unique, l'EIRL est une entreprise individuelle, très facilement créée : il suffit à l'entrepreneur de déclarer au registre le concernant (registre du commerce et des sociétés, répertoire des métiers par exemple) la liste des biens qu'il envisage d'affecter à son activité. En cas de « faillite », les autres éléments du patrimoine sont ainsi préservés.
Par ailleurs, l'exploitant en EIRL a le choix d'être imposé selon le régime de l'impôt sur le revenu ou d'opter pour l'impôt sur les sociétés.

**Questions**

5. Quels sont les apports de la loi du 16 juin 2010 au régime de la responsabilité personnelle de l'entrepreneur individuel ?
6. Dans quelle mesure ce texte permet-il de dire qu'un entrepreneur individuel peut avoir deux patrimoines ?

**Document 5** *La protection du patrimoine par la création d'une personne morale*

| Quelle est l'étendue de la responsabilité ? | |
|---|---|
| EURL/SARL | La responsabilité de l'associé (des associés) est limitée au montant de ses (leurs) apports, sauf s'il a (s'ils ont) commis des fautes de gestion ou accordé des cautions à titre personnel. |
| SA (forme classique) | La responsabilité des associés est limitée au montant de leurs apports. |
| SAS/SASU | La responsabilité des associés est limitée au montant de leurs apports. |
| SNC | Les associés sont responsables indéfiniment, sur l'ensemble de leurs biens personnels, et solidairement. |

www.apce.com

**Document 6** *La vraie responsabilité du dirigeant associé*

| Responsabilité limitée aux apports | |
|---|---|
| Principe applicable | Dans la plupart des sociétés commerciales : SARL, SA, SAS, SASU, les associés ne peuvent pas perdre plus que le montant des apports qu'ils ont faits pour constituer le capital social. En revanche, dans les sociétés de personnes, comme la SNC, si l'actif du patrimoine de la société est insuffisant, les associés sont indéfiniment et solidairement responsables du passif social. |
| Atténuations au principe | Les créanciers, en particulier les banques, exigent souvent du dirigeant de la société de garantir personnellement les dettes de la personne morale ; par exemple, en se portant caution ou en donnant ses biens personnels en garantie. C'est particulièrement vrai dans le cas des sociétés commerciales à responsabilité limitée (SARL, SA, SAS), car, dans ces entreprises, les associés ne sont tenus au passif social que dans la limite de leurs apports ; ceux-ci étant d'autant plus modestes que la société affiche un capital limité. |

**Questions**

7. Pourquoi les sociétés commerciales apparaissent-elles comme des structures favorables à la préservation du patrimoine du dirigeant ?
8. Pourquoi la responsabilité du dirigeant de société n'est-elle souvent que théoriquement limitée ?

# B. Le choix du régime matrimonial

**Document 7** *Les incidences du régime matrimonial*

### Le choix du régime matrimonial

Choisir son régime matrimonial, pour un chef d'entreprise, c'est protéger son patrimoine dans l'éventualité de difficultés financières liées à l'activité de l'entreprise. Il existe deux principaux régimes matrimoniaux.

#### La communauté réduite aux acquêts

C'est le régime le plus connu puisqu'il est adopté automatiquement si les époux n'ont pas fait précéder leur union d'un contrat. […] Les biens et les dettes de chacun des époux sont ceux existant avant le mariage, les biens reçus par succession ou donation. Les biens communs sont ceux acquis à l'aide des revenus des conjoints, que ces revenus proviennent de biens propres ou de biens communs ou du fruit du travail. […] Chacun des époux reste responsable de ses dettes professionnelles. Mais, en cas de liquidation judiciaire d'un conjoint, les biens communs entrent dans la procédure.

#### La séparation de biens

Dans le régime de la séparation de biens, chaque époux conserve la propriété exclusive des biens qu'il possède au jour du mariage et de ceux qu'il va acquérir pendant la durée de la vie conjugale. Chaque époux n'est responsable que de ses propres dettes.

www.canam.fr

**Document 8** *Le cas des personnes unies par un PACS (pacte civil de solidarité)*

Le régime des biens des personnes unies par un PACS correspond à une transposition du régime de séparation de biens : chaque partenaire a la libre administration, jouissance et disposition des biens qu'il acquiert, sauf si, par la convention de PACS, il a été décidé d'un régime d'indivision, c'est-à-dire d'une sorte de copropriété des biens.

**Questions**

9. Quel est le régime matrimonial le mieux adapté à la vie des affaires ?
10. Le régime du PACS est-il une gêne à la création de l'entreprise ? Justifiez.

# C. La transmission de l'entreprise

**Document 9** *Comment transmettre l'entreprise ?*

| | |
|---|---|
| Entreprise individuelle | – Par cession du fonds (artisans et commerçants) ou présentation de la clientèle (professions libérales).<br>– Possibilité d'apporter l'entreprise au capital d'une société en création ou d'en confier l'exploitation à un tiers (location-gérance). |
| EURL / SARL | Par cession de parts sociales. |
| SA (forme classique) | Par cession d'actions (sauf clause contraire des statuts). |
| SAS / SASU | Par cession d'actions. Les statuts peuvent prévoir certaines clauses (ex. : inaliénabilité, agrément préalable de cession…). |
| SNC | Par cession de parts (à l'unanimité des associés). |

*www.apce.com*

**Document 10** *La structure sociétaire et la transmission de l'entreprise*

*Après 24 ans aux commandes de son entreprise, Maurice Vallet, le fondateur de Divalto (ex-Interlogiciel), passe progressivement le relais à la future génération, tout en gardant un œil sur la gestion de la société. […] Il répond aux questions de JDN Solutions :*

**JDN Solutions :** « Pourquoi et comment organisez-vous votre départ ? »

**Maurice Vallet :** « Je ne suis pas encore tout à fait parti ! Si Thierry Meynle est désormais à la tête de l'entreprise, j'en suis toujours le président du directoire. Les raisons de mon retrait progressif sont très simples : j'ai 61 ans et je souhaite lever le pied. C'est une décision entièrement personnelle. Concrètement, j'ai cédé une grande partie de mes actions. Jusque-là, je détenais avec mon épouse 89 % du capital de l'entreprise que j'ai fondée. Nous en avons conservé 32 %. L'actionnariat salarié (dont Thierry Meynle) est passé de 10 à 33 % et Before est entré au capital de Divalto à hauteur de 35 %. »

*www.journaldunet.com*

**Questions**

11. Comment s'est opérée la transmission de l'entreprise Divalto ?
12. En quoi la forme juridique de cette entreprise a-t-elle facilité sa transmission ? Que se serait-il passé si l'entreprise avait été une entreprise individuelle ou une société « fermée » ?

# III Les motivations sociale et fiscale

## A. Le choix du statut social

**Document 11** *Le régime social du dirigeant d'entreprise*

| | |
|---|---|
| **En choisissant l'entreprise individuelle…** | Votre régime social sera celui des indépendants (travailleurs non salariés), géré par le RSI (régime social des indépendants). En prenant des assurances facultatives complémentaires, vous obtiendrez, à coût équivalent, une protection identique à celle des salariés (voire meilleure). |
| **En choisissant l'entreprise sociétaire…** | Le régime social du dirigeant dépend de la structure juridique choisie.<br>Sont rattachés au régime général des salariés :<br>– les gérants minoritaires ou égalitaires de SARL* ;<br>– les présidents et directeurs généraux de SA ;<br>– les présidents de SAS ;<br>– les dirigeants de SCOP (société coopérative ouvrière de production).<br>Les autres dirigeants relèvent du régime des travailleurs non salariés (TNS).<br>Si vous êtes gérant majoritaire de SARL ou associé unique d'une EURL, vous serez rattaché au régime des indépendants. |

*www.apce.com*

* Précision : un gérant est majoritaire s'il détient, avec son conjoint (quel que soit le régime matrimonial) et ses enfants mineurs, plus de 50 % du capital de la société. S'il y a plusieurs gérants, chaque gérant est considéré comme majoritaire dès lors que les cogérants détiennent ensemble plus de la moitié des parts sociales.

**Document 12** *Le rapprochement des régimes d'assurance sociale*

**Travailleur indépendant non salarié ou salarié ?**

Pendant très longtemps, on a considéré le salariat comme un statut enviable, notamment sur le plan fiscal et social. Y compris quand il s'agissait de « se mettre à son compte ». C'était même l'obsession d'une large partie des entrepreneurs : conserver à tout prix le statut de salarié, quitte à enrôler des associés plus ou moins fictifs. […]

**La protection sociale du non-salarié**

La supériorité jadis supposée du salariat tenait en grande partie à la plus grande protection dont jouissaient les assujettis au régime général de la Sécurité sociale. Mais, au fil des ans, les prestations des différents régimes d'assurance maladie se sont progressivement unifiées et le recours aux mutuelles s'est généralisé. Dans l'ensemble, le travailleur indépendant n'est pas moins bien protégé aujourd'hui que le salarié du régime général. Et le constat vaut aussi bien pour le risque maladie que pour l'assurance vieillesse.

*droit-finances.commentcamarche.net*

**Questions**

1. Dans quelles situations le dirigeant d'entreprise bénéficie-t-il de la protection sociale des salariés ? Quelles sont les différentes prestations sociales dont il jouit alors ?
2. Comment peut-on adopter de façon fictive le statut de salarié ?
3. Comment les régimes de protection sociale des dirigeants se sont-ils rapprochés ?

# B. Le choix du régime fiscal

**Document 13** *Les différents types d'imposition de l'entreprise*

### L'impôt sur les sociétés (IS)

**1. Les entreprises concernées :** les sociétés soumises de plein droit à l'impôt sur les sociétés (IS) sont les sociétés anonymes (SA), les SARL, les sociétés en commandite par actions et les sociétés par actions simplifiées (SAS). Les sociétés qui peuvent opter pour l'IS (au lieu de l'impôt sur le revenu) sont l'EURL, les sociétés en nom collectif (SNC) et les sociétés civiles.
**2. Le taux de l'impôt :** le taux d'imposition est de 33,33 % des bénéfices, et de 15 % sur la fraction des bénéfices inférieure à 38 120 euros pour les petites sociétés.

### L'impôt sur le revenu des personnes physiques (IRPP)

L'IRPP s'applique aux profits réalisés par les personnes physiques qui exercent une profession commerciale, industrielle, artisanale, agricole ou libérale dans le cadre de l'entreprise individuelle. Cet impôt est progressif. Son barème est actualisé chaque année par la loi de finances.

**Le barème de l'impôt sur le revenu en 2017 (revenus de 2016)**

| Tranches de revenus annuels | Taux d'impôt | Application du barème |
|---|---|---|
| Jusqu'à 9 710 € | 0 | Impôt calculé en prenant en compte le quotient familial qui allège l'impôt en fonction de la composition du foyer fiscal imposé. Les revenus des conjoints s'additionnent. |
| De 9 711 à 26 818 € | 14,00 % | |
| De 26 819 à 71 898 € | 30,00 % | |
| De 71 899 à 152 260 € | 41,00 % | |
| Plus de 152 260 € | 45,00 % | |

**Question**

**4.** À partir de quel montant de bénéfice l'impôt sur le revenu pénalise-t-il l'entreprise individuelle ?

**Document 14** *Types d'entreprises et fiscalité des bénéfices*

| | Entreprise individuelle | Société de personnes | Société de capitaux |
|---|---|---|---|
| Type d'impôt | BIC ou BNC | IR (possibilité d'opter pour l'IS) | IS |
| Principe fiscal | Impôt progressif | Impôt progressif (proportionnel en cas d'option pour l'IS) | Impôt proportionnel (progressif en cas d'option pour l'IR) |
| Bénéfice imposable (exemple 1) | 38 000 € | | |
| Impôt dû | 5 749 € | 5 749 € (ou 5 700 €) | 5 700 € |
| Bénéfice imposable (exemple 2) | 300 000 € | | |
| Impôt dû | 115 350 € | 115 350 € (ou 100 000 €) | 100 000 € |

**Questions**

**5.** Existe-t-il un régime fiscal toujours plus avantageux que l'autre ? Quels sont les paramètres à considérer pour choisir la forme juridique la plus adéquate au regard de la fiscalité ?

**6.** Dans quelle situation l'IS est-il plus avantageux que l'IR ?

# IV Les motivations liées à l'organisation

## A. Le pouvoir dans l'entreprise

**Document 15** *Entreprendre seul ou s'associer ?*

L'alternative est simple : soit l'entrepreneur veut contrôler toutes les décisions, soit il préfère partager le pouvoir et profiter des compétences d'autres personnes. Dans le premier cas, le statut d'entrepreneur individuel peut être retenu, tout comme peut être adopté le statut de la société unipersonnelle : EURL ou SASU. Dans le second cas, c'est le statut de société pluripersonnelle qui convient (SNC, SA, SARL, SAS principalement). Dans ces sociétés, la règle est de faire adopter ou approuver les décisions par des assemblées générales (AG) : chaque associé prend part au vote en disposant d'un nombre de voix qui est proportionnel aux apports qu'il a réalisés.

**Question**

1. Quelle est la relation entre les apports d'un associé et ses pouvoirs dans les assemblées générales ?

**Document 16** *Les modalités de la prise de décision au sein des assemblées d'associés*

| | Type de société | | |
|---|---|---|---|
| **Décisions** | **SNC** | **SA** | **SARL** |
| **En assemblée générale ordinaire** Nomination ou révocation des dirigeants, approbation des comptes, répartition des bénéfices, etc. | À l'unanimité (sauf clause contraire des statuts) | À la majorité | À la majorité |
| **En assemblée générale extraordinaire** Modification des statuts | À l'unanimité en principe | À la majorité des 2/3 | À la majorité des 2/3 |

**Questions**

2. À quelle condition exerce-t-on un pouvoir très important au sein des différentes sociétés ?
3. Quelles sont les manifestations de l'*intuitu personæ* (rapport de confiance entre les associés) dans la SNC ?

**Document 17** *Les statuts de la société et le rôle de la liberté contractuelle*

**Le principe**

La constitution de toute société passe par la rédaction des statuts, qui constituent le contrat conclu entre les associés. Sous réserve du respect des règles légales impératives, les clauses statutaires peuvent aménager l'exercice du pouvoir au sein de la société et son mode de fonctionnement.

**Un exemple : extraits des statuts d'une SAS**

*Article 13 : Président* – La SAS Nacelles est gérée et administrée par un Président. Celui-ci exerce ses fonctions pour une durée et dans des conditions fixées par l'assemblée générale des associés.

Le Président représente la société à l'égard des tiers. Il est investi des pouvoirs les plus étendus pour agir en toutes circonstances au nom de la société dans la limite de l'objet social.

Le Président ne peut, sans l'accord de la majorité des actionnaires, et sauf à engager sa responsabilité personnelle, décider des investissements supérieurs à 50 000 euros. […]

*Article 22 : Cession des actions* – Avant toute cession de leurs actions, les associés sont tenus d'en proposer l'acquisition aux autres associés […].

**Questions**

4. Pourquoi peut-on dire qu'avant d'être une personne morale, la société est un contrat ?
5. Comment les statuts peuvent-ils modifier le principe selon lequel la société de capitaux est une société ouverte ? Quel est l'intérêt de cette orientation ?

# B. Le financement de l'entreprise

**Document 18** *Les difficultés financières des petites entreprises*

LA la fin 2015, 94 % des PME qui demandaient un crédit pour investir obtenaient satisfaction, tout comme 84 % de celles souhaitant un crédit de trésorerie, selon les estimations de la Banque de France [...]. Ce tableau est à nuancer sérieusement pour les TPE : seules 63 % d'entre elles ont obtenu un crédit de trésorerie et 82 % un crédit d'investissement en 2015. Les TPE présentent des bilans souvent plus fragiles que les PME, et leurs dirigeants parviennent moins bien à gérer leur besoin de trésorerie [...]. Dernier angle mort de l'accès au crédit, le financement des investissements immatériels des entreprises (création de site Web, formation, recherche et développement...). [...] Les banques demandent de plus en plus de garanties à leurs clients. Dans le cas d'investissements immatériels, elles n'ont rien à prendre en garantie, contrairement aux actifs immobiliers ou aux machines-outils.

*www.lemonde.fr*, Audrey Tonnelier, 17/03/16.

**Questions**

6. Qu'est-ce qui explique les difficultés des petites entreprises pour obtenir un crédit ?
7. Quelles sont les conditions imposées par les banques pour dégager des fonds pour les petites entreprises ? Quels risques cela engendre-t-il pour les dirigeants de ces entreprises ?

**Document 19** *Le financement de la constitution des sociétés*

| Type de société | Nombre d'associés | | Capital minimal | |
|---|---|---|---|---|
| | Règle d'origine | Évolution | Règle d'origine | Évolution |
| SARL | 2 à 50 (loi du 24 juillet 1966) | 1 (EURL créée par la loi du 11 juillet 1985) à 100 (ordonnance du 25 mars 2004) | 7 500 € (loi du 24 juillet 1966) | Pas de minimum (loi du 1er août 2003) |
| SA | 7 à l'infini (loi du 24 juillet 1966) | 2 à l'infini (ordonnance du 10 septembre 2015) | 37 000 € (loi du 24 juillet 1966) | – |
| SAS | 7 à l'infini (loi du 3 janvier 1994) | 1 (SASU créée par la loi du 12 juillet 1999) | 37 000 € (loi du 3 janvier 1994) | Pas de minimum (loi du 4 août 2008) |
| SNC | 2 à l'infini (loi du 24 juillet 1966) | – | Pas de minimum | – |

**Questions**

8. Quelles sociétés sont actuellement facilement créées au regard du capital minimal à apporter ? Dans quelle catégorie de sociétés commerciales se classent-elles ?
9. Relevez les signes d'assouplissement de la législation en matière de création de société.
10. Pour quelle raison ces évolutions du droit des sociétés ont-elles vu le jour ?

# C. Les préoccupations stratégiques

**Document 20** *Des stratégies adaptées et évolutives*

Toutes les structures d'entreprises ne sont pas adaptées à toutes les stratégies : la taille, la forme juridique, le statut du ou des dirigeants, etc. sont autant d'éléments qui conditionnent les orientations stratégiques. Une très petite entreprise individuelle – comme un restaurant de quartier – peut connaître le succès en adaptant parfaitement son offre aux attentes de la clientèle locale. Pour autant, tous les restaurants ne sont pas condamnés à se satisfaire de cette situation. Pour peu que la qualité des repas soit au rendez-vous, le restaurateur peut ouvrir une seconde enseigne. Le besoin de capitaux lui fera peut-être constituer une société pour trouver des partenaires et des investisseurs. La notoriété aidant, il pourra ouvrir des restaurants dans diverses régions, voire à l'étranger... jusqu'à concurrencer celui qui, dans ce métier, est le modèle de la réussite internationale : le chef Alain Ducasse, aujourd'hui à la tête de plus de 24 établissements dans 8 pays où travaillent plus de 1 400 salariés.

**Question**

11. Citez des exemples d'évolution de structure d'une entreprise en lien avec des changements stratégiques.

# Entraînement à l'analyse d'une situation juridique

**La compétence attendue** • Justifier le choix d'une structure adaptée à une situation donnée

Pierre Brunnel envisage de créer une entreprise de location de matériel de jardinage et de bricolage. Ses interrogations sur le choix de la forme juridique de cette entreprise sont d'autant plus complexes qu'il a des idées bien arrêtées sur son mode de fonctionnement. Par ailleurs, il sait qu'il lui faudra prendre en compte des éléments objectifs liés à sa situation personnelle et familiale.

Pierre Brunnel est marié, sans contrat, avec Jocelyne Mignard, qui est fonctionnaire. Cette dernière vient d'hériter d'un appartement qu'elle loue. Le couple n'a pas d'enfant.

Pierre Brunnel souhaite contrôler totalement sa future entreprise. Il voudrait se contenter d'un financement personnel minimal lors du lancement de son affaire. Par ailleurs, il se rend compte qu'il ne faudrait pas trop alourdir la fiscalité de son foyer.

## Questions

À l'aide de vos connaissances et des annexes, traitez la situation juridique suivante.

- Conseillez Pierre Brunnel quant au type d'entreprise qui correspond le mieux à ses motivations.
- Aidez Pierre Brunnel à mettre en lumière des paramètres de choix qu'il aurait pu négliger.

**Annexe 1**

### Le choix d'une structure repose généralement sur les critères suivants

**La nature de l'activité**

Certaines activités – elles sont rares – imposent le choix de la structure juridique. C'est par exemple le cas des débits de tabac qui doivent obligatoirement être exploités en entreprise individuelle ou en société en nom collectif. […]

**La volonté de s'associer**

On peut être tenté de créer une société à plusieurs pour des raisons diverses : patrimoniales, économiques, fiscales ou encore sociales. […] Si vous souhaitez être « seul maître à bord » et si vous ne supportez pas d'avoir des comptes à rendre, mieux vaut alors rester indépendant, en entreprise individuelle ou en EURL par exemple. […]

**L'organisation patrimoniale**

Si vous avez un patrimoine personnel à protéger et/ou à transmettre, le choix de la structure juridique prend toute son importance.

– En principe, en entreprise individuelle, le dirigeant est responsable sur l'ensemble de son patrimoine au titre des dettes nées de son activité indépendante. Depuis le 1er janvier 2011, il a cependant la faculté d'opter pour le régime de l'EIRL (entrepreneur individuel à responsabilité limitée). Cette option lui permettra de constituer un patrimoine affecté à son activité professionnelle distinct de son patrimoine personnel. Ce patrimoine sera composé des biens affectés à son activité professionnelle et les créanciers professionnels ne pourront saisir que ce patrimoine affecté en cas de difficultés.

– Le rempart juridique, que constitue une société, sera différent d'une structure à une autre. En effet, dans une société en nom collectif (SNC), par exemple, chaque associé est solidairement et indéfiniment responsable avec la société. […]

– Quel que soit le type de société choisi, le ou les dirigeants sont garants de la bonne gestion de l'entreprise à l'égard de leurs associés et des tiers. […]

**Les besoins financiers**

Vous avez normalement déterminé les besoins financiers de votre entreprise lors de l'établissement des comptes prévisionnels. Lorsqu'ils sont importants, la création d'une société de type SA ou SAS peut s'imposer pour pouvoir accueillir des investisseurs dans le capital.

**Le fonctionnement de l'entreprise**

Selon la structure que vous choisirez, les règles de fonctionnement seront plus ou moins contraignantes. Dans l'entreprise individuelle, le dirigeant est seul. […] Dans les sociétés, le dirigeant n'agit pas pour son propre compte, mais « au nom et pour le compte » de la société.

…

# L'entreprise à venir de Pierre Brunnel

**Suite**

**Le régime social de l'entrepreneur**
La législation a aujourd'hui largement évolué vers une harmonisation des statuts et le régime des salariés n'est plus aujourd'hui la « panacée ».

**Le régime fiscal de l'entrepreneur et de l'entreprise**
Selon la structure choisie, les bénéfices de l'entreprise seront assujettis à l'impôt sur le revenu ou à l'impôt sur les sociétés. Là encore, ce critère sera rarement déterminant en phase de création. En effet, il est difficile d'évaluer précisément le chiffre d'affaires prévisionnel de la future entreprise et d'effectuer ainsi une optimisation fiscale réaliste.

**La crédibilité vis-à-vis des partenaires (banquiers, clients, fournisseurs, etc.)**
Il est indéniable que pour approcher certains marchés, la création de l'entreprise sous forme de société avec un capital conséquent sera recommandée.

*www.apce.com*

**Annexe 2**

## Choisir le statut juridique de son entreprise : les règles applicables aux différentes structures juridiques

| Principales structures d'entreprise | Entreprise individuelle | SNC | SARL EURL | SA | SAS SASU |
|---|---|---|---|---|---|
| Nombre d'entrepreneurs ou d'associés | Un seul | Minimum : 2<br>Pas de maximum | Minimum : 1 (EURL)<br>Maximum : 100 | Minimum : 2<br>Pas de maximum | Minimum : 1 (SASU)<br>Pas de maximum |
| Montant du capital | Pas de capital social. Possibilité d'un patrimoine affecté (EIRL) | Pas de minimum | Pas de minimum | Minimum de 37 000 € | Pas de minimum |
| Responsabilité d'entrepreneur ou d'associés | Illimitée sauf création d'EIRL | Solidaire entre associés et indéfinie | Limitée au montant des apports | Limitée au montant des apports | Limitée au montant des apports |
| Dirigeant(s) de l'entreprise | Entrepreneur | Gérant, associé ou non | Gérant, associé ou non | Conseil d'administration (3 à 18 membres) ou directoire (2 à 5 membres) | Déterminée par les statuts : au moins un président, associé ou non |
| Régime fiscal de l'entreprise | IR | IR<br>Option possible pour l'IS | IS<br>Option possible pour IR : EURL et SARL de famille | IS | IS |
| Régime social du (des) dirigeant(s) | Entrepreneur : non salarié | Gérant associé : non salarié<br>Gérant non associé : assimilé salarié | Gérant associé non majoritaire ou non associé : assimilé salarié<br>Gérant majoritaire : non salarié | Président et directeur général : assimilés salariés | Président : assimilé salarié |
| Vente de l'entreprise | Cession libre du fonds | Cession des parts sociales avec accord de tous les autres associés | Cession des parts sociales avec agrément de la majorité des associés | Cession libre des actions, sauf clause d'agrément dans les statuts | Cession libre des actions, sauf clause d'agrément dans les statuts |

# Sens de la leçon

## Les raisons du choix de la structure d'entreprise

### 1 Les motivations patrimoniales sont les premiers fondements du choix.

**La première alternative essentielle concerne les pouvoirs et la responsabilité :**

- L'**entreprise individuelle** confond le patrimoine de l'entrepreneur et celui de l'entreprise. Par ailleurs, elle assure un contrôle entier des pouvoirs.
- Les **sociétés** permettent une dissociation des patrimoines et une limitation de la responsabilité (à distinguer selon le type de société).

**Les préoccupations patrimoniales gouvernent d'autres choix essentiels :**

- Le régime matrimonial
- La transmission de l'entreprise

### 2 Le choix de la structure est aussi guidé par des motivations sociale et fiscale :

- **En entreprise individuelle** : L'entrepreneur individuel ne bénéficie pas de la protection sociale des salariés. Il acquitte l'impôt sur le revenu.
- **Dans une société de personnes** : Le régime du gérant de SNC est celui d'un travailleur indépendant tant au niveau social qu'au niveau fiscal.
- **Dans une société de capitaux** : Les dirigeants sont assimilés à des salariés. Les profits de l'entreprise sont soumis à l'impôt sur les sociétés.
- **Dans une SARL** : Le gérant est :
  - soit assimilé à un salarié (s'il est minoritaire ou égalitaire) ;
  - soit assimilé à un indépendant.

  La société acquitte l'impôt sur les sociétés.

### 3 Le choix de la structure est lié à l'organisation de l'entreprise :

- La répartition des pouvoirs et les statuts sont à prendre en compte.
- Les motivations financières interviennent lors de la création puis durant la vie de l'entreprise.
- Les décisions stratégiques font évoluer les structures des entreprises.

# 9 La pérennité de l'entreprise

## Éléments du droit positif : 222-1, 222-2 et 222-3

- Prévention
- Cessation des paiements. Procédures : conciliation, sauvegarde, redressement et liquidation judiciaires
- Conséquences de la procédure pour les créanciers, dont les salariés

| La compétence attendue | Le plan du chapitre |
| --- | --- |
| Analyser les difficultés d'une entreprise et caractériser la procédure à mettre en œuvre ou à préconiser | I – Les dispositifs juridiques face aux difficultés des entreprises<br>A • Les dispositifs de prévention des difficultés<br>B • Les différentes procédures judiciaires face aux difficultés<br><br>II – Les conséquences des procédures pour les créanciers et pour les salariés de l'entreprise en difficulté<br>A • L'ordre de paiement des créances non salariales<br>B • Le sort des créanciers selon les procédures<br>C • Les salariés dans les procédures collectives |

## Mise en situation

L'entreprise Raffale, dans laquelle Luce Morette travaillait, vient d'être liquidée. Luce avait pourtant cru la voir surmonter ses difficultés. Aujourd'hui, elle s'interroge.

À quel moment, et comment, la direction aurait-elle pu être alertée des problèmes ? N'aurait-il pas fallu se tourner vers le tribunal plus tôt ? Comment Luce sera-t-elle payée des arriérés de salaires et indemnités qui lui sont dus ? Elle sait que les créanciers impayés s'inquiètent aussi.

# I Les dispositifs juridiques face aux difficultés des entreprises

## A. Les dispositifs de prévention des difficultés

**Document 1** *L'obligation de publier les comptes : la règle légale et la jurisprudence*

D'après le Code de commerce, les sociétés commerciales sont tenues de publier leurs comptes annuels, le rapport de gestion et le rapport des commissaires aux comptes, au greffe du tribunal de commerce, dans le délai d'un mois après leur approbation par l'assemblée générale de la société (le délai est porté à 2 mois en cas de dépôt par la voie électronique).
Selon la Cour de cassation, si le dépôt des comptes n'a pas été opéré malgré une mise en demeure adressée à la société, toute personne intéressée (banquier, fournisseur, etc.) peut demander au président du tribunal de commerce de désigner un mandataire chargé d'accomplir la formalité.

**Questions**

1. En quoi la publication des comptes favorise-t-elle la transparence de la situation de l'entreprise ?
2. Pourquoi cette publication est-elle une mesure de prévention des difficultés ?

**Document 2** *La prise de conscience des difficultés*

Le dirigeant d'une entreprise confrontée à des difficultés adopte souvent l'une des attitudes suivantes : soit il nie l'existence de réels problèmes et ne change rien à son mode de gestion, soit il s'affole et lance de façon désordonnée des « actions de la dernière chance ». Ces deux comportements sont aussi excessifs qu'inefficaces. Sortir d'une mauvaise passe est tout à fait possible. Mais cela suppose d'abord de regarder la réalité en face, puis d'accepter de mettre en œuvre le remède le plus apte à vous guérir (si fort soit-il).

Nathalie Mourlot, *www.lentreprise.com*

**Question**

3. Pourquoi le dirigeant d'une entreprise en difficulté hésite-t-il souvent à dévoiler ses problèmes à la justice ?

**Document 3** *Les différentes procédures d'alerte du dirigeant*

| QUI ? | Le comité d'entreprise | Les associés | Le président du tribunal de commerce | Le commissaire aux comptes* |
|---|---|---|---|---|
| QUAND ? | Il peut demander des explications à l'employeur lorsqu'il a connaissance de « faits de nature à affecter de manière préoccupante la situation économique de l'entreprise » (C.trav. art. L. 2323-50). | Ils ont le droit d'alerter en cas de faits ou de difficultés « de nature à compromettre la continuité de l'exploitation » (C. com., art L. 225-232, L. 223-36 et. L. 611-2). | | Il doit alerter quand, à l'occasion de l'exercice de sa mission, il relève des faits de nature à compromettre la continuité de l'exploitation (C. com., art. L. 234-1). |
| COMMENT ? | Il exploite les informations économiques qui lui sont régulièrement fournies. En cas de besoin, il dresse un rapport d'alerte qui est transmis au chef d'entreprise et au commissaire aux comptes. | Ils peuvent poser des questions écrites au dirigeant. Ce dernier doit répondre dans le délai d'un mois et fournir des explications au commissaire aux comptes. | Il peut consulter les comptes annuels que la loi impose de déposer au tribunal. Il a le droit de convoquer le dirigeant pour l'interroger et il peut s'adresser au commissaire aux comptes pour avoir des explications. | Il est tenu d'informer le président du conseil d'administration ou du directoire, qui doit lui fournir des explications sur les causes de la situation. |

* Il certifie que les comptes annuels sont réguliers et sincères et qu'ils donnent une image fidèle du résultat des opérations de l'exercice écoulé, de la situation financière et du patrimoine de la société.

**Questions**

4. Pourquoi faut-il attirer l'attention du chef d'entreprise ?
5. Qui a le droit d'alerter le dirigeant ? Dans quelles circonstances ?
6. En quoi le devoir d'alerte fait-il partie intégrante des missions du commissaire aux comptes ?

## B. Les différentes procédures judiciaires face aux difficultés

**Document 4** *Les enchaînements dans les diverses procédures*

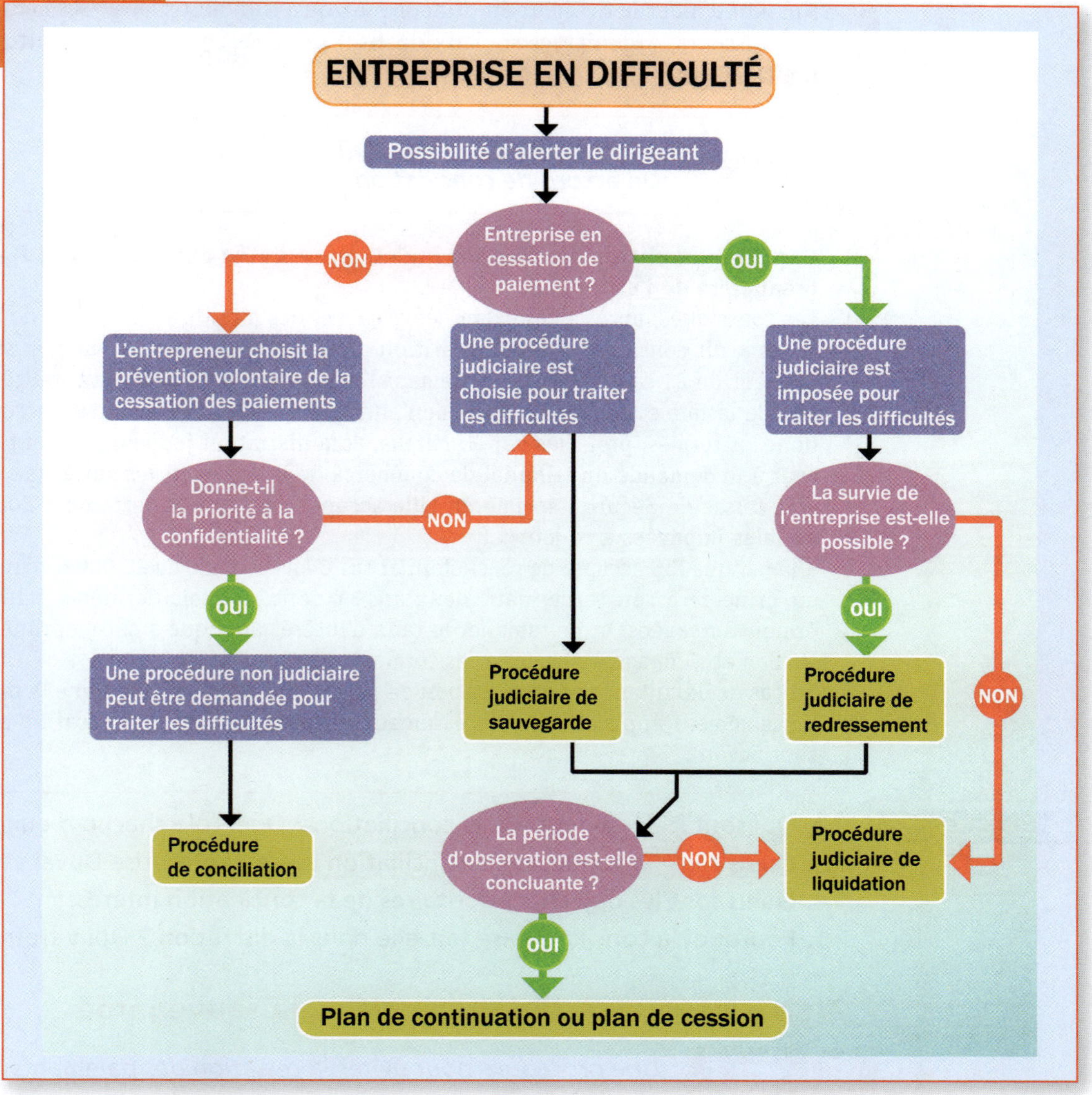


**➔ Questions**

7. Quel événement prive le dirigeant de l'entreprise en difficulté de la liberté de choisir comment régler les problèmes qu'il connaît ?
8. Relevez les procédures choisies et les procédures subies par le dirigeant.
9. Quelle est la procédure qui peut le plus inquiéter les salariés ?

### 1. La procédure non judiciaire de conciliation

**Document 5** *Une condition impérative : ne pas être en cessation des paiements*

L'entreprise est dite « en cessation des paiements » lorsqu'elle n'est plus en mesure de faire face à son passif exigible avec son actif disponible. Concrètement, sa trésorerie ne lui permet plus de payer ses divers créanciers (fournisseurs, banque, fisc, etc.). À ce stade des difficultés, l'entreprise ne dispose plus de toutes les procédures légales de prévention.
La cessation des paiements doit, en principe, donner lieu à une déclaration au tribunal de commerce. Dans les 45 jours à compter de l'impossibilité de faire face au passif, le dirigeant est tenu de faire une « déclaration de cessation des paiements », couramment appelée « dépôt de bilan », au greffe du tribunal.

**➔ Questions**

10. Quelle différence faut-il faire entre l'entreprise en difficulté et l'entreprise en cessation des paiements ?
11. Quelle situation peut entraîner une cessation des paiements ?

**Document 6** *Une procédure et un accord contractuel discrets*

La conciliation est une procédure discrète. Le conciliateur, nommé par le tribunal, a pour mission d'aider le débiteur en difficulté à trouver un accord avec ses créanciers (banquiers, fournisseurs, organismes sociaux ou fisc) pour rééchelonner les dettes, baisser les taux d'intérêt, etc.

**Document 7** *Un accord de conciliation*

**Conciliation entre : l'entreprise Duval, représentée par son gérant, M. Gamet, et divers créanciers de l'entreprise**

Les soussignés, après avoir examiné les causes des retards de paiement de l'entreprise Duval, après avoir considéré que la disparition de l'entreprise entraînerait non seulement le licenciement de 21 salariés, mais également l'impossibilité de payer la totalité des créanciers du fait de la faible valeur des actifs de l'entreprise, sont convenus d'un accord de conciliation dont les termes, proposés par M. Mirage, administrateur judiciaire faisant office de conciliateur à la demande du tribunal de commerce de Douai, sont les suivants :

– la caisse de Sécurité sociale de Lille accepte d'effacer la dette de 4 200 € de cotisations sociales impayées à ce jour ;

– la banque CIC accepte de rééchelonner sur 6 ans le solde de 20 000 € d'un emprunt arrivant en principe à son terme dans deux ans et dont les trois dernières échéances mensuelles étaient impayées, et de ramener le taux d'intérêt appliqué à cet emprunt de 6,2 % à 4 %.

M. Gamet s'engage à respecter les termes de cet accord.

En cas de défaillance et de cessation de paiements, il est entendu que la procédure judiciaire normalement applicable de redressement se substituerait à l'application des termes du présent accord.

**Questions**

**12.** Qui sont ici les acteurs de la conciliation ? Quel rôle chacun d'eux a-t-il joué ?

**13.** Quels sont les termes de la conciliation entre l'entreprise Duval et ses créanciers ?

**14.** Quels sont les objectifs prioritaires de la conciliation intéressant l'entreprise Duval ?

**15.** Pourquoi la conciliation se fait-elle dans la discrétion ? Qui y trouve un intérêt ?

## 2. La procédure judiciaire choisie : la sauvegarde

**Document 8** *Une procédure pour éviter la cessation des paiements*

**Code de commerce – Article L. 620-1** – Il est institué une procédure de sauvegarde ouverte sur demande d'un débiteur [...] qui, sans être en cessation des paiements, justifie de difficultés qu'il n'est pas en mesure de surmonter. Cette procédure est destinée à faciliter la réorganisation de l'entreprise afin de permettre la poursuite de l'activité économique, le maintien de l'emploi et l'apurement du passif [le paiement des dettes].

**Questions**

**16.** À quelle condition l'ouverture d'une procédure de sauvegarde peut-elle être demandée ?

**17.** Quels sont les intérêts défendus par cette procédure ?

**Document 9** *La poursuite de la gestion de l'entreprise par le débiteur*

Pendant la procédure de sauvegarde, le débiteur continue d'assurer la gestion de son entreprise. Il n'est pas en cessation des paiements. Sa bonne foi n'est donc pas mise en doute. Dans cette tâche, il est aidé par le ou les administrateurs judiciaires. Ainsi, le dirigeant qui demande la sauvegarde est assuré de rester à la tête de son entreprise.

*Introduction au droit*, Nathan/Groupe Revue Fiduciaire, 2016.

**Questions**

**18.** Dans quelle mesure le dirigeant d'une entreprise en difficulté est-il incité à demander la sauvegarde ?

**19.** Quel est le rôle joué par l'administrateur judiciaire dans cette procédure ?

**DOCUMENT 10** *Les étapes de la procédure de sauvegarde*

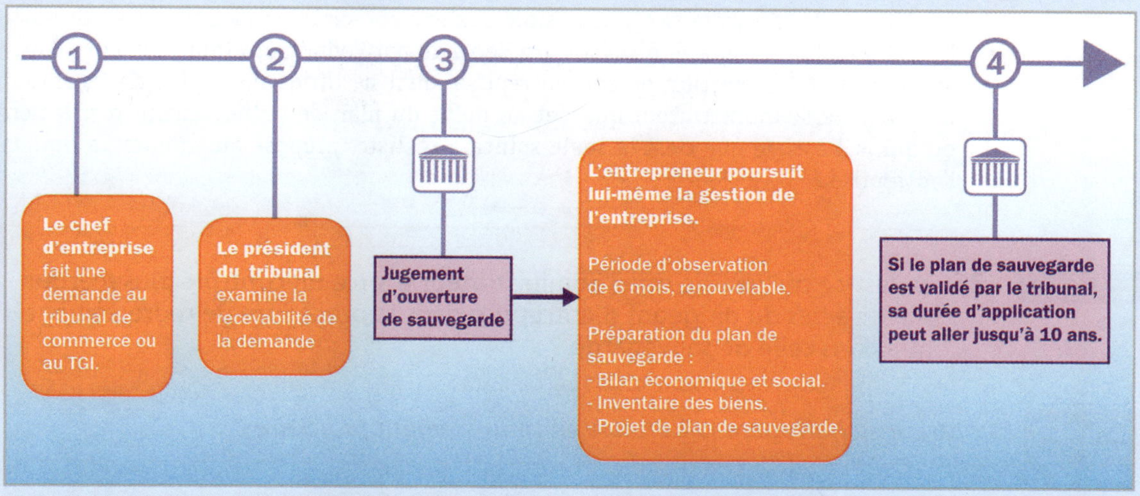


**Questions**

**20.** Dans quelles circonstances peut-on recourir à la procédure de sauvegarde ?
**21.** Quelle est la finalité de la période d'observation ?
**22.** Quelle est l'autorité qui décide d'adopter ou non le plan de sauvegarde ?

**DOCUMENT 11** *Les objectifs et les modalités de la sauvegarde*

Le projet de plan de sauvegarde doit contenir les perspectives de redressement. Pour assurer la réorganisation de l'entreprise, ce plan peut comporter l'arrêt, la cession ou l'adjonction d'une ou de plusieurs activités.
Il doit, en outre, préciser les modalités de règlement du passif. Il s'agit des délais de paiement, des rééchelonnements et des remises de dettes accordés par les créanciers au débiteur.
Il évalue enfin les perspectives d'emploi et, s'il y a lieu, les licenciements éventuels ainsi que le reclassement et l'indemnisation des licenciés.

*Introduction au droit*, Nathan/Groupe Revue Fiduciaire.

**Question**

**23.** Quelles restructurations la sauvegarde de l'entreprise peut-elle imposer ? Qu'est-ce qui les justifie ?

## 3. Une procédure judiciaire subie : le redressement judiciaire

**DOCUMENT 12** *Les règles communes à la sauvegarde et au redressement*

La procédure concernant le redressement judiciaire est calquée sur la procédure décrite dans le cadre du plan de sauvegarde par renvoi pur et simple aux articles du Code de commerce. Cette procédure obéit donc aux mêmes règles que la procédure de sauvegarde quant à la désignation des organes, à la constitution des comités de créanciers, à la période d'observation débouchant sur l'élaboration d'un bilan économique et social de l'entreprise.

*Introduction au droit*, Nathan/Groupe Revue Fiduciaire.

**Question**

**24.** En quoi le but du redressement et celui de la sauvegarde se rejoignent-ils ?

**Document 13** *Les spécificités du redressement judiciaire*

Le redressement judiciaire est accessible aux entreprises en cessation des paiements. Durant la phase d'observation, le dirigeant est secondé par l'administrateur judiciaire dans tous les actes relatifs à la gestion de son entreprise, qu'il ne dirige donc plus de façon autonome. C'est encore l'administrateur qui met au point un plan de redressement avec les créanciers ou qui, s'il estime que c'est la seule solution réaliste, propose au tribunal la liquidation de l'entreprise.

**Question**

**25.** Qu'est-ce qui justifie que l'administrateur exerce un contrôle plus marqué sur les actes du dirigeant d'entreprise dans la procédure de redressement que dans celle de sauvegarde ?

**Document 14** *L'entreprise horlogère ISA France en redressement judiciaire*

Un coup dur pour les 74 salariés de l'entreprise du Haut-Doubs. Elle a six mois pour trouver un repreneur.
Le tribunal de commerce de Besançon a prononcé cette semaine le placement en redressement judiciaire d'ISA France. Un administrateur judiciaire a été nommé dans l'attente d'un repreneur. A nos confrères de l'Est Républicain, Philippe Truchot président de la société explique que « l'actionnaire [principal] basé à Hong-Kong a sans aucun préavis mis un terme à toutes ses activités liées au mouvement à quartz ». [...].
Implantée depuis 1984 à Villers-le-Lac près de Morteau, Isa France s'était diversifiée. L'entreprise produit des pièces de haute précision pour l'horlogerie, l'industrie médicale ou l'aéronautique.

**Un marché de l'horlogerie en berne**

Ce placement en redressement judiciaire intervient dans un climat bien morose pour l'horlogerie. En Suisse, les exportations horlogères suisses ont continué de chuter en août. Elles reculent de 8,8 %, à 1,4 milliard de francs suisses selon la Fédération de l'industrie horlogère suisse (FHS).

Publié le 07/10/2016 - Sophie Courageot.

**Questions**

**26.** Pourquoi l'entreprise ISA France a-t-elle été placée en redressement judiciaire ?

**27.** Quelle solution est espérée pour permettre le redressement de l'entreprise ?

**28.** Quelles seront, selon vous, les priorités de l'administrateur judiciaire dans l'adoption de cette solution ?

## 4. La procédure de liquidation judiciaire

**Document 15** *La fin de l'entreprise*

**Principe de la liquidation judiciaire**

La liquidation judiciaire suppose que l'entreprise, l'artisan, l'association ou la personne physique concernée est en état de cessation des paiements et que son rétablissement est manifestement impossible. Elle met fin à l'activité du débiteur, dont les biens sont vendus pour permettre le paiement des différents créanciers.

*vosdroits.service-public.fr*

**Diverses sanctions dissuasives à l'égard des dirigeants**

– Si les biens vendus ne permettent pas de combler le passif, le dirigeant à l'encontre de qui une faute de gestion est reprochée peut être condamné par le tribunal à payer tout ou partie des dettes de l'entreprise liquidée.

– Tout dirigeant qui réalise des actes de gestion frauduleux (détournement d'actif, comptabilité frauduleuse, etc.) durant la procédure de redressement ou de liquidation commet un délit de « banqueroute », passible d'une peine d'emprisonnement de cinq ans et d'une amende pouvant aller jusqu'à 75 000 €.

**Questions**

**29.** Quelles sont les circonstances qui amènent à la liquidation judiciaire ?

**30.** Quels sont les intérêts défendus et quelles sont les personnes lésées par la liquidation judiciaire ?

**31.** Dans quelles circonstances la sanction à l'encontre du dirigeant est-elle la plus sévère ? Pourquoi ?

# II Les conséquences des procédures pour les créanciers et pour les salariés de l'entreprise en difficulté

## A. L'ordre de paiement des créances non salariales

**Document 16** *Un cas tristement banal*

La SARL Portal, importante fabrique de maroquinerie située à Menton, a été déclarée il y a un mois en cessation des paiements à la demande de son principal créancier impayé, l'agence locale du Crédit Lyonnais. Heureusement pour M. Berger, le gérant de la SARL, une autre banque, la BNP Paribas, a accepté de lui accorder un découvert de 5 000 € pour alimenter sa trésorerie durant la période d'observation. Durant les trois mois qui ont précédé l'ouverture de la procédure, les salariés, confiants dans le redémarrage des activités, avaient accepté de ne percevoir que la moitié de leur salaire. Pour ce qui est du fisc et de l'Urssaf, M. Berger avait compté sur leur patience en ne prêtant aucune attention aux lettres de rappel reçues. Divers fournisseurs, plus ou moins conciliants, avaient accepté de reporter gracieusement des échéances, l'un d'eux ayant même consenti à faire une livraison après le jugement d'ouverture de la procédure, pour permettre à l'entreprise de continuer à servir les clients.

**Document 17** *La protection de certains créanciers*

La loi considère qu'en raison de la qualité de leurs créances ([pensions alimentaires], salaires, impôts), il est inéquitable que certaines personnes subissent le concours des autres créanciers et qu'elles se trouvent contraintes à ne recevoir qu'une partie de ce qui leur est dû. Le Code civil et quelques autres lois spéciales ont donc établi des priorités.
Ces créances sont dénommées « créances privilégiées ». Les créanciers qui ne disposent pas d'un privilège sont dits « chirographaires ». Ils se partagent les sommes qui restent après que les créanciers privilégiés ont été désintéressés.

*www.dictionnaire-juridique.com*

**Questions**

1. Identifiez les différents créanciers cités dans le document 16.
   a) Les créanciers antérieurs à la procédure, externes à l'entreprise.
   b) Les créanciers antérieurs à la procédure, internes à l'entreprise.
   c) Les créanciers postérieurs à la procédure, externes à l'entreprise.
   d) Les créanciers postérieurs à la procédure, internes à l'entreprise.
2. Quels seraient, selon vous, les créanciers privilégiés ? Qu'est-ce qui justifie, pour chacun d'eux, cette situation avantageuse ?
3. Que risquent les créanciers chirographaires d'une entreprise en difficulté ? Leur intérêt est-il la cessation de l'activité ou sa continuation ? Justifiez votre réponse.

**Document 18** *Un avantage bien compréhensible*

### Le cas des créances postérieures au jugement ouvrant la procédure

Certaines personnes n'abandonnent pas l'entreprise en difficulté à son destin. Qu'il s'agisse d'un banquier qui accorde un crédit ou des facilités de caisse ou d'un fournisseur qui consent des délais de paiement, ces partenaires de l'entreprise, en lui gardant leur confiance, aident activement à son sauvetage ou à son redressement. Aussi, la loi décide-t-elle que les créances postérieures à l'ouverture de la procédure sont payées à leur échéance normale. À défaut, et c'est alors le signe de difficultés aggravées dans l'entreprise, elles sont payées par privilège, avant toutes les autres créances, à l'exception de quelques-unes comme le superprivilège des salaires ou les frais de justice.

**Questions**

4. Analysez le sort des créances postérieures à l'ouverture d'une procédure judiciaire.
5. Pourquoi la loi accorde-t-elle à ces créanciers des garanties de paiement accrues ?

# B. Le sort des créanciers selon les procédures

**Document 19** *L'acceptation du plan de sauvegarde ou de redressement*

Dans les grandes entreprises où ont été constitués des comités de créanciers, le débiteur leur fait des propositions qui sont ensuite votées à la majorité des membres représentant au moins les deux tiers des créances (ex. : négocier un délai supplémentaire).

Dans les petites entreprises où il n'existe pas de comité, l'administrateur établit un projet de plan (de sauvegarde ou de redressement) après avoir négocié avec les créanciers (ex. : obtenir la réduction de taux d'intérêt en cas de crédit bancaire).

Le tribunal s'assure que les intérêts de tous les créanciers sont suffisamment protégés et valide le plan qui ne peut excéder dix ans.

*Introduction au droit*, Nathan/Groupe Revue Fiduciaire, 2013.

**Question**

**6.** Pourquoi l'autorisation des créanciers est-elle utile pour adopter un plan de sauvegarde ou de redressement de l'entreprise ?

**Document 20** *La sortie de la procédure de redressement judiciaire*

**Plan de continuation ou plan de cession ?**

Une entreprise en redressement judiciaire dispose de deux voies pour sortir des difficultés :
– le **plan de continuation** ;
– le **plan de cession**.
Le choix se fera en fonction du résultat de la période d'observation :
– soit le bilan effectué montre que l'entreprise a la capacité de faire face à ses dettes, quitte à en aménager le remboursement ; c'est alors un **plan de continuation** qui est adopté ;
– soit il apparaît impossible de payer les créanciers, même avec des arrangements ; il faut vendre des éléments de l'entreprise (matériels, stock) ; c'est dans ce cas un **plan de cession des actifs** qui est mis en œuvre, conformément aux articles L. 642-1 et suivants du Code de commerce. La cession peut même porter sur le fonds de commerce tout entier.

**Questions**

**7.** Quels sont les avantages du plan de cession pour les créanciers ?

**8.** Quelles sont les suites de ce plan de cession pour le débiteur ? pour les salariés ?

**Document 21** *L'intérêt d'être créancier privilégié*

Une fois les biens de l'entreprise cédés – c'est la liquidation proprement dite –, il est procédé à l'apurement du passif, en deux temps.

| 1. Le règlement des créanciers | 2. La clôture des opérations de liquidation |
| --- | --- |
| Le produit de la liquidation est réparti entre les divers créanciers en fonction de leur rang : d'abord les créanciers privilégiés et hypothécaires, puis les créanciers bénéficiaires d'une sûreté mobilière spéciale (gage), enfin les créanciers chirographaires, c'est-à-dire non privilégiés, au prorata de leurs créances. | Le tribunal prononce la clôture de la liquidation judiciaire lorsqu'il n'existe plus de passif exigible ou lorsque la poursuite des opérations de paiement des créanciers est impossible du fait de l'insuffisance de l'actif. |

**Question**

**9.** Tous les créanciers sont-ils toujours payés en cas de liquidation de l'entreprise ? Justifiez votre réponse.

# C. Les salariés dans les procédures collectives

**Document 22** *Le juge du fond doit privilégier le maintien de l'emploi*

Lorsque le redressement de l'entreprise n'est pas possible, le tribunal de commerce décidera la vente ou la liquidation. Sur la base du rapport de l'administrateur.
La règle est claire : si le redressement de l'entreprise n'est pas possible, le tribunal de commerce peut ordonner sa vente ou sa liquidation. [...] Pour décider du sort de l'entreprise, le tribunal se fonde en grande partie sur le rapport de l'administrateur. [...] En cas d'offre de reprise, notamment, le prix proposé n'est qu'un des critères de choix. Le tribunal peut aussi parfaitement adopter un plan qui ne permettra pas le règlement de tous les créanciers [...]
Le tribunal va choisir le repreneur dont l'offre garantit la poursuite de l'activité et la meilleure sauvegarde des emplois.

*http://lentreprise.lexpress*

**Questions**

**10.** Quels sont les intérêts privilégiés par le tribunal en cas de liquidation de l'entreprise ?

**11.** Quelles sont les personnes dont les intérêts sont éventuellement sacrifiés ?

**Document 23** *Le superprivilège et ses limites*

Les salariés connaissent eux aussi des problèmes quand l'entreprise est en cessation des paiements. Pour le législateur comme pour la jurisprudence, régler la situation des salariés est alors une priorité. Si tous les créanciers sont dignes d'intérêt, le regard particulièrement attentif porté aux créances salariales tient à leur caractère quasi alimentaire. L'idée de privilégier les salariés parmi tous les créanciers n'est pas nouvelle, puisqu'un texte législatif du 8 août 1935 a institué à leur profit un superprivilège, c'est-à-dire le droit d'être payés avant tout autre créancier dans une procédure collective. Pour autant, payer en priorité suppose de pouvoir payer ! Or, dans certains cas, la situation de l'entreprise en difficulté est si gravement dégradée qu'il n'y a pratiquement aucune ressource pour payer. L'insolvabilité totale est le premier obstacle au respect du privilège des salariés.

**Question**

**12.** Que signifie l'expression « superprivilège des salaires » ? Pourquoi les salariés bénéficient-ils de cet avantage dans la procédure collective ?

**Document 24** *La réponse de la loi*

**Article L. 3253-6 du Code du travail** – Tout employeur de droit privé assure ses salariés [...] contre le risque de non-paiement des sommes qui leur sont dues en exécution du contrat de travail, en cas de procédure de sauvegarde, de redressement ou de liquidation judiciaire.

**Document 25** *L'Association pour la gestion du régime de garantie des créances des salariés (AGS)*

**> Qui peut bénéficier de la garantie AGS ?**

Vous bénéficiez du régime de garantie des salaires si vous êtes salarié d'un commerçant, d'un artisan, d'un agriculteur, d'une société de droit privé ou d'une association et, dans certaines conditions, si vous êtes salarié d'un employeur exerçant une profession libérale.

**> Quelles sont les principales créances garanties ?**

- Les rémunérations de toute nature dues aux salariés et apprentis
- Les indemnités résultant de la rupture des contrats de travail
- L'intéressement et la participation, dès lors que les sommes dues sont exigibles.

**Questions**

**13.** Quel est le rôle de l'AGS ? Comment ce dispositif est-il financé ?

**14.** Dans quelle situation l'intervention de l'AGS est-elle indispensable ?

# Entraînement à l'analyse d'une situation juridique

**La compétence attendue**

- Identifier le stade de la procédure dans une situation donnée.

## LA LIQUIDATION D'UNE ENTREPRISE

L'entreprise Herreng, après une phase de prospérité et de développement de près de 150 ans, a été confrontée à des problèmes qui ont amené son dirigeant à connaître différentes procédures de traitement des difficultés.
Malheureusement le recours au tribunal n'a pas permis de sauvegarder l'entreprise.

## Questions

Vous traiterez le dossier suivant à l'aide des annexes et de vos connaissances.

- Qualifiez la première procédure engagée par la direction de l'entreprise Herreng.
- Précisez quelles en ont été les étapes et l'issue.
- Qualifiez la seconde procédure mise en œuvre et expliquez pourquoi elle est intervenue.
- Indiquez quelles sont les conséquences négatives et positives de la décision du tribunal.

**Annexe 1**

### La tentative de redressement judiciaire

**Herreng traiteur sort petit à petit la tête hors de l'eau.**

Jean-Louis Herreng retrouve peu à peu le sourire : l'entreprise qu'il dirige devrait sortir de la période d'observation de la procédure de redressement judiciaire en mars prochain.

L'entreprise familiale existe depuis 1868 : elle a été créée par Charles Herreng, l'arrière-grand-père de Jean-Louis, l'actuel gérant de l'entreprise. « *Initialement, nous avions une activité de boucherie-charcuterie, nous étions implantés en cœur de ville, sur la place de l'Eglise* », présente Jean-Louis Herreng. Petit à petit l'entreprise s'est développée et a su se créer une renommée régionale [...].

En 2000, Jean-Louis Herreng ouvre son troisième magasin à Armentières. [...] Avec une cinquantaine de salariés, les locaux historiques de Fleurbaix deviennent alors trop petits, Jean-Louis Herreng décide en 2007 d'en construire des nouveaux, plus grands, plus fonctionnels et aux dernières normes en vigueur. Un investissement conséquent de plus de 3 millions d'euros [...].

À peine l'entreprise prend possession de ses nouveaux locaux qu'elle ressent les effets de la crise : « *Alors que nous avions envisagé une progression à deux chiffres, elle ne fut que de 7 % la première année. Pire, elle a chuté de 5 % en 2013 !* »

Alors que l'entreprise avait une trésorerie confortable, elle se retrouve en grande difficulté et [...] « *Malgré une réduction des effectifs de dix personnes, ainsi qu'une réorganisation complète, je suis obligé de placer l'entreprise en redressement judiciaire en mars 2014.* » [...] Alors que la période d'observation se termine en mars prochain (2015), l'entreprise a décroché un contrat avec un traiteur parisien. « *Nous allons lui transformer les produits et les lui livrer dans la nuit* », conclut le chef d'entreprise.

Pour faire face à ces nouveaux challenges, Jean-Louis Herreng peut compter sur une équipe de salariés plus soudés que jamais et appliquer la recette qui a fait le succès de l'entreprise : qualité, réactivité et adaptabilité, le tout relevé d'une petite touche de notoriété et d'un soupçon de bouche à oreille…

www.gazettenpdc.fr

# La liquidation d'une entreprise

**Annexe 2**

## La liquidation judiciaire

**Béthune : l'entreprise centenaire est liquidée, Herreng ferme sa boutique de la Grand-Place**

Sur la Grand-Place de Béthune, voilà une semaine que le rideau est baissé. Herreng, c'est fini. L'entreprise créée en 1868 par Charles Herreng, arrière arrière grand-père de Jean-Louis Herreng, avait été placée en redressement judiciaire en 2014 et semblait avoir retrouvé un équilibre en octobre 2015. Équilibre précaire puisque la société a été liquidée par le tribunal de commerce d'Arras début avril avec poursuite d'activité. L'épilogue est tombé la semaine dernière. API restauration, autre entreprise familiale dirigée par Damien et Béatrice Debosque, « n°4 de la restauration collective en France » vient de racheter Herreng traiteur. Elle était seule candidate. [...]

Un rachat qui implique des bonnes nouvelles. Herreng traiteur ne va pas disparaître. « L'entreprise va continuer son activité sous le même nom de manière autonome sous la direction de M. Herreng » explique Damien Debosque. Mieux, API restauration qui a repris une partie de la dette a prévu d'investir. L'objectif : « Confirmer la position d'Herreng traiteur sur le haut de gamme, nous voulons faire grandir l'entreprise » et pour ça utiliser l'outil existant, le laboratoire qu'Herreng avait inauguré en 2012 et qui avait coûté 3 millions d'euros. Une partie de l'emploi a été préservée : « Un peu plus de 20 salariés », précise M. Debosque.

Mais ce rachat implique aussi des mauvaises nouvelles. Quinze salariés d'Herreng traiteur ont été licenciés et les deux magasins de Fleurbaix et Béthune – celui d'Armentières était déjà fermé depuis de nombreux mois – ont définitivement baissé le rideau, en tout cas sous l'enseigne Herreng traiteur, la semaine dernière.

La Voix du Nord / Publié le 09/06/2016.

**Annexe 3**

## Du redressement à la liquidation

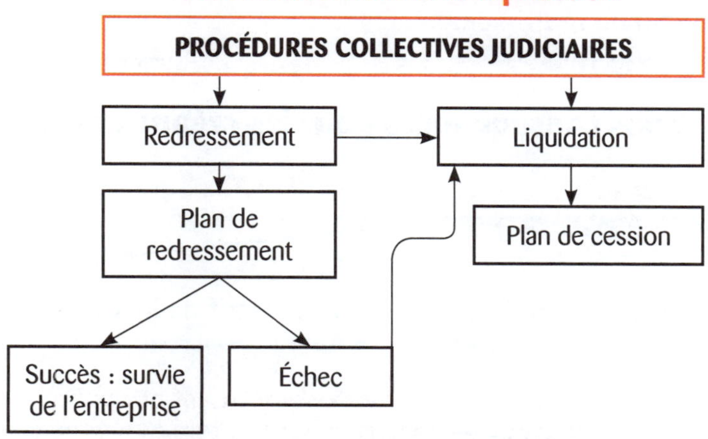


**Annexe 4**

## Les enchaînements de procédures

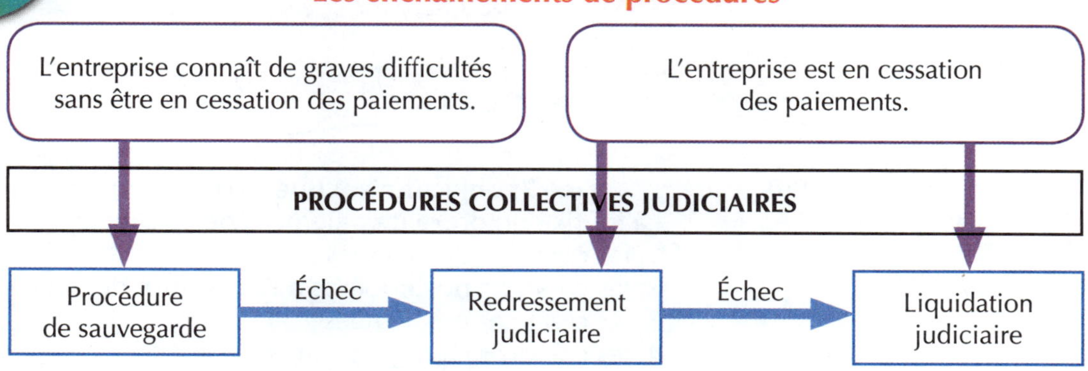

# Sens de la leçon

## La pérennité de l'entreprise

### 1 La loi de sauvegarde des entreprises offre diverses possibilités.

**Il est caractérisé par trois éléments :**

- Obligation de publier les comptes
- Droit d'alerte des associés, des salariés, du président du tribunal
- Devoir d'alerte du commissaire aux comptes

**La procédure contractuelle de conciliation :**

- Nomination d'un conciliateur → Pour éviter la cessation de paiements

**Les procédures judiciaires**

- Sauvegarde
- Redressement
- Liquidation

Sauvegarde, Redressement → Recherche d'un plan de sauvegarde ou de redressement

Liquidation → Vente des actifs
Sanctions possibles du dirigeant

### 2 Les procédures ont des conséquences pour les créanciers et pour les salariés.

**Leur sort correspond à deux objectifs :**

- 1er objectif de la loi : le maintien de l'emploi
- 2e objectif de la loi : le règlement des dettes

**Si un plan de sauvegarde ou de redressement est adopté :**

- Le 1er objectif est généralement atteint.
- Le 2e objectif est plus ou moins atteint, selon les modalités du plan adopté.

**Si une liquidation est décidée :**

- **Le 1er objectif n'est que rarement et partiellement atteint** (cession de l'entreprise).
- **Le 2e objectif n'est que partiellement atteint.**
  La loi fixe un ordre de paiement des créances :
  1. les créances des salariés ;
  2. les créances postérieures à l'ouverture de la procédure ;
  3. les créances privilégiées ;
  4. les créances chirographaires.

# 10 Les contrats entre professionnels

## Éléments du droit positif : 321-1

**Conditions de validité des contrats passés entre professionnels**

| La compétence attendue | Le plan du chapitre |
|---|---|
| Apprécier l'opportunité, la validité et les effets juridiques d'arrangements contractuels | I – Les conditions générales de validité des contrats<br>A • La notion de contrat<br>B • La volonté des parties au contrat<br><br>II – La portée des engagements contractuels<br>A • La force du contrat<br>B • L'effet relatif du contrat<br>C • La restauration de l'équilibre contractuel<br><br>III – Les spécificités des contrats entre professionnels<br>A • Les obligations d'information, de conseil et de loyauté<br>B • La détermination du prix dans le contrat |

## Mise en situation

Germain Lamy est tout entier tourné vers la création de son entreprise commerciale de produits alimentaires bio. Il a engagé les démarches pour la faire immatriculer au registre du commerce et des sociétés et a prévu d'ouvrir d'ici deux semaines. Dans l'immédiat, il a acheté le matériel de bureau et l'équipement informatique indispensables. Il a également conclu le bail pour son local commercial. Mais l'angoisse liée au lancement de son affaire l'amène à se poser des questions... Quel recours Germain aura-t-il s'il s'est trompé dans le choix de son ordinateur et du logiciel de gestion ? Qu'est-ce qui lui garantit que le vendeur du matériel de bureau respectera les délais de livraison ? Pourra-t-il annuler son bail s'il trouve un local mieux adapté dans les jours qui viennent ?

# I Les conditions générales de validité des contrats

## A. La notion de contrat

**Document 1** *La notion de contrat et les notions approchantes*

**ACTES JURIDIQUES :** manifestations de volonté destinées à produire des effets de droit. Ils peuvent être **conventionnels** ou **unilatéraux.**

→ **ACTE UNILATÉRAL :** Manifestation d'une volonté unique destinée à créer, transmettre ou éteindre des obligations.

→ **CONTRAT :** Tout accord de volontés entre deux ou plusieurs personnes destiné à créer, modifier, transmettre ou éteindre des obligations.

**Questions**

1. Qualifiez les engagements suivants en précisant si l'engagement est un acte unilatéral ou un contrat.
   a) Une société renonce à encaisser une créance due par une de ses filiales qui a des difficultés de trésorerie.
   b) Le vendeur d'un fonds de commerce s'engage à ne pas concurrencer l'acquéreur dans la même ville.
   c) Le locataire d'un local commercial donne son congé au propriétaire de l'immeuble.
   d) L'associé d'une société commerciale vend ses parts sociales à un tiers.
2. Quelle similitude existe-t-il entre l'acte unilatéral et le contrat ?
3. Indiquez, pour chaque situation de la question 1, de quel type d'effet de droit ou d'obligation il s'agit.

**Document 2** *L'entreprise et les contrats*

Il n'est nul besoin d'être juriste pour percevoir que le contrat constitue l'un des rouages essentiels de la vie en société. [...] Pour se nourrir, se vêtir, se procurer des ressources, se loger, s'informer, se distraire, se déplacer, se soigner, chaque personne conclut à intervalles plus ou moins rapprochés des contrats variés : vente, bail, contrat de travail, d'entreprise, de transport [...]. Et si l'on considère les entreprises, [...] qu'il s'agisse pour elles de fonctionner, de s'équiper, de s'approvisionner ou d'écouler leur production, c'est encore de contrats qu'il est question : mandat, prêt, crédit-bail, affacturage, contrats de distribution, franchisage...

F. Terré, P. Simler, Y. Lequette, *Droit civil. Les obligations*, Précis Dalloz.

**Question**

4. Au regard de leur objet, quels sont les types de contrats les plus répandus dans la vie des affaires ? Donnez des exemples.

**Document 3** *La liberté contractuelle et ses limites*

**Article 1102 du Code civil (modifié par Ordonnance n° 2016-131 du 10 février 2016)**

Chacun est libre de contracter ou de ne pas contracter, de choisir son cocontractant et de déterminer le contenu et la forme du contrat dans les limites fixées par la loi.

La liberté contractuelle ne permet pas de déroger aux règles qui intéressent l'ordre public.

**Question**

5. Explicitez l'article 1102 du Code civil, en faisant ressortir son apport à la liberté contractuelle.

# B. La volonté des parties au contrat

## 1. L'existence du consentement

**Document 4** *La rencontre de l'offre et de l'acceptation*

Pour que le contrat soit valablement formé, il faut que chacune des parties ait consenti à celui-ci et que leurs volontés se soient rencontrées. Consentir, c'est exprimer sa volonté. À défaut d'expression de la volonté, le contrat ne peut pas exister. Il y a consentement lorsqu'une offre rencontre une acceptation. L'offre comprend les éléments essentiels du contrat envisagé et exprime la volonté de son auteur d'être lié en cas d'acceptation. À défaut, il y a seulement invitation à entrer en négociation. L'offre est la proposition ferme et précise de conclure un contrat. L'acceptation consiste en l'agrément pur et simple de l'offre : c'est la manifestation de volonté de son auteur d'être lié dans les termes de l'offre.

**Question**

6. Quelles doivent être les caractéristiques de l'offre et de l'acceptation pour qu'il y ait contrat ?

## 2. L'absence de vice dans le consentement

**Document 5** *Articles du Code civil (modifiés par l'ordonnance du 10 février 2016)*

**Article 1130** – L'erreur, le dol et la violence vicient le consentement lorsqu'ils sont de telle nature que, sans eux, l'une des parties n'aurait pas contracté ou aurait contracté à des conditions substantiellement différentes. [...]

**Article 1132** – L'erreur de droit ou de fait, à moins qu'elle ne soit inexcusable, est une cause de nullité du contrat lorsqu'elle porte sur les qualités essentielles de la prestation due ou sur celles du cocontractant.

**Article 1137** – Le dol est le fait pour un contractant d'obtenir le consentement de l'autre par des manœuvres ou des mensonges.
Constitue également un dol la dissimulation intentionnelle par l'un des contractants d'une information dont il sait le caractère déterminant pour l'autre partie.

**Article 1140** – Il y a violence lorsqu'une partie s'engage sous la pression d'une contrainte qui lui inspire la crainte d'exposer sa personne, sa fortune ou celles de ses proches à un mal considérable.

**Questions**

7. Quels sont les trois vices possibles du consentement d'un contractant selon le Code civil ?

8. Expliquez et justifiez les mots soulignés dans le document 5.

**Document 6** *Le dol et l'erreur provoquée*

**Cour de cassation – 3e chambre civile – Arrêt du 7 avril 2016 (extrait)**

Attendu, selon l'arrêt attaqué (Montpellier, 24 juillet 2014), que, par acte du 8 mars 2005, la SCI Domaine des Lices a vendu un appartement en l'état futur d'achèvement à M. et Mme X... ; [...]

Attendu qu'il est fait grief à l'arrêt de dire le consentement de M. et Mme X... vicié par le dol de la SCI [...] et de prononcer la nullité du contrat de vente ;

Mais attendu qu'ayant constaté que, lorsque la SCI avait obtenu son permis de construire et fait démarcher M. et Mme X..., l'état de saturation du marché immobilier carcassonnais était déjà observable, que, malgré cette conjoncture qu'elle n'ignorait pas, elle avait assuré aux investisseurs, par l'intermédiaire de la plaquette de commercialisation, une forte demande locative et un placement sûr et rentable à court terme et que l'immeuble leur avait été vendu à un prix qui dépassait de 30 à 50 % sa valeur réelle, et relevé que ces affirmations mensongères allaient bien au-delà de la simple exagération publicitaire [...], la cour d'appel, qui a retenu à bon droit que l'erreur provoquée par un dol est toujours excusable même si elle ne porte pas sur la substance de la chose qui fait l'objet du contrat, a pu déduire de ces seuls motifs que la SCI avait commis un dol qui avait déterminé M. et Mme X... à contracter et que le contrat de vente signé entre les parties devait être annulé ; [...]

**Questions**

9. Quels sont les faits dans cette affaire ?

10. Quel est le sens de la décision des juges du fond et de la Cour de cassation ?

11. Quelle règle s'applique à la relation entre l'erreur et le dol ?

12. Dans quelle mesure cette règle permet-elle de renforcer l'obligation de loyauté et l'équilibre du contrat ?

### 3. La capacité des parties

**Document 7** *L'aptitude à passer des contrats*

| | | |
|---|---|---|
| **Principe** | **CAPACITÉ JURIDIQUE** | |
| | Capacité de jouissance | Capacité d'exercice |
| | Aptitude à être titulaire de droits : droit de propriété, droit de créance. | Aptitude à exercer ses droits et à passer des contrats : vendre, acheter, louer, etc. |
| **Exceptions** | **INCAPACITÉ JURIDIQUE** | |
| | Incapacité de protection | Incapacité sanction |
| | Incapacité à passer des contrats ou à être commerçant en raison du jeune âge (moins de 18 ans) ou de l'altération des facultés personnelles. | Interdiction d'exercer temporairement le commerce ou de diriger une société à titre de sanction pénale après un crime, un délit ou une liquidation d'entreprise due à la fraude du dirigeant. |

**Questions**

13. Comment se justifie l'incapacité de protection dans la vie des affaires ?
14. Quel est le fondement de l'incapacité sanction encourue par les entrepreneurs ?

# II La portée des engagements contractuels

## A. La force du contrat

**Document 8** *Le principe de la force obligatoire du contrat*

L'article 1103 du Code civil exprime le principe de la force obligatoire du contrat : « Les contrats légalement formés tiennent lieu de loi à ceux qui les ont faits. »
Pour bien marquer la force des obligations nées de l'accord des volontés, les rédacteurs du Code civil ont utilisé une comparaison d'une très grande hauteur : le contrat s'impose aux parties comme la règle de droit s'impose à l'ensemble des citoyens. [...]

D'après F. Terré, P. Simler, Y. Lequette, *Droit civil. Les obligations*, Précis Dalloz.

**Document 9** *Le sens des engagements contractuels*

Selon l'article 1194 du Code civil, les obligations contractuelles doivent se comprendre par rapport aux suites qui découlent de l'équité, de l'usage ou de la loi. <u>En cas de contestation, le juge doit privilégier l'esprit du contrat à sa lettre</u> (C. civ., art. 1188). Certains auteurs ont même parlé du « forçage » du contrat (interprétation du contrat dépassant la volonté des parties), comme lorsqu'on fait peser sur un contractant l'obligation de sécurité (pour le transporteur de voyageurs) ou l'obligation de renseignements (pour le professionnel face à un profane).

**Questions**

1. Quelle comparaison peut-on faire entre la loi et le contrat ?
2. Expliquez et justifiez la phrase soulignée dans le document 9.

## B. L'effet relatif du contrat

**Document 10** *Le texte de référence*

**Article 1199 du Code civil** (modifié par Ordonnance n° 2016-131 du 10 février 2016)
Le contrat ne crée d'obligations qu'entre les parties.
Les tiers ne peuvent ni demander l'exécution du contrat ni se voir contraints de l'exécuter [...].

**Document 11** *Une chaîne de contrats*

**Le cas :** une personne commande la construction d'une maison à un entrepreneur. Ce dernier sous-traite la réalisation du chantier à une autre personne. Ultérieurement, des défauts apparaissent et le propriétaire de la maison assigne en garantie l'entreprise sous-traitante qui a procédé aux travaux, et non pas la personne qui avait été initialement chargée du chantier.
**La solution jurisprudentielle :** alors que la cour d'appel avait estimé que le client pouvait retenir la responsabilité contractuelle du sous-traitant, la Cour de cassation, dans un arrêt de principe du 11 juillet 1991, sanctionne cette solution, en citant l'article 1165 du Code civil (aujourd'hui article 1199) et en énonçant très explicitement : « Le sous-traitant n'est pas contractuellement lié au maître de l'ouvrage (le client de l'entrepreneur principal). »

**Questions**

3. Quel est le contrat à l'origine du litige ?
4. Pourquoi, selon vous, les juges du fond ont-ils condamné le sous-traitant à assumer les vices de construction ?
5. Pourquoi la Cour de cassation n'accepte-t-elle pas cette solution ? Le client est-il sans recours ?

# C. La restauration de l'équilibre contractuel

**Document 12** *La lutte contre le déséquilibre contractuel*

La liberté contractuelle est censée permettre à chaque partie de défendre ses intérêts de façon optimale. Pourtant, si on observe le donneur d'ordre et le sous-traitant, le concédant et le concessionnaire, le franchiseur et le franchisé, etc., on perçoit facilement la dépendance économique de l'un par rapport à l'autre. De ce rapport de fort à faible, de dominant à dominé, peuvent naître des contrats déséquilibrés. Aussi le droit moderne prend-il en compte ce risque. Le nouvel article 1171 du Code civil, issu de l'ordonnance du 10 février 2016, énonce : « Dans un contrat d'adhésion, toute clause qui crée un déséquilibre significatif entre les droits et obligations des parties au contrat est réputée non écrite ».

**Questions**

6. Pourquoi le principe de la force obligatoire du contrat n'est-il pas absolu ?
7. Dans quel cas la loi prévoit-elle qu'une clause contractuelle puisse être réputée non écrite ?

**Document 13** *L'interprétation du contrat par le juge*

**D'après un arrêt de la Cour de cassation, chambre commerciale, du 4 novembre 2014**

**Les faits.** La société le FC Nantes a donné mandat exclusif à la société 2SM d'obtenir l'engagement d'un joueur de football professionnel pour quatre saisons ; il était stipulé que la société 2SM percevrait à titre de commission un **pourcentage de la rémunération du joueur** et que le paiement devrait intervenir selon quatre échéances égales les 1er octobre des années 2008 à 2011 ; la société le FC Nantes n'ayant pas exécuté le paiement de 2009, la société 2SM l'a assignée. Mais la société 2SM reproche à la cour d'appel de limiter le montant de sa commission à **10 % de la rémunération effectivement perçue** par le joueur, dont le montant différait de celui qui avait été prévu initialement, du fait d'éléments variables (primes de résultat). La société 2SM forme un pourvoi en cassation.
La Cour de cassation rejette ce pourvoi en précisant : « Mais attendu que procédant à une interprétation que le rapprochement des clauses du contrat rendait nécessaire, l'arrêt retient souverainement […] que l'expression "la rémunération brute que le joueur sera amené à percevoir pendant la durée de son contrat" constitue la base de calcul de la commission de la société 2SM de sorte que la rémunération du mandataire ne peut qu'être fixée à 10 % des **sommes effectivement versées** par le FC Nantes au joueur […]. »

**Questions**

8. Quel était l'argument de la société S2M pour réclamer un surplus de rémunération ?
9. Montrez que la position des juges se fonde, d'une part, sur la volonté d'une coopération loyale entre les parties au contrat, d'autre part, sur la recherche de l'équilibre du contrat.

# III Les spécificités des contrats entre professionnels

## A. Les obligations d'information, de conseil et de loyauté

**Document 14** *Des situations diverses, selon la jurisprudence et la loi*

Selon une jurisprudence déjà ancienne de la Cour de cassation, l'obligation d'information et de conseil s'impose dans divers cas : fourniture d'un matériel plus ou moins sophistiqué (industriels) ; fournitures de renseignements (notaires, avocats, banquiers) ; traitement de la comptabilité (experts-comptables), etc.
Désormais l'article 1112-1 du Code civil l'affirme : « Celle des parties qui connaît une information dont l'importance est déterminante pour le consentement de l'autre doit l'en informer dès lors que, légitimement, cette dernière ignore cette information ou fait confiance à son cocontractant ».

**Questions**

1. Comment peut-on justifier l'obligation d'information et de conseil dans les exemples retenus par la jurisprudence ?
2. Quels types de conseils le client est-il en droit d'attendre dans ces cas ?
3. Par rapport à la jurisprudence en matière d'obligation de loyauté, quel est l'intérêt de la règle légale nouvelle posée par l'article 1112-1 du Code civil ?

**Document 15** *La loyauté dans les pratiques commerciales*

Le Code de commerce contient des interdictions concernant les pratiques commerciales. L'article L. 442-6 prohibe, par exemple :
– le fait de soumettre ou de tenter de soumettre un partenaire commercial à des obligations créant un déséquilibre significatif dans les droits et obligations des parties ;
– le fait d'obtenir ou de tenter d'obtenir un avantage, condition préalable à la passation de commandes, sans l'assortir d'un engagement écrit sur un volume d'achat proportionné ;
– le fait de rompre brutalement une relation commerciale établie, sans préavis écrit.

**Questions**

4. Les personnes bénéficiant de l'obligation de loyauté illustrée par le Code de commerce sont-elles des partenaires commerciaux en situation de domination ou de faiblesse ?
5. À quels moments du processus contractuel cette protection est-elle très utile ?

**Document 16** *Le rôle des contrats types*

Il arrive assez souvent qu'avant la négociation contractuelle, des modèles de contrat soient totalement ou partiellement élaborés, ce qui est de nature à accélérer le rythme de conclusion des accords et à faciliter la standardisation des relations juridiques.
1° Parfois, ce sont les contractants eux-mêmes qui fixent à l'avance, lors de la conclusion d'un contrat-cadre, les principales règles qui gouverneront leurs contrats ultérieurs, c'est-à-dire les « contrats d'application ou d'exécution ». [...]
2° Dans d'autres cas, tout ou partie d'un contrat est déterminé par un tiers*. [...]
En pratique, les parties sont souvent amenées, compte tenu de leur ignorance ou de leur inexpérience, à demander conseil à un spécialiste : notaire, agent d'affaires, notamment. [...] Dans certaines professions, les organismes professionnels rédigent des modèles de contrat qu'utiliseront ensuite les membres de la profession lorsqu'ils passeront des contrats avec leurs fournisseurs ou leur clientèle.

F. Terré, P. Simler, Y. Lequette, *Droit civil. Les obligations*, Précis Dalloz, 11e édition, 2013.

* Un spécialiste, un organisme professionnel, voire l'État.

**Questions**

6. Quelles conséquences pratiques implique la diffusion des contrats types dans la détermination du contenu des contrats entre professionnels ?
7. En quoi ces contrats aident-ils à assurer une certaine égalité entre les partenaires ?

## B. La détermination du prix dans le contrat

**Document 17** *La règle légale*

**Art. 1591 C. civ.** – Le prix de la vente doit être déterminé et désigné par les parties.

**Document 18** *La difficulté pratique : le prix dans les contrats à long terme*

Le prix représente la somme d'argent que l'un des contractants doit payer à l'autre en contre-partie d'un bien ou d'un service. Sur la question de savoir si le prix doit toujours être déterminé (par application de l'art. 1591 C. civ.), la doctrine fait observer qu'il est difficile de répondre toujours par l'affirmative.
En effet, certaines relations contractuelles de la vie des affaires s'échelonnent sur le long terme. Qu'on pense, par exemple, aux contrats qui prévoient l'approvisionnement régulier des membres d'un réseau de distributeurs. Les conditions de vente peuvent évoluer avec la concurrence ou avec le coût de certains achats du fabricant.

**Document 19** *La réponse jurisprudentielle*

La Cour de cassation admet que le prix – dans la vente comme dans d'autres contrats – soit **déterminable**, dès lors que ce n'est pas l'une des parties qui le fixe unilatéralement, mais « des éléments ne dépendant pas de la seule volonté de l'une des parties ». On peut penser au prix déterminé à terme en fonction d'un indice ou d'une cotation officielle.

**Questions**

8. Quelle est la règle de principe en matière de fixation du prix ? Dans quels cas un contrat à titre onéreux serait-il nul pour indétermination du prix ?

9. Pourquoi la règle imposant un prix déterminé dans la vente pose-t-elle parfois des difficultés pratiques ?

**Document 20** *Le cas de certains contrats : de la solution jurisprudentielle à la loi nouvelle*

**La jurisprudence concernant les contrats-cadre**

Le 1er décembre 1995, l'Assemblée plénière a eu l'occasion de rendre 4 arrêts fondateurs qui concernaient des contrats cadre* très divers : un contrat de location entretien d'une installation téléphonique moyennant une redevance indexée […] ; un contrat de location-entretien relative à l'installation téléphonique de bureaux ; un contrat d'installation téléphonique […] ; et un contrat de franchise […].
Les solutions rendues par l'Assemblée plénière de la Cour de cassation sont les suivantes : lorsqu'une convention prévoit la conclusion de contrats ultérieurs, l'indétermination du prix de ces contrats dans la convention initiale n'affecte pas, sauf dispositions légales particulières, la validité de celle-ci […].

* Contrats de longue durée qui fixent un cadre général aux relations entre les parties.

Guillaume Mallen, www.village-justice.com, 6 juin 2016.

**Articles du Code civil issus de l'ordonnance du 10 février 2016**

**Article 1164** – Dans les contrats cadre, il peut être convenu que le prix sera fixé unilatéralement par l'une des parties, à charge pour elle d'en motiver le montant en cas de contestation.
En cas d'abus dans la fixation du prix, le juge peut être saisi d'une demande tendant à obtenir des dommages et intérêts et le cas échéant la résolution du contrat.
**Article 1165** – Dans les contrats de prestation de service, à défaut d'accord des parties avant leur exécution, le prix peut être fixé par le créancier, à charge pour lui d'en motiver le montant en cas de contestation. En cas d'abus dans la fixation du prix, le juge peut être saisi d'une demande en dommages et intérêts.

**Questions**

10. Dans quels types de contrats le prix peut-il être fixé unilatéralement ? Comment cela se justifie-t-il ?

11. Quelles sont les limites à la fixation du prix par une des parties ?

# Entraînement à l'analyse d'une situation juridique et à la rédaction d'une note structurée

**La compétence attendue**

- Apprécier l'opportunité, la validité et les effets juridiques d'arrangements contractuels

M. Pierre Lepetit, qui attend la livraison du « home-cinéma » commandé à l'entreprise Prima, est avisé par son vendeur que les colis lui seront livrés par la société Bernardo, l'entreprise de transport retenue par la société Prisma pour effectuer la livraison.

## Questions

**À l'aide de vos connaissances et de la documentation annexée, traitez la situation juridique suivante.**

**1re partie**

**Précisez les effets juridiques de ce contrat, d'une part pour les signataires, d'autre part pour le tiers intéressé par ce contrat, en vous intéressant particulièrement à l'obligation de loyauté.**

**2e partie**

**Dans une note structurée :**

- **vous analyserez le processus de détermination du prix dans ce contrat et sa validité ;**
- **vous montrerez l'utilité du contrat type de transport pour la rédaction du contrat spécifique à l'entreprise Prima.**

**Annexe 1**

### Contrat de transport de marchandises (extraits)

Entre la société Bernardo, entreprise de transport
et
L'entreprise Prima, 12 rue des Belles-Vues 37100 Tours

**Article 1er** – Le présent contrat a pour objet le transport routier de marchandises, conformément aux dispositions de l'article 8-II de la loi n° 82-1153 du 30 décembre 1982.
**Article 2** – L'envoi concerné par ce contrat est de 6 colis, de 4 à 16 kg chacun, remis par l'entreprise Prima, donneur d'ordre. Chaque colis contient du matériel électronique domestique.
**Article 3** – La prise en charge se fera à Tours le lundi 7 décembre 2015, à 8 h, dans les locaux de l'entreprise Prima, pour une livraison prévue le lendemain entre 15 h et 18 h chez le client de l'entreprise Prima : M. Pierre Lepetit, 65 bd De Gaulle à Lille. La remise des colis se fera contre remboursement par le client.
**Article 4** – Modification du contrat de transport […]
**Article 5** – Matériel de transport […]
**Article 6** – Du fait de la fragilité de certaines marchandises transportées, il est convenu que le transporteur installera les colis en fonction de l'étiquetage dont le donneur d'ordre est responsable.
**Article 7** – Les opérations de chargement, de calage, d'arrimage d'une part, de déchargement d'autre part, incombent, respectivement, au donneur d'ordre ou au destinataire. La responsabilité des dommages matériels survenus au cours de ces opérations pèse sur celui qui les exécute.
Le transporteur met en œuvre dans tous les cas les moyens techniques de transfert propres au véhicule. Il est responsable des dommages résultant de leur fait.
**Article 8** – Livraison […]
**Article 9** – Défaillance du donneur d'ordre […]
**Article 10** – Si le transport est empêché ou interrompu temporairement ou si, pour un motif quelconque, l'exécution du transport est ou devient impossible dans les conditions initialement prévues, le transporteur demandera des instructions au donneur d'ordre.

…

# Le contrat de transport de la société Bernardo

**Suite**

…

En cas d'empêchement définitif dû à la force majeure, le transporteur aura droit à la partie du prix du transport correspondant au trajet effectué jusqu'à l'arrêt du transport.

**Article 11** – Le prix du transport s'élève à 1 240 €. Il sera majoré de 50 € du fait de la livraison contre remboursement. Tous les prix sont calculés hors taxes.

**Article 12** – Le transporteur sera tenu de verser une indemnité pour la réparation de tous les dommages justifiés dont il serait légalement tenu pour responsable, résultant de la perte totale ou partielle ou de l'avarie de la marchandise.

L'envoi étant inférieur à trois tonnes, cette indemnité ne peut excéder 23 € par kilogramme de poids brut de marchandises manquantes ou avariées pour chacun des objets compris dans l'envoi, sans pouvoir dépasser 750 € par colis perdu, incomplet ou avarié, quels qu'en soient le poids, le volume, les dimensions, la nature ou la valeur.

**Article 13** – En cas de préjudice prouvé résultant d'un retard à la livraison du fait du transporteur, celui-ci est tenu de verser une indemnité qui ne peut excéder le prix du transport (droits, taxes et frais divers exclus).

**Article 14** – Conformément aux dispositions de l'article 9 de la loi n° 82-1153 du 30 décembre 1982, le transporteur doit, dans tous les cas, conduire les opérations de transport dans des conditions strictement compatibles avec la réglementation des conditions de travail et de sécurité.

**Annexe 2**

## Principales clauses d'un contrat type de transport

| | |
|---|---|
| Article 1 | Objet et domaine d'application du contrat |
| Article 2 | Définitions |
| Article 3 | Informations et documents à fournir au transporteur |
| Article 6 | Conditionnement, emballage et étiquetage des marchandises |
| Article 7 | Chargement, arrimage, déchargement |
| Article 9 | Livraison |
| Article 14 | Empêchement au transport |
| Article 16 | Modalités de livraison |
| Article 17 | Rémunération du transport et des prestations annexes et complémentaires |
| Article 18 | Modalités de paiement |
| Article 19 | Livraison contre remboursement |
| Article 20 | Présomption de la perte de la marchandise |
| Article 21 | Indemnisation pour pertes et avaries |
| Article 22 | Délai d'acheminement et indemnisation pour retard à la livraison |
| Article 23 | Respect des diverses réglementations |

D'après le décret du 6 avril 1999 modifié par les décrets du 22 octobre 2000 et du 28 décembre 2001.

**Annexe 3**

## L'exception à l'effet relatif du contrat

**Article 1205 du Code civil** – On peut stipuler pour autrui. L'un des contractants, le stipulant, peut faire promettre à l'autre, le promettant, d'accomplir une prestation au profit d'un tiers, le bénéficiaire. […]

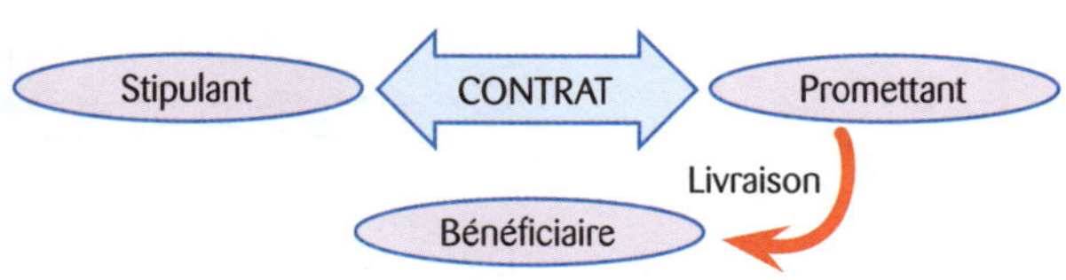


Remarque

Dans le cas de stipulation pour autrui, le contrat est conclu au bénéfice d'un tiers. Ainsi le contrat de transport intéresse parfois trois personnes, le bénéficiaire étant le client du stipulant.

# Sens de la leçon

## Les contrats entre professionnels

## 1 Les contrats entre professionnels sont régis par le droit commun.

**La notion de contrat :**

- Le contrat est constitué par un accord de volontés destiné à créer, modifier, transmettre ou éteindre des obligations.
- Pour l'entreprise, le contrat est le mode d'organisation de ses rapports avec tous ses partenaires.

**La volonté des parties au contrat :**

- Le consentement libre doit exister.
- Le consentement ne doit être vicié ni par l'erreur, ni par le dol, ni par la violence.
- Les parties doivent être juridiquement capables.

## 2 La portée des engagements contractuels se manifeste dans trois règles de droit.

- La force obligatoire du contrat : il a force de loi entre les parties.
- L'effet relatif du contrat : il n'engage que les parties, jamais les tiers.
- La restauration de l'équilibre contractuel : le juge peut interpréter le contrat.

## 3 Les contrats entre professionnels connaissent quelques spécificités.

**Le contenu du contrat :**

- La bonne foi se traduit par une obligation de loyauté.
- Le contenu des contrats doit être recherché dans ce que les parties ont voulu.
- Les contrats types favorisent l'équilibre des prestations.

**La fixation du prix :**

- Le prix est l'objet particulier des contrats entre professionnels : il doit être déterminé ou déterminable, selon des éléments objectifs.
- Sauf abus, le prix peut être fixé ultérieurement par l'une des parties :
  – dans les contrats-cadres ;
  – dans les contrats de prestation de services.

# 11 La négociation et l'exécution des contrats entre professionnels

## Éléments du droit positif : 321-2 et 321-3

- **Négociation : processus et représentation**
- **Loi contractuelle : clauses particulières, exécution, évolution, résiliation, résolution**

| Les compétences attendues | Le plan du chapitre |
|---|---|
| Qualifier une situation précontractuelle ou contractuelle | I – La négociation contractuelle<br>A • La préparation du contrat par la négociation<br>B • Les pourparlers<br>C • Les avant-contrats<br>D • La représentation |
| Rédiger et/ou adapter tout ou partie d'un contrat | II – L'exécution des contrats et leur évolution<br>A • Les suites imprévisibles des contrats<br>B • Les clauses préservant les intérêts du créancier<br>C • Les clauses relatives à la responsabilité<br><br>III – Les sanctions de l'inexécution des contrats<br>A • L'exécution forcée en nature<br>B • La réduction du prix<br>C • La résolution ou la résiliation du contrat<br>D • La rupture contractuelle ou judiciaire du contrat |

## Mise en situation

Yasmine Lotfi est salariée débutante dans une agence immobilière. On lui a donné une fourchette de prix pour encadrer les éventuelles négociations dans le cadre de la vente d'un immeuble à usage professionnel d'un client dont elle a la charge. Elle a rencontré par deux fois un acheteur potentiel qui, bien que très intéressé, ne s'est jusqu'ici pas décidé. Aujourd'hui, elle doit faire visiter le local à une autre cliente. Doit-elle se considérer engagée à l'égard du premier visiteur ? Peut-elle prendre l'initiative d'accepter une offre d'achat qui se situerait dans la fourchette de prix ? Si l'acheteur ne paie pas la commission prévue pour l'agence, que pourra-t-on faire ?

# I La négociation contractuelle

## A. La préparation du contrat par la négociation

**Document 1** *Le contrat entre professionnels, un contrat négocié*

L'image d'un contrat qui se forme en « un instant de raison » par la rencontre de l'offre et de l'acceptation, si elle correspond à une bonne part de la vie contractuelle, notamment aux contrats de la vie courante, ne rend cependant pas compte de la totalité de celle-ci. Lorsque les intérêts en jeu sont considérables – contrats de prospection et d'extraction des richesses du sous-sol, contrat d'approvisionnement à long terme, contrat de grands travaux, de vente d'ensembles industriels, de transfert de technologie, cession d'entreprises… –, la conclusion du contrat est presque toujours précédée d'une longue période de négociation, ponctuée d'accords préparatoires.

F. Terré, P. Simler, Y. Lequette, *Droit civil. Les obligations*, Dalloz.

**Questions**

1. Citez des contrats conclus en une seule opération.
2. En quoi est-il « naturel » que certains contrats ne se réalisent pas en une seule opération ?

**Document 2** *Les différentes étapes possibles vers le contrat*

Les **pourparlers** (éventuels) sont parfois immédiatement suivis du **contrat** définitif.
Mais ils peuvent aussi déboucher sur un **avant-contrat**, véritable engagement juridique :
- un **pacte de préférence** qui réserve un éventuel contrat à une partie ;
- une **promesse unilatérale** de contrat, qui n'engage qu'une des parties ;
- une **promesse synallagmatique** de contrat, c'est-à-dire qui engage les deux parties.

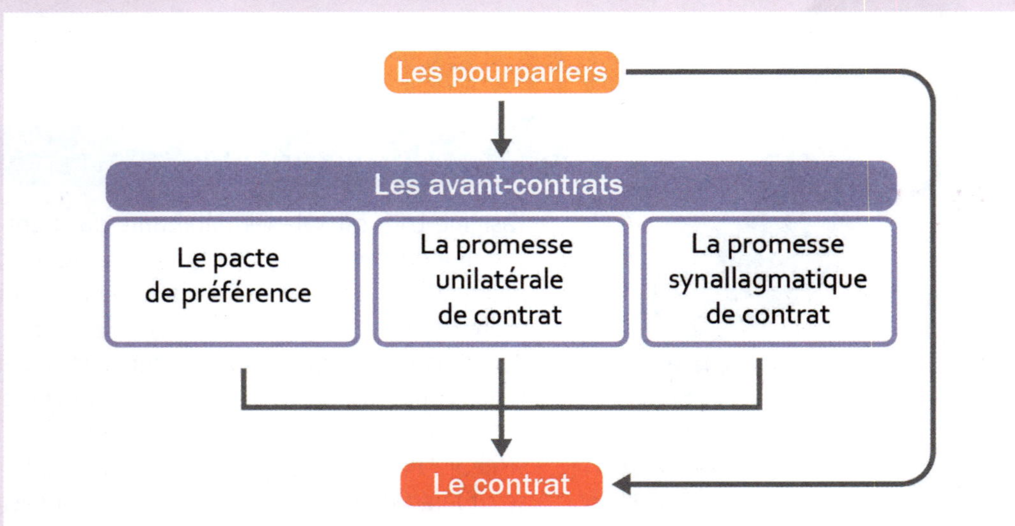


**Questions**

3. Quel est le mode de conclusion du contrat le plus rapide, et quel peut être le plus long ?
4. Toutes les étapes de la négociation sont-elles indispensables au contrat ? Justifiez.

## B. Les pourparlers

**DOCUMENT 3** *La définition des pourparlers et leur déroulement*

Les contrats commerciaux sont [...] souvent précédés par une phase de pourparlers. Ces derniers constituent une **phase préliminaire de discussion** durant laquelle les clauses du contrat éventuel sont étudiées. Aucune partie n'est engagée à ce stade. L'accord définitif n'étant pas encore en vue, les pourparlers sont placés sous l'égide du principe de la liberté de rompre.

Dimitry Houtcieff, *Droit commercial*, Armand Colin.

**Nouvel article 1112, alinéa 1 du Code civil (ordonnance n° 2016-131 du 10 février 2016)**
L'initiative, le déroulement et la rupture des négociations précontractuelles sont libres. Ils doivent impérativement satisfaire aux exigences de la bonne foi.

**Questions**

5. En quoi l'article 1112 nouveau du Code civil illustre-t-il bien le principe de la liberté des personnes en pourparlers ?
6. Quelle obligation pèse sur les parties durant cette phase de négociation précontractuelle ?

**DOCUMENT 4** *La rupture des pourparlers et ses effets*

**La jurisprudence**

La jurisprudence a instauré une véritable **obligation de loyauté** aux parties en cours de pourparlers, tant pendant la conduite de leurs négociations qu'au moment de la rupture de celles-ci. Même si la rupture n'a pas à être justifiée, **l'absence de motif** peut être interprétée par les juges comme un indice de faute. [...] La jurisprudence a instauré plusieurs hypothèses d'abus dans la rupture des négociations et des pourparlers. Ainsi, est jugée comme fautive la rupture qui survient :
- après des pourparlers longs, compte tenu de la durée ;
- après des pourparlers suffisamment avancés [...] ;
- après des pourparlers complexes, ayant occasionné d'importants frais nécessaires à la matérialisation d'un projet de contrat ;
- la veille de la signature d'un accord ou d'un contrat ; [...]
- lorsque l'auteur de la rupture laisse perdurer les discussions, tout en sachant qu'elles n'aboutiront pas [...].

L'appréciation du caractère intempestif ou abusif de la rupture des pourparlers se fait au cas par cas en tenant compte du contexte des négociations, des termes de leurs échanges et des relations entre les parties.

Anthony Bem, *www.legavox.fr*, mars 2014.

**La loi nouvelle**

**Nouvel article 1112, alinéa 2 du Code civil (ordonnance n° 2016-131 du 10 février 2016)**
En cas de faute commise dans les négociations, la réparation du préjudice qui en résulte ne peut avoir pour objet de compenser la perte des avantages attendus du contrat non conclu.

**Un exemple**

**Cour de cassation – chambre commerciale – arrêt du 16 février 2016 (extrait)**
Attendu, selon l'arrêt attaqué (Aix-en-Provence, 7 novembre 2013) que la société CND, qui exploite un restaurant italien sous la forme d'un « bar à pizzas », à l'enseigne La Cantina, à Saint-Rémy-de-Provence, avait engagé, début 2010, des pourparlers portant sur la reprise de ce fonds avec la société BPA restauration (la société BPA) [...] ;
Attendu que la société BPA fait grief à l'arrêt de rejeter sa demande de dommages-intérêts pour rupture abusive des pourparlers [...] ;
Mais attendu que seul l'abus dans l'exercice du droit de rompre les pourparlers peut donner lieu à indemnisation ; qu'il résulte [...] que, si des documents avaient été adressés à un notaire chargé de l'éventuelle rédaction des actes, il n'y avait cependant pas encore d'accord sur l'ensemble des éléments de la cession, notamment sur le prix, ce dont elle a déduit qu'aucun abus n'était démontré, la cour d'appel, qui a ainsi fait ressortir que les pourparlers n'étaient pas aussi avancés que la société BPA le prétendait, a légalement justifié sa décision ; que le moyen n'est pas fondé ;
PAR CES MOTIFS : REJETTE le pourvoi [...].

**Questions**

7. En vertu de quelle obligation la rupture des pourparlers peut-elle être sanctionnée ?
8. Quelle est la limite légale à la réparation du préjudice lié à la rupture des pourparlers ?

# C. Les avant-contrats

**Document 5** *Le pacte de préférence*

**1. Définition et effets** – Le pacte de préférence est un contrat unilatéral par lequel une personne s'engage à proposer prioritairement à son bénéficiaire de traiter avec lui pour le cas où cette personne déciderait de passer le contrat (C. civ., art. 1123).

Exemple : un propriétaire s'engage à l'égard de son voisin de lui donner priorité pour acquérir sa maison si celle-ci était mise en vente.

L'offrant potentiel s'interdit de conclure avec un tiers tant qu'il n'est pas libéré de son engagement avec le bénéficiaire du pacte, dont on peut prévoir une durée limitée. Rien n'oblige celui qui s'est engagé à conclure. Mais s'il veut conclure, son obligation est de respecter le droit de préemption qu'il a accordé au bénéficiaire du pacte, ce dernier n'étant pas tenu de donner suite à l'offre si elle survient.

**2. Les sanctions en cas de violation du pacte** – Violer le pacte consiste à conclure avec un tiers, c'est-à-dire avec un autre que celui à qui le pacte bénéficiait.

– Si le tiers ignorait le pacte, il est de bonne foi. Le contrat conclu n'est pas remis en cause, mais le bénéficiaire peut réclamer des dommages et intérêts au promettant pour réparer le préjudice subi.

– Si le tiers est de mauvaise foi – il connaissait l'existence du pacte de préférence et la volonté du bénéficiaire de s'en prévaloir – outre la demande de dommages et intérêts, le bénéficiaire peut réclamer en justice la nullité du contrat ou même solliciter du juge de le substituer au tiers dans le contrat.

Nathan, *Introduction au droit – DCG*, édition 2016.

**Questions**

**9.** Qui est engagé par un pacte de préférence ?

**10.** Quelles sont les sanctions possibles du non-respect d'un pacte de préférence ?

**Document 6** *La promesse unilatérale de contrat*

Une des parties, le promettant, s'engage envers l'autre à exécuter l'obligation prévue (par exemple promesse de vendre ou d'acheter un bien immeuble) lorsque le bénéficiaire de la promesse (qui n'a pas, à ce premier stade, d'obligation ou d'engagement) décidera de lever l'option*. Le caractère unilatéral du contrat peut être illustré par le fait qu'une partie seulement (ici, le promettant) est tenue. L'autre contractant n'est pas engagé. [...] En pratique, en contrepartie du fait que le promettant bloque l'objet de la promesse pendant un certain délai, il est souvent prévu que le bénéficiaire [de la promesse] verse une somme appelée « indemnité d'immobilisation » qui reviendra au promettant au cas où l'option ne serait pas levée. Cette indemnité d'immobilisation n'est toutefois pas impérative.

*Droit de l'entreprise*, Éditions Lamy.

* Accepter finalement la proposition.

**Questions**

**11.** La liberté des deux parties concernées par la promesse unilatérale est-elle égale ? Qui peut renoncer librement au contrat ? Qui ne le peut pas ?

**12.** Comment le promettant peut-il s'assurer du sérieux de la partie intéressée par sa proposition de contrat ?

**13.** Quelle est la différence entre un pacte de préférence et une promesse unilatérale de contrat ?

**Document 7** *La promesse synallagmatique de contrat*

Deux personnes s'engagent à conclure un contrat dans des conditions déterminées. Réciprocité et symétrie des engagements. Étant donné qu'un contrat se conclut par un accord de volontés, pas besoin de réitération des consentements, donc une promesse synallagmatique de vente vaut vente. La promesse synallagmatique n'a d'intérêt que si les parties ont voulu retarder la conclusion du contrat à l'accomplissement d'une certaine formalité, qui correspondra à une condition de validité, comme l'obtention d'un prêt par exemple.

*http://fr.jurispedia.org*

**Document 8** *Modèle de promesse synallagmatique de contrat*

**ENTRE LES SOUSSIGNÉS**

M. (nom et prénom), demeurant à (adresse), agissant en sa qualité de propriétaire, ci-après dénommé(e) « LE VENDEUR », d'une part,

et

M. (nom et prénom), demeurant à (adresse), ci-après dénommé(e)(s) « L'ACQUÉREUR », d'autre part

**IL A ÉTÉ CONVENU ET ARRÊTÉ CE QUI SUIT :**

Par les présentes, LE VENDEUR promet à L'ACQUÉREUR, qui s'engage à acquérir l'immeuble dont la désignation suit ; tel que ledit bien existe, s'étend, se comporte et se poursuit avec ses aisances et dépendances, dans l'état où il sera au jour de la vente, et que L'ACQUÉREUR déclare bien connaître pour l'avoir préalablement visité.

**I – DÉSIGNATION**

(Faire une description du bien objet de la promesse, indiquer son identification cadastrale, ainsi que sa situation, à savoir s'il est libre de toute occupation ou occupé par le promettant ou s'il est loué).

**II – CONDITIONS DE LA VENTE ÉVENTUELLE**

La vente, si elle est réalisée, aura lieu aux conditions ordinaires et de droit en pareille matière.

**III – TRANSFERT DE PROPRIÉTÉ – JOUISSANCE**

Le transfert de la jouissance, des risques et de la propriété à L'ACQUÉREUR est subordonné à la passation de l'acte authentique de réitération des présentes. La jouissance sera alors transférée à L'ACQUÉREUR le jour où l'acte authentique sera signé, par la prise de possession réelle.

**IV – PRIX DE LA VENTE**

Si elle devient parfaite, la vente aura lieu moyennant le prix de (somme en lettres) euros (somme en chiffres) payable comptant.

**V – CONDITION SUSPENSIVE**

Les parties soumettent la réalisation définitive de la présente vente à l'obtention (préciser le délai) du prêt immobilier d'un montant de (somme en lettres) euros (somme en chiffres) nécessaire au paiement (indiquer la part du prix associée au crédit).

**VI – VERSEMENT DE L'ACOMPTE SUR LE PRIX**

En considération des présentes, L'ACQUÉREUR a versé ce jour au VENDEUR qui le reconnaît et lui en donne quittance, sous réserve de l'encaissement du chèque, la somme de (somme en lettres) euros (somme en chiffres), à titre d'acompte sur le prix de vente. Cet acompte s'imputera à due concurrence sur le prix, en cas de vente rendue parfaite.

Cette indemnité restera acquise de plein droit et sans formalité au VENDEUR, à titre de dommages et intérêts, si L'ACQUÉREUR refuse de signer l'acte authentique, alors que toutes les conditions suspensives sont réalisées dans le délai ci-après fixé et selon les conditions indiquées aux présentes.

Fait à (lieu), le (date).

En (nombre) exemplaires originaux, dont un pour chacune des parties, un pour l'enregistrement.

**Questions**

**14.** Pour quelle opération cette promesse type de contrat sera-t-elle conclue ?

**15.** Quel est l'intérêt de cette promesse de contrat ?

**16.** Relevez les éléments montrant que cet engagement est synallagmatique.

# D. La représentation

**Document 9** *Les parties au contrat et la représentation : exemple de la vente*

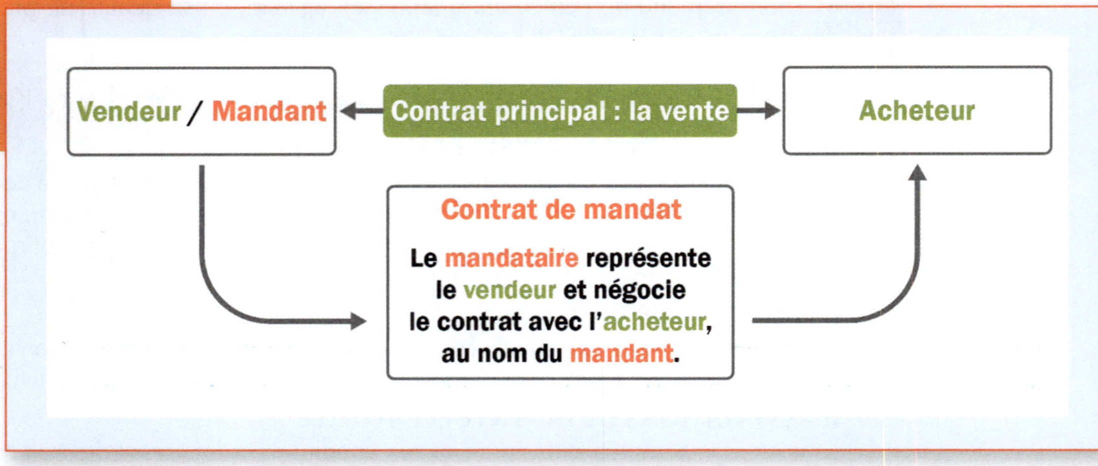


**Questions**

**17.** La personne qui négocie le contrat s'engage-t-elle personnellement ?

**18.** Qualifiez juridiquement le mandat. Quels en sont les effets pour le mandataire et pour le mandant ?

**Document 10** *Les différentes origines du pouvoir du représentant*

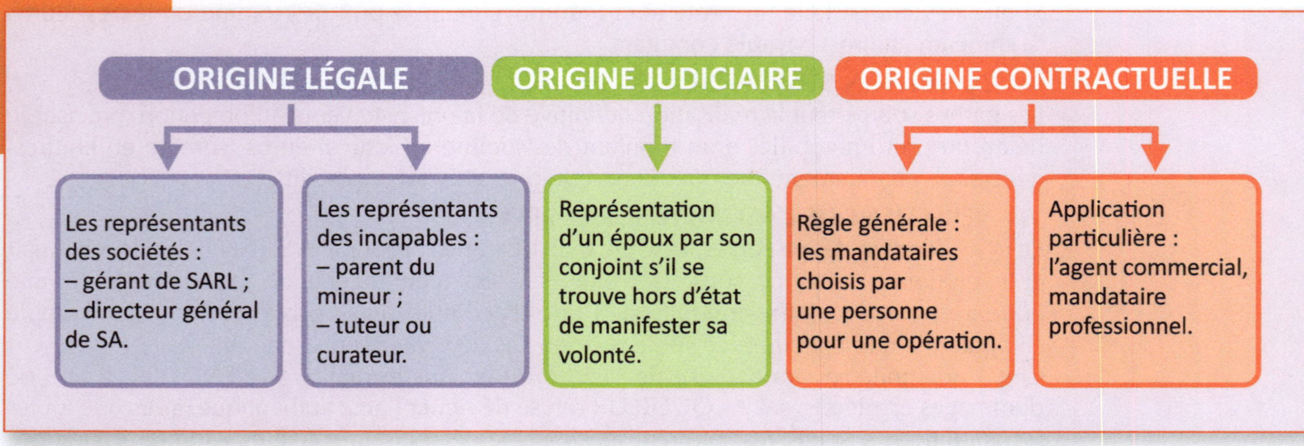


**Questions**

**19.** Pourquoi la représentation d'une société est-elle indispensable à son fonctionnement ?

**20.** Comment se justifie le cas de représentation judiciaire prévu par la loi ?

**Document 11** *La « transparence » de la représentation et les pouvoirs du représentant*

Le représentant, qui passe le contrat, agit au nom du représenté et fait connaître l'intention de ce dernier à celui avec qui il contracte. Si, bien qu'agissant au nom d'autrui, il laissait ignorer sa qualité d'intermédiaire, il n'y aurait plus représentation.

F. Terré, *Introduction générale au droit*, Précis Dalloz.

**Code civil (articles issus de l'ordonnance du 10 février 2016)**

**Article 1153** – Le représentant légal, judiciaire ou conventionnel n'est fondé à agir que dans la limite des pouvoirs qui lui ont été conférés.

**Article 1154** – Lorsque le représentant agit dans la limite de ses pouvoirs au nom et pour le compte du représenté, celui-ci est seul tenu de l'engagement ainsi contracté. […]

**Article 1156** – L'acte accompli par un représentant sans pouvoir ou au-delà de ses pouvoirs est inopposable au représenté […].

**Questions**

**21.** Qui détermine les pouvoirs du représentant dans les différents cas de représentation ?

**22.** Comment les règles du Code civil font-elles obstacle à d'éventuels abus du représentant ?

**Document 12** *Un exemple de représentation*

### Contrat d'agence commerciale

ENTRE :

D'une part : La SAS Laca, au capital de 50 000 euros, dont l'activité est l'embouteillage d'eaux de source sous la marque « Roxane », dont le siège est à Meudon, 92190, 8 rue de la République, représentée par M. Lorenz, président, ayant tous pouvoirs à cet effet, ci-après dénommé le MANDANT,
Et d'autre part : M. Henri Safran, agent commercial, 25 rue du Connétable, 60500 Chantilly, dénommé ci-après l'AGENT,

Il est convenu ce qui suit :

**Art. 1.** Le MANDANT confère à l'AGENT, qui accepte, le mandat de commercialiser, au nom et pour le compte du MANDANT, les eaux « Roxane » de la société Laca, dans l'univers contractuel défini à l'article 3, et d'assurer dans cet univers la représentation permanente des intérêts du MANDANT.
**Art. 2.** Ce mandat est régi par les articles L. 134-1 et suivants du Code de commerce.
**Art. 3.** L'AGENT doit exercer son mandat auprès de l'ensemble de la grande distribution (hypermarchés, supermarchés, grandes surfaces, etc.) sur le territoire de la France métropolitaine.
**Art. 4.** L'AGENT bénéficie de l'exclusivité de la représentation du MANDANT. […]
**Art. 5.** En contrepartie, l'AGENT s'engage expressément, pour toute la durée du présent contrat, à ne pas agir, sous quelque forme que ce soit, pour des produits concurrents de ceux visés à l'article 1.
**Art. 6.** L'AGENT a la responsabilité de l'ensemble des négociations commerciales avec la clientèle. […]
**Art. 7.** Le choix de sa politique commerciale relève de la seule volonté du MANDANT. […]
**Art. 8.** En rémunération de l'ensemble des missions stipulées au présent contrat et en couverture de tous frais entraînés par ces missions, l'AGENT reçoit une commission sur toutes les affaires faites par le MANDANT dans l'univers contractuel défini à l'article 3 ci-dessus.
**Art. 9.** Le taux hors taxes de la commission est de 2,5 % du montant hors taxes des factures sur les affaires faites en produits portant la marque « Roxane ». Les commissions sont payables mensuellement.
**Art. 10.** Le présent contrat entre en vigueur au jour de sa signature pour une durée indéterminée. Il ne peut être résilié, de part ou d'autre, que moyennant un préavis de six mois, exprimé par lettre recommandée avec accusé de réception.

Fait à Meudon, le 15 novembre 2017, en deux exemplaires,

Le MANDANT — L'AGENT

Lorenz — H Safran

**Questions**

**23.** Pourquoi, au regard de la logique des différents mandats, n'est-il pas indispensable que le mandant approuve les engagements pris en son nom par le mandataire ?

**24.** Quelle est la mission d'Henri Safran ? Qu'est-ce qui différencie l'agent commercial et un salarié de l'entreprise Laca ?

**25.** Quels sont les intérêts de ce contrat pour chacune des parties ? Justifiez votre réponse en citant les clauses du contrat qui les illustrent.

**Document 13** *La volonté de contracter*

Parfois, le représenté charge le représentant de conclure pour lui par contrat ; parfois, le représentant est désigné par la loi pour agir au nom du représenté (une société, par exemple). Dans tous les cas, au moment de passer le contrat, seule la volonté du représentant peut s'exprimer. Le mandat dont il dispose prend sa pleine mesure quand il engage celui pour qui il agit. Mais une condition doit être vérifiée : la volonté personnelle de contracter du représentant. À défaut, le représenté n'est pas engagé.

**Question**

**26.** Qu'adviendrait-il d'un contrat conclu par le représentant dont le consentement serait entaché d'un vice ?

# II L'exécution des contrats et leur évolution

## A. Les suites imprévisibles des contrats

**Document 14** *La faculté de renégociation du contrat*

**La règle du Code civil depuis l'ordonnance du 10 février 2016**

**Article 1195** – Si un changement de circonstances imprévisible lors de la conclusion du contrat rend l'exécution excessivement onéreuse pour une partie qui n'avait pas accepté d'en assumer le risque, celle-ci peut demander une renégociation du contrat à son cocontractant. Elle continue à exécuter ses obligations durant la renégociation.
En cas de refus ou d'échec de la renégociation, les parties peuvent convenir de la résolution du contrat, à la date et aux conditions qu'elles déterminent, ou demander d'un commun accord au juge de procéder à son adaptation. À défaut d'accord dans un délai raisonnable, le juge peut, à la demande d'une partie, réviser le contrat ou y mettre fin, à la date et aux conditions qu'il fixe.

**Commentaire extrait du Rapport au Président de la République relatif à l'ordonnance n° 2016-131 du 10 février 2016 portant réforme du droit des contrats, du régime général et de la preuve des obligations**

L'article 1195 constitue [...] l'une des innovations importantes de l'ordonnance, puisqu'il introduit l'imprévision dans le droit des contrats français [...]*. Cette consécration, inspirée du droit comparé comme des projets d'harmonisation européens, permet de lutter contre les déséquilibres contractuels majeurs qui surviennent en cours d'exécution, conformément à l'objectif de justice contractuelle poursuivi par l'ordonnance.

** Le droit civil français rejetait traditionnellement toute possibilité de faire évoluer un contrat si certains éléments de l'environnement de ce contrat avaient pu évoluer de façon telle que les parties n'avaient pas pu l'imaginer. La jurisprudence privilégiait la sécurité des conventions.*
*La force obligatoire du contrat était la seule règle retenue par la jurisprudence, depuis le célèbre arrêt « Canal de Craponne » de la Cour de cassation du 6 mars 1876 : des contrats conclus en 1560 et 1567 avaient pour objet la fourniture de l'eau destinée à irriguer la plaine d'Arles. Au cours du XIXe siècle, l'entreprise exploitant le canal demanda un relèvement du prix de l'eau du fait de la chute de la valeur de la monnaie sur le long terme et de l'augmentation du coût de la main-d'œuvre. L'affaire alla jusqu'à la Cour de cassation, qui décida qu'aucune considération de temps ou d'équité ne pouvait permettre au juge de modifier la convention des parties.*

**Document 15** *Cas concret*

Un boulanger qui a conclu un contrat de fourniture de pain à un certain prix à un restaurant, et qui se trouve confronté à une hausse brutale, imprévisible et durable du prix du blé, pourra exiger de son cocontractant une renégociation du contrat, et en cas de refus, obtenir du juge, soit qu'il rétablisse l'équilibre du contrat, soit qu'il y mette fin.

Communiqué de presse de Jean-Jacques Urvoas, garde des Sceaux, ministre de la Justice, février 2016.

**Questions**

1. Quelles sont les conditions pour que l'imprévision puisse être prise en compte ?
2. Relevez les termes qui montrent que ce dispositif de possible révision du contrat peut être écarté par les parties.
3. Quelles sont les conséquences d'un refus de la renégociation du contrat ou de son échec ?

## B. Les clauses préservant les intérêts du créancier

**DOCUMENT 16** *La clause d'indexation*

Pour se protéger contre les aléas de l'évolution de la conjoncture économique, les parties peuvent prévoir, pour un contrat dont les paiements sont échelonnés dans le temps, une clause d'indexation qui entraîne la révision automatique du prix prévu au contrat en fonction de la variation d'un indice.
La loi interdit certains indices de référence, jugés inflationnistes, comme le SMIC ou le niveau général des prix. Seuls sont autorisés, en principe, les indices ayant un rapport direct avec l'objet du contrat ou avec l'activité d'une des parties.

**Questions**

4. Quel est l'avantage d'une clause d'indexation ?
5. Pourquoi une indexation générale des contrats serait-elle elle-même inflationniste ?

**DOCUMENT 17** *La clause de réserve de propriété dans un contrat de vente*

Il est convenu entre les parties que le matériel livré ce jour, à savoir une cuisinière à gaz professionnelle type BN326 de notre catalogue, demeurera la propriété du vendeur jusqu'au paiement complet du prix. Conformément aux articles L. 624-16 et suivants du Code de commerce, cette réserve de propriété produira ses effets en particulier en cas de cessation de paiement de l'acquéreur.

**Questions**

6. À quel moment, du fait de la clause de réserve de propriété, la propriété du bien vendu est-elle transférée à l'acheteur ?
7. Quelle est l'utilité de cette clause en cas de cessation des paiements de l'acheteur ?

## C. Les clauses relatives à la responsabilité

**DOCUMENT 18** *Les clauses exonératoires et limitatives de responsabilité contractuelle*

| Clause | Principe |
|---|---|
| La clause exonératoire de responsabilité | Elle stipule qu'en cas de défaillance du débiteur, celui-ci ne sera pas responsable du dommage causé au créancier et ne sera pas tenu de lui verser des dommages-intérêts. |
| La clause limitative de responsabilité | Elle fixe le maximum possible des dommages-intérêts en cas de défaillance du débiteur. Elle évite ainsi le recours au juge. |
| Une limitation particulière : la clause pénale | Elle fixe d'avance le montant exact des dommages-intérêts en cas de défaillance du débiteur. |

**DOCUMENT 19** *Le pouvoir du juge face aux clauses limitatives de responsabilité contractuelle*

**Code civil – Article 1231-5 (créé par Ordonnance n° 2016-131 du 10 février 2016)** – Lorsque le contrat stipule que celui qui manquera de l'exécuter paiera une certaine somme à titre de dommages et intérêts, il ne peut être alloué à l'autre partie une somme plus forte ni moindre.
Néanmoins, le juge peut, même d'office, modérer ou augmenter la pénalité ainsi convenue si elle est manifestement excessive ou dérisoire.
Lorsque l'engagement a été exécuté en partie, la pénalité convenue peut être diminuée par le juge, même d'office, à proportion de l'intérêt que l'exécution partielle a procuré au créancier, sans préjudice de l'application de l'alinéa précédent.
Toute stipulation contraire aux deux alinéas précédents est réputée non écrite. [...]

**Questions**

8. Quelle est la plus efficace des clauses relatives à la responsabilité contractuelle ?
9. Quel déséquilibre contractuel une clause relative à la responsabilité peut-elle faire naître ?
10. Comment le Code civil prévoit-il de réparer ce déséquilibre ?

**DOCUMENT 20** *La clause pénale*

**CONDITIONS GÉNÉRALES DE VENTE (extrait)** – Nos ventes de véhicules sont soumises aux conditions générales de vente et de garantie du constructeur. Toutes nos ventes, fournitures et réparations sont payables au comptant, à nos bureaux, quel que soit le mode d'envoi ou de règlement. Dans le cas où le délai de paiement figurant ci-dessus ne serait pas respecté, des pénalités seront réclamées par nos soins dont le montant correspondra à une fois et demie le taux de l'intérêt légal appliqué à la somme due.

**Question**

**11.** Comment les clauses relatives à la responsabilité peuvent-elles prévenir les litiges ?

# III Les sanctions de l'inexécution des contrats

## A. L'exécution forcée en nature

**DOCUMENT 21** *Les possibilités et les limites de l'exécution forcée*

### Les conditions de fond

L'exécution forcée ne peut être exigée que si elle n'apparaît pas déplacée au regard du délai et du coût de l'opération : la demande n'est pas recevable s'il existe une disproportion manifeste entre ses inconvénients pour le débiteur et son intérêt pour le créancier.

### Les formes de l'exécution forcée en nature

Lorsque l'obligation inexécutée est une obligation de payer une somme d'argent, l'exécution forcée s'effectue en nature par voie de saisie effectuée en principe par l'intermédiaire d'un huissier de justice :
- saisie de la créance entre les mains d'une tierce personne, une banque le plus souvent ;
- saisie d'une partie des rémunérations ;
- la saisie-vente des biens mobiliers et la saisie immobilière.

Lorsque l'obligation inexécutée consiste en une prestation ou une abstention, l'exécution forcée est, en principe, impossible.
Il existe cependant des exceptions prévues par le Code civil. Ainsi, dans certains cas, le créancier peut faire exécuter lui-même l'obligation ou détruire ce qui a été mal exécuté aux dépens du débiteur, qui peut être condamné à faire l'avance des sommes nécessaires à cette exécution.

**Questions**

**1.** Dans quel cas l'exécution forcée est-elle facile à demander en justice ?

**2.** Dans quel cas existe-t-il une forme d'exécution indirectement forcée ?

## B. La réduction du prix

**DOCUMENT 22** *Une innovation législative*

**Le nouveau texte issu de l'ordonnance de 2016**
**Code civil – Article 1223 –** Le créancier peut, après mise en demeure, accepter une exécution imparfaite du contrat et solliciter une réduction proportionnelle du prix.
S'il n'a pas encore payé, le créancier notifie sa décision de réduire le prix dans les meilleurs délais.

**Un commentaire**
Le souci d'efficacité et de rapidité (de l'ordonnance du 10 février 2016) a aussi conduit à donner aux cocontractants de nouvelles prérogatives, leur permettant d'éviter un recours trop systématique au contentieux.

**Un exemple**
Un restaurateur fait installer une nouvelle cuisine ; il pourra se contenter d'un plan de travail de moindre qualité installé par erreur, en refusant de payer la totalité du prix initialement convenu plutôt que d'exiger une réinstallation complète.

Communiqué de presse de Jean-Jacques Urvoas, garde des Sceaux, ministre de la Justice. Février 2016.

**Question**

**3.** En quoi la possibilité d'exiger une réduction de prix illustre-t-elle le souci d'efficacité et de rapidité des nouveaux textes du droit des contrats ?

# C. La résolution ou la résiliation du contrat

**Document 23** *Les deux modes d'annulation du contrat*

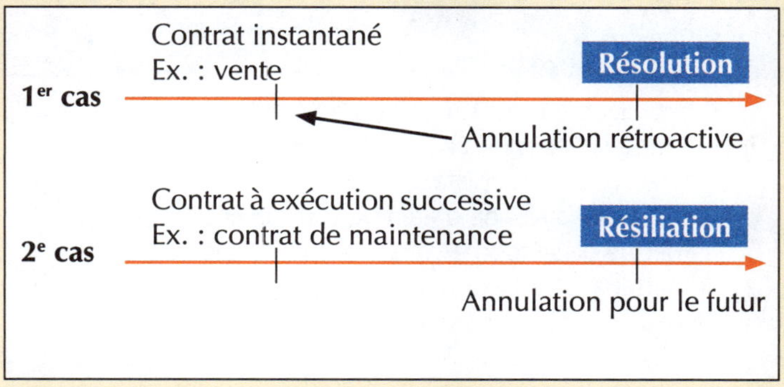


Lorsque, dans un contrat, l'une des parties n'exécute pas son obligation, son cocontractant peut exiger la **résolution** du contrat afin d'être lui-même libéré de son obligation. La résolution entraîne l'anéantissement rétroactif du contrat (si le contrat a été en partie exécuté, les parties doivent restituer ce qu'elles ont reçu).
Si le contrat anéanti est un contrat à exécution successive, dont l'exécution s'étale dans le temps, l'anéantissement ne vaut que pour l'avenir ; on parle alors de **résiliation** du contrat.

**Questions**

**4.** Pourquoi l'annulation d'un contrat instantané doit-elle être rétroactive ?

**5.** Pourquoi celle d'un contrat à exécution successive ne vaut-elle que pour l'avenir ?

# D. La rupture contractuelle ou judiciaire du contrat

**Document 24** *La clause résolutoire (ou de résiliation)*

### La clause de résiliation

La clause résolutoire (ou de résiliation) prévoit qu'en cas de manquement à une obligation contractuelle de l'une des parties, le contrat sera résolu de plein droit. L'insertion d'une clause résolutoire vise à éviter les inconvénients d'un procès, tels que l'engagement de frais ou l'attente plus ou moins longue de la décision.

### Un exemple de clause de résiliation

Le présent contrat sera résilié immédiatement et de plein droit si bon semble au bailleur, sans qu'il soit besoin de faire ordonner cette résolution en justice : deux mois après un commandement demeuré infructueux à défaut de paiement aux termes convenus de tout ou partie du loyer et des charges dûment justifiées ou en cas de non-versement du dépôt de garantie éventuellement prévu au contrat.

*www.gerancecenter.com*

**Questions**

**6.** Quel est l'intérêt d'une clause résolutoire ? Dans quel cas s'applique-t-elle ?

**7.** Donnez des exemples de situations où cette clause serait mise en œuvre.

**Document 25** *La résolution judiciaire*

Appréciant souverainement s'il y a lieu de prononcer la résolution du contrat, le juge peut, s'il s'y refuse, prendre d'autres mesures. [...] Entre le rejet pur et simple de la demande et la prononciation de la résolution totale, assortie s'il y a lieu d'une condamnation à des dommages-intérêts, il y a place, en effet, pour des mesures intermédiaires, particulièrement utiles en cas d'inexécution partielle : le juge peut accorder au défendeur un délai de grâce [...] ; il peut aussi, tout en rejetant la demande en résolution, accorder au demandeur des dommages-intérêts ; il peut enfin prononcer une résolution partielle, en réduisant la prestation due [...].

F. Terré, P. Simler, Y. Lequette, *Droit civil. Les obligations*, Dalloz.

**Questions**

**8.** La demande de résolution formée en justice aboutit-elle toujours ? Justifiez.

**9.** En quoi la résolution judiciaire est-elle plus protectrice de l'équilibre du contrat ?

# Entraînement à l'analyse d'une situation juridique

**Les compétences attendues**

- Qualifier une situation précontractuelle ou contractuelle
- Rédiger et/ou adapter tout ou partie d'un contrat

Martin Dubreuil est le P-DG de la SA H2O Loisirs, établie à Marseille, spécialisée dans la fabrication d'articles de pêche. Vous êtes en stage dans cette entreprise.
H2O Loisirs envisage d'étendre son marché à l'étranger et décide de se tourner vers une société spécialisée dans le partenariat à l'exportation. Après avoir négocié avec deux partenaires potentiels, la SARL Partenon, établie à Marignane, et la SA Millefois, de Marseille, Martin Dubreuil a finalement décidé de retenir l'offre de la SA Millefois, satisfaisante sur les points essentiels : modalités d'implantation retenues, extension ultérieure des zones d'exportation, rémunération pour l'assistance à l'exportation, etc.

## Questions

**À l'aide de vos connaissances et des annexes, traitez cette situation juridique.**

- M. Dubreuil s'interroge sur les conditions et les conséquences juridiques éventuelles de la rupture des négociations commerciales qu'il avait engagées avec la SARL Partenon. Analysez la situation pour lui.
- Aidez M. Dubreuil à rédiger un projet de contrat entre sa société et la SA Millefois. Vous ne vous intéresserez qu'aux clauses essentielles et répondrez à la demande expresse d'inclure une clause pénale.

**Annexe 1**

### La règle légale

**Code civil – Article 1112, alinéa 1 (modifié par Ordonnance n° 2016-131 du 10 février 2016)**

L'initiative, le déroulement et la rupture des négociations précontractuelles sont libres. Ils doivent impérativement satisfaire aux exigences de la bonne foi.

**Annexe 2**

### Un cas de jurisprudence

**Cour de cassation – 1re chambre civile – arrêt du 20 mars 2014 (extrait)**

Attendu selon l'arrêt confirmatif attaqué (Lyon,18 octobre 2012) que reprochant à M. X..., collaborateur d'Alain Y..., décédé, d'avoir abusivement rompu des pourparlers engagés en vue de la reprise de la clientèle de l'agence au sein de laquelle ce dernier exerçait la profession d'architecte […]

Attendu que Mme Y... fait grief à l'arrêt de rejeter son action en responsabilité, alors, selon le moyen, que l'absence d'accord sur les éléments essentiels du contrat envisagé n'exclut pas la commission d'une faute dans la rupture des pourparlers ; qu'en se bornant à énoncer que M. X... n'a pas rompu abusivement les pourparlers engagés avec Mme Y... puisque les parties étaient en désaccord sur leurs propositions réciproques, sans rechercher, comme elle y était pourtant invitée, si la rupture par M. X... de pourparlers avancés ne caractérisait pas, par sa brutalité et les circonstances douloureuses dans lesquelles elle est intervenue, une faute, la cour d'appel a privé sa décision de base légale au regard de l'article 1382 du Code civil ;

Mais attendu que la Cour d'appel, procédant à la recherche invoquée, a estimé que la rupture des pourparlers litigieux, qui avait résulté non d'un manquement imputable à faute à M. X... mais d'une absence d'accord entre les parties, n'avait pas été brutale ; que le grief n'est pas fondé ; […]

PAR CES MOTIFS : REJETTE le pourvoi […].

# Les projets de la société H2O Loisirs

**Annexe 3**

## La rupture abusive des pourparlers

Tout participant à des pourparlers peut y mettre fin tant que le contrat n'est pas formé. Toutefois, la rupture abusive de pourparlers entraîne la responsabilité civile délictuelle de son auteur (Cass. com., 18 juin 2002). L'appréciation du caractère abusif de la rupture relève du pouvoir souverain des juges du fond, qui prennent notamment en considération l'existence de relations antérieures entre les parties, leur qualité de professionnel, l'état d'avancement et la durée des négociations ou le fait d'avoir mené des négociations parallèles sans en informer son partenaire. [...] En outre, le fait de contracter, même en connaissance de cause, avec une personne ayant engagé des pourparlers avec un tiers ne constitue pas en lui-même, sauf intention de nuire ou manœuvres frauduleuses, une faute de nature à engager la responsabilité de son auteur (Cass. com., 26 novembre 2003).

B. Mercadal, P. Macqueron, *Le Droit des affaires en France*, Éditions Francis Lefebvre.

**Annexe 4**

## Le dommage réparable en cas de rupture abusive

**La position de la jurisprudence**

Le préjudice est constitué :
- des frais financiers engagés en pure perte par la suite de la rupture brutale des négociations ;
- du trouble commercial et de l'atteinte à l'image de l'entreprise, dont les titres allaient être cédés.

Mais la partie victime de la rupture ne peut prétendre à des dommages et intérêts au titre du manque à gagner résultant de la non-conclusion du contrat, c'est-à-dire de la perte d'une chance de conclure le contrat envisagé. La Cour de cassation a refusé cette interprétation et n'admet pas une telle indemnisation.

*www.cession-entreprise.com*

**La règle légale issue de la réforme du droit des contrats**

[Avec la réforme du droit des contrats opérée par l'ordonnance du 10 février 2016] il est apparu préférable dans un souci de sécurité juridique, de préciser dans la loi l'étendue du préjudice réparable [en cas de rupture des pourparlers] : est donc consacrée la jurisprudence de la Cour de cassation excluant du préjudice réparable les avantages que permettait d'espérer la conclusion du contrat, y compris la perte de chance de réaliser les gains attendus du contrat (C. civ., art. 1112 alinéa 2). Une telle solution se justifie pleinement : sur le plan de la causalité tout d'abord, la rupture des pourparlers est un acte juridique générateur d'un certain nombre de dommages mais pas nécessairement de la non conclusion du contrat puisque la faute sanctionnée est la faute dans l'exercice du droit de rupture et non la rupture en elle-même ; en application du principe de liberté contractuelle, ensuite, qui a pour corollaire la liberté de ne pas contracter ; enfin, indemniser le profit escompté de la conclusion du contrat, même sous la forme atténuée d'une perte de chance, conduirait à donner indirectement effet à un contrat qui n'a pas été conclu.

*Rapport au Président de la République relatif à l'ordonnance n° 2016-131 du 10 février 2016 portant réforme du droit des contrats, du régime général et de la preuve des obligations .*

# Sens de la leçon

## La négociation et l'exécution des contrats entre professionnels

### 1 La négociation contractuelle peut connaître diverses étapes.

**Les pourparlers**
Phase préparatoire du contrat : les deux parties sont libres de renoncer.

**Le pacte de préférence**
L'engagement d'une personne de réserver un contrat éventuel au bénéficiaire du pacte.

**La promesse unilatérale de contrat**
Engagement d'une partie, avec une option pour le cocontractant, qui est libre de refuser.

**La promesse synallagmatique de contrat**
Convention qui engage les deux parties, sous conditions.

### 2 Les contrats professionnels sont souvent conclus au travers d'une représentation.

**Le principe**
Une personne contracte à la place d'une autre.

**L'origine de ce pouvoir**
– Le contrat (ex. : le mandat)
– Une décision de justice (ex. : le conjoint)
– La loi (ex. : le dirigeant)

**Ses conditions de validité**
– La prise de qualité
– La volonté de contracter

### 3 Certaines clauses des contrats professionnels prennent en compte l'évolution du contexte de leur exécution.

**Les clauses préservant les intérêts du créancier**
- La clause d'indexation
- La clause de réserve de propriété

**Les clauses relatives à la responsabilité**
- La clause exonératoire de responsabilité
- La clause limitative de responsabilité et la clause pénale

### 4 Les sanctions de l'inexécution des contrats sont diverses.

- L'exécution forcée en nature
- La réduction de prix
- L'annulation du contrat : en principe, **résolution** du contrat, rétroactive (les choses sont remises en l'état)
- Si le contrat annulé est à exécution successive : **résiliation** (anéantissement de ses effets pour le futur)

La résolution ou la résiliation sont parfois **prévues par une clause** du contrat. À défaut, la résolution ou la résiliation peuvent être prononcées par le juge.

# 12 Les relations contractuelles avec la personne publique

### Éléments du droit positif : 322-1, 322-2 et 322-3

- **Caractéristiques du contrat administratif : qualité des parties et clause exorbitante de droit commun, ou contrat lié à l'exécution du service public**
- **Formation du contrat : négociation et marché public, procédures de passation**
- **Exécution du contrat : prérogative de la puissance publique, résiliation unilatérale**

| Les compétences attendues | Le plan du chapitre |
|---|---|
| Qualifier une situation contractuelle impliquant une personne publique | I – Les marchés publics, contrats administratifs<br>A • La notion de marché public<br>B • Les parties contractantes |
| Analyser une relation contractuelle et ses effets juridiques | II – Les caractéristiques des marchés publics<br>A • La caractéristique des contrats administratifs<br>B • L'exécution des contrats administratifs |

## Mise en situation

Le développement de la commune de Saint-Estève nécessite que certains travaux soient accomplis : un nouveau parking paraît indispensable, de même que la rénovation du réseau d'égouts.
Ari Tran, le jeune adjoint responsable des services techniques et fraîchement élu, interroge les membres du conseil municipal plus expérimentés : comment choisir les meilleures entreprises pour faire réaliser ces chantiers ? Quel est le cadre juridique pertinent ? A-t-il le choix entre plusieurs procédures de sélection des candidats ?

# I Les marchés publics, contrats administratifs

## A. La notion de marché public

**Document 1** *Un marché public à l'Opéra de Nice*

### Avis de marché

Département de publication : 06
Nom et adresse officiels de l'organisme acheteur : **Opéra régional de Nice.**
Document n° 1 : un marché public de formation pour les salariés.
**Objet du marché** : prestations de formations à destination du personnel de l'Opéra national de Nice.
Durée du marché ou délai d'exécution : jusqu'au 31 décembre 2017.
Date prévisionnelle de début des prestations (fournitures/services) : 15 mars 2017.

**Critères d'attribution :**
Offre économiquement la plus avantageuse en fonction des critères énoncés ci-dessous avec leur pondération :
– qualité de la prestation : 35 % ;
– tarif proposé : 25 % ;
– adéquation du ou des formateurs, moyens proposés, disponibilité et réactivité, appréciés sur entretien : 40 %.

**Date limite de réception des offres :** 16 février 2017, à 9 heures.

**Conditions de remise des offres ou des candidatures :**
Les candidats devront remettre une enveloppe cachetée. Elle portera le nom du candidat ainsi que la mention suivante : « Marché de formations – lot(s) n° (à préciser) – CANDIDATURE – ne pas ouvrir » – une seconde enveloppe « offre » (prévoir une seconde enveloppe par lot) qui devra contenir les éléments suivants :
– le projet de marché relatif au lot concerné (complété, daté et signé),
– un mémoire méthodologique [...].
Au choix du candidat, le pli pourra être remis sous format papier ou sur support physique électronique (CD-Rom ou clé USB). [...]

**Renseignements relatifs aux lots :**
Lot 1. – Formations de langues étrangères à destination d'un public débutant ou en perfectionnement [...].
Lot 2. – Formations de langues étrangères à destination d'un public confirmé [...].
Lot 3. – Formations bureautiques à destination de l'ensemble des salariés de l'Opéra de Nice [...].

**Questions**

1. Identifiez ce document. Qui l'émet ? Qui en est destinataire ?
2. Qui décidera de l'attribution du marché ? Sur quels critères ?

**Document 2** *Les marchés publics, des contrats particuliers*

**1. Des contrats spécifiques**
C'est au terme d'une **procédure** transparente, claire et codée permettant de choisir le cocontractant que l'Administration est engagée : appel d'offres par l'organisme public, réponses des opérateurs candidats, choix fondé sur des **critères objectifs** (prix, qualité des produits ou services, modalités d'organisation de la prestation ou de la livraison, etc.).
À la différence des contrats de gré à gré où les parties discutent des conditions, les marchés publics obligent l'Administration à choisir le cocontractant le plus pertinent.

**2. Des contrats entre cocontractants très divers**
Les marchés publics sont des contrats passés entre un organisme public (État, établissement public, collectivité territoriale...) et un acteur économique qui peut être une personne publique, mais qui est très souvent une personne de droit privé : une entreprise.

D'après *www.marche-public.fr.*

**Question**

3. En quoi le respect de la procédure des marchés publics permet-il d'assurer un choix « raisonné » des cocontractants de l'Administration ?

**Document 3** *Les marchés publics, des contrats pour répondre aux besoins de l'Administration*

– **En matière de travaux**, par exemple pour la construction de bâtiments, de ponts, de routes, etc.
– **En matière de fournitures**, par exemple pour l'achat de matériels informatiques, de produits d'entretien, de nourriture, etc.
– **En matière de services**, par exemple pour l'entretien de locaux ou d'espaces verts, pour la maintenance d'équipement, pour des conseils juridiques, etc.
L'objet du marché est un élément fondamental qui doit être précisément défini en vue de répondre à un besoin déterminé de la personne publique.

**Des contrats répondant à des finalités spécifiques du droit public**

– **La protection des deniers publics :** les marchés publics doivent satisfaire aux besoins de l'Administration au meilleur prix.
– **La recherche de l'efficacité administrative :** le cocontractant retenu doit être le « mieux-disant ».
– **La lutte contre la corruption :** aucun favoritisme ne doit guider le choix de l'entreprise cocontractante de l'Administration.

d'après www.marche-public.fr

**Questions**

4. Donnez un exemple de chaque catégorie de besoins de l'Administration pouvant faire l'objet d'un marché public.
5. Dans quelle mesure les finalités spécifiques du droit public sont-elles complémentaires ?

**Document 4** *Les seuils des marchés publics*

Pour les marchés d'une valeur inférieure à 25 000 € HT, l'organisme public a pour seule obligation de choisir une offre pertinente et de faire une bonne utilisation des deniers publics. Au-delà de certains seuils, un appel d'offres est obligatoire pour pouvoir sélectionner le cocontractant le plus pertinent :
– en matière de fournitures et de services : à partir de 135 000 € pour l'État et de 209 000 € pour les collectivités territoriales et les établissements publics de santé ;
– en matière de travaux, à partir de 5 225 000 €.

**Question**

6. Pourquoi le choix des contractants de l'Administration est-il plus facile en-deçà des seuils légaux ?

**Document 5** *Les principes fondamentaux de la commande publique*

**Toute commande publique doit respecter, dès la négociation, trois principes :**

| **La liberté d'accès à la commande publique :** | **L'égalité de traitement des candidats :** | **La transparence des procédures :** |
|---|---|---|
| ni entrave, ni complication particulière, ni règle cachée quant à l'existence du marché. | pas de favoritisme entre les candidats, pas de choix opéré par corruption. | facilité d'accès aux textes légaux et réglementaires pour les candidats, affichage de la progression des procédures mises en œuvre. |

**De ces trois principes découle celui de la bonne utilisation des deniers publics :** recherche du meilleur rapport qualité/prix pour une utilisation optimale des fonds publics.

**Questions**

7. Pourquoi le législateur a-t-il posé comme essentiels les trois premiers principes ?
8. En quoi le principe de bonne utilisation des deniers publics est-il celui qui doit commander tous les autres ?

## B. Les parties contractantes

**Document 6** *Une proposition de contrat de travaux publics*

**Avis n° 17-307 publié le 07/01/2017 – BOAMP *(Bulletin officiel des annonces des marchés publics)***

**Nom et adresse officiels de l'organisme acheteur :** MAIRIE LE MOULIN-SUR-SIAGNE
**Correspondant :** Mme Menard Marie-Pierre, maire, 1 rue Jean Ferrat 45290 Le Moulin-sur-Siagne
**Objet du marché :** restauration de l'église Saint-Philippe
**Lieu d'exécution :** place de l'Église 45290 Le Moulin-sur-Siagne
**Date limite de réception des offres :** 29 janvier 2017, à 19 heures
**Délai minimum de validité des offres :** 90 jours à compter de la date de réception des offres
**Critères d'attribution :** offre économiquement la plus avantageuse
[...]

**Conditions pour obtenir les documents contractuels et additionnels :**
– **Date limite d'obtention :** 29 janvier 2017, à 19 heures
**Adresse auprès de laquelle les documents peuvent être obtenus :** MAIRIE : Mme le Maire, 1 rue Jean Ferrat 45290 Le Moulin-sur-Siagne. Tél. : 03 38 96 10 10.
Courriel : mairie.lemoulinsursiagne@orange.fr
**Adresse à laquelle les offres/candidatures/projets/demandes de participation doivent être envoyés :**
MAIRIE : Mme le Maire, 1 rue Jean Ferrat 45290 Le Moulin-sur-Siagne

**Questions**

9. Quel est l'objet de ce marché public ?
10. Identifiez et caractérisez les parties au contrat.

**Document 7** *Un avis d'appel à la concurrence*

| Collège Georges Brassens à Vence – 06140<br>Rénovation et modernisation du restaurant d'application | | |
|---|---|---|
| > AVIS D'APPEL PUBLIC À LA CONCURRENCE < | | |
| Avis n° AO-1235-0812 | Mise en ligne : 18/07/2017 | |
| 06140 | VENCE | Source : Presse locale |
| Client : **Département des Alpes-Maritimes** | | Travaux de bâtiment |
| Date limite de réponse : **31/08/2017** | | |

**AVIS D'APPEL PUBLIC À LA CONCURRENCE**

**CONSEIL DÉPARTEMENTAL DES ALPES-MARITIMES**, M. Éric Ciotti, président
Direction de la Commande Publique, Centre administratif départemental,
147 boulevard du Mercantour BP 3007
06201 Nice Cedex, tél. : 04 97 16 80 00, mail : cg06@cg06.fr, site Internet : www.alpes-maritimes.fr
L'avis implique un marché public.
**Objet :** collège Georges Brassens à Vence, 06140, rénovation et modernisation du restaurant d'application
**Nature du marché :** travaux
Lot n° 1 : MENUISERIES EXTÉRIEURES ALUMINIUM
Lot n° 2 : RAFRAÎCHISSEMENT
Lot n° 3 : AMÉNAGEMENT INTÉRIEUR
**Critères d'attribution :** offre économiquement la plus avantageuse appréciée en fonction des critères énoncés ci-après avec leur pondération : 50 % : valeur technique de l'offre ; 50 % : prix.
**Remise des offres :** 31/08/17 à 16 h 00 au plus tard
**Langues pouvant être utilisées dans l'offre ou la candidature :** français
**Unité monétaire utilisée :** l'euro
**Validité des offres :** 120 jours à compter de la date limite de réception des offres
**Instance chargée des procédures de recours :** tribunal administratif de Nice, 33 boulevard Franck-Pilatte, BP 4179, 06359 Nice Cedex 4, tél. : 04 92 04 15 15, télécopie : 04 93 55 73 81, courriel : greffe.ta-nice@juradm.fr

**Questions**

11. Quel est l'objet du contrat ? En quoi est-il différent du contrat proposé dans le document 6 ?
12. Au vu des exemples de contrats (documents 6 et 7), quelle logique préside au choix des travaux proposés en appel d'offres ?
13. Identifiez, dans les documents 6 et 7, la personne publique concernée et le besoin à l'origine de la procédure.
14. Relevez les critères de choix du cocontractant et rappelez leur rôle dans la procédure.

**Document 8** *Des cocontractants différents pour des besoins différents*

Comme toute administration, l'Éducation nationale a des besoins variés. Aussi, des marchés publics très divers peuvent-ils la concerner :
– la construction de l'établissement, ou bien son extension, sa modernisation, etc. Le contrat sera signé entre le propriétaire du lycée (la Région) et une entreprise de travaux publics ;
– l'équipement du lycée : il faut l'équiper en bureaux, chaises, ordinateurs, etc. Le contrat sera signé entre le propriétaire du lycée (la Région) et les entreprises de vente d'équipement ;
– la demi-pension : il faut fournir au lycée les repas tout prêts ou bien les produits à préparer (légumes, viandes, etc.). Le contrat sera alors signé avec les fournisseurs de collectivités ou avec tout candidat à la vente régulière de ces produits.

**Questions**

**15.** Quels types de cocontractants sont amenés à répondre aux besoins du service public de l'Éducation nationale ?

**16.** Les marchés publics concernant l'Éducation nationale sont-ils tous passés par la même personne morale de droit public ? Justifiez.

**Document 9** *La passation du contrat administratif*

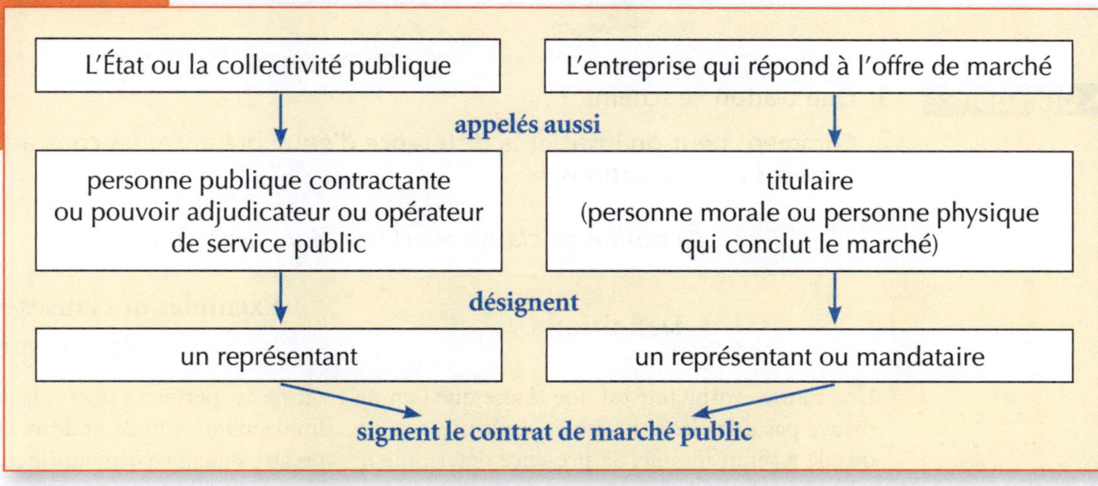


**Questions**

**17.** À quoi sert de désigner un représentant pour une personne morale ?

**18.** Différenciez les intérêts défendus par les deux types de représentants que le contrat administratif met en présence.

**Document 10** *Le choix des contractants : une liberté limitée pour la puissance publique*

### La personne publique dispose d'une grande liberté

Les conditions de réalisation du marché public sont obligatoirement précisées dans un **cahier des charges** : c'est la personne publique seule qui en définit le contenu.
Cela entraîne pour son contractant :
– l'impossibilité d'une mauvaise surprise, tout étant prévue ;
– une très grande clarté des conditions du contrat et donc des obligations de chacun ;
– la possibilité pour la personne publique de préciser ses objectifs et ceux qui doivent être atteints dans le contrat.

### La personne publique a des obligations particulières

**1. Obligation d'information**
*Qui informe-t-elle ?*
Toutes les personnes physiques ou morales pouvant être intéressées à signer le marché (entreprises individuelles, sociétés…).
*De quoi informe-t-elle ?*
– Des objectifs précis, qui sont l'expression de l'intérêt général (ex. : réfection d'un bâtiment public destiné à recevoir du public).
– De l'ensemble des conditions de réalisation du contrat (spécifications techniques, délais, prix…).
**2. Obligation de mise en concurrence :** la personne publique doit mettre en concurrence toutes les entreprises qui répondent à l'appel d'offres. Pour cela, les conditions de l'appel d'offres et les informations données et demandées sont les mêmes pour toutes ces entreprises.

**Questions**

**19.** En quoi peut-on dire que les intérêts du cocontractant de la personne publique sont garantis ?

**20.** Les droits de la personne publique, porteuse de l'intérêt général, sont-ils garantis ? Justifiez.

# II Les caractéristiques des marchés publics

## A. La caractéristique des contrats administratifs

**Document 11** *Une logique juridique particulière dans les contrats administratifs*

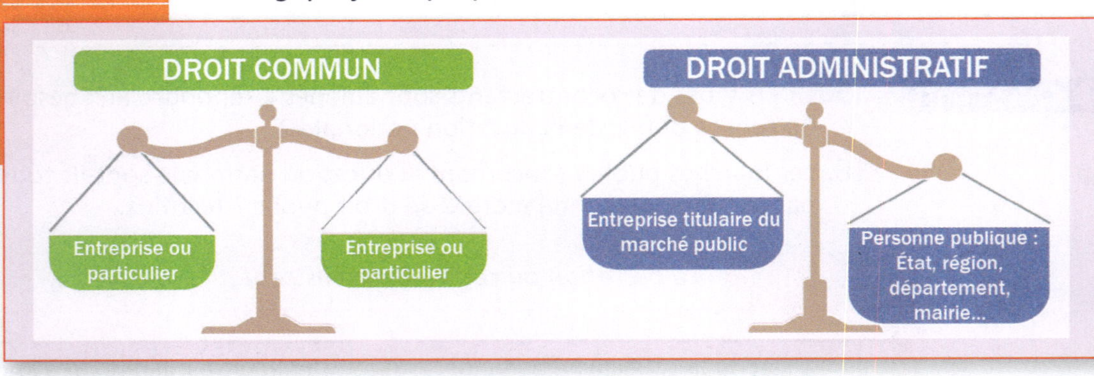


**Questions**

1. Que traduit ce schéma ?
2. Comment peut-on justifier la différence d'équilibre entre les contractants dans ces deux situations ?

**Document 12** *La notion de clause exorbitante du droit commun*

| Définition | Exemples de clauses exorbitantes du droit commun |
|---|---|
| Une clause exorbitante est une clause que l'on ne trouve pas dans les contrats de droit privé parce qu'elle y serait illégale. Sa présence détermine le caractère administratif du contrat.<br>Une seule clause exorbitante dans un contrat suffit pour que le contrat soit administratif.<br>La clause exorbitante établit un rapport d'inégalité entre les cocontractants car elle octroie à l'une des parties des pouvoirs sans les donner à l'autre.<br>*www.marchepublic.fr* | – Une des parties se réserve la possibilité de mettre fin de manière unilatérale au contrat, sans mettre préalablement en demeure le cocontractant, et sans lui devoir d'indemnité.<br>– La puissance publique se réserve le pouvoir d'accorder au cocontractant une exonération fiscale.<br>– Le cocontractant personne publique se réserve le droit de contrôler les résultats financiers de son cocontractant privé. |

**Questions**

3. En quoi une clause exorbitante traduit-elle le déséquilibre propre au contrat administratif ?
4. Comment peut-on justifier l'existence de clauses exorbitantes dans les contrats de marché public ?

## B. L'exécution des contrats administratifs

**Document 13** *Les obligations du titulaire du contrat de marché public*

Si un marché public vous a été attribué, vous devez :

**Exécuter personnellement le marché : c'est vous qui devez exécuter le marché**

Cependant, il existe des exceptions à ce principe.

• **La sous-traitance :** vous confiez l'exécution d'une partie du marché à une autre entreprise (la sous-traitance de la totalité du marché est interdite), mais l'entrepreneur principal reste personnellement responsable de la bonne exécution de l'ensemble des prestations qui relèvent du marché, y compris celles qu'il a sous-traitées.

• **La cotraitance :** vous pouvez décider de vous unir avec d'autres entreprises au sein d'un groupement pour exécuter le marché : dans un groupement conjoint, vous êtes responsable de la bonne exécution des prestations que vous devez réaliser ; dans un groupement solidaire, l'acheteur public peut vous demander d'exécuter les prestations d'une autre entreprise du groupement qui est défaillante.

...

**Suite**

• **La cession du marché :** vous devez, pour céder le marché à une autre entreprise, avoir l'autorisation de l'acheteur public. L'entreprise à qui vous céderez le marché devra alors exécuter le contrat.

**Exécuter le marché conformément aux prescriptions du marché**

**Respecter les délais d'exécution :** vous devez réaliser les travaux, fournir les produits ou exécuter les services dans les délais prévus par le marché. Le délai commence à courir en principe à compter de la notification du marché ou de la notification du bon de commande pour les marchés à bons de commande.
Si vous dépassez les délais, vous aurez à payer des pénalités de retard.
Vous devez **réaliser les ouvrages, fournir les produits ou exécuter les services** tels qu'ils sont prévus par le marché.
Si vous livrez des produits ou exécutez des services qui ne sont pas conformes aux prescriptions du marché, l'acheteur public peut :
– rejeter totalement ou partiellement la livraison ;
– réduire le prix selon l'étendue de la non-conformité ;
– vous inviter à présenter de nouveau votre livraison après avoir procédé à une mise au point.

*www.achatpublic.info*

**Questions**

5. Dans quels cas une entreprise contractant avec l'Administration peut-elle être amenée à sous-traiter une partie du marché ?

6. En quoi et pourquoi sous-traitance, cotraitance ou cession de marché ne libèrent-elles pas le cocontractant de ses obligations à l'égard de l'Administration ?

## Document 14 *Une prérogative essentielle : la résiliation unilatérale*

La résiliation unilatérale appartient au pouvoir adjudicateur et peut être prononcée pour deux raisons.

| Sans faute | Pour faute |
| --- | --- |
| Pour motif d'intérêt général. Ex. : renonciation aux travaux prévus. | Pour faute du cocontractant (motif le plus fréquent). Ex. : l'exécution du contrat n'est pas conforme au cahier des charges. |
| → La résiliation est toujours mentionnée ou prévue dans le contrat. | → La résiliation pour faute peut être prévue mais aussi prononcée en justice. |
| → L'Administration doit indemniser le contractant. | → L'Administration peut faire exécuter ce qui était prévu aux frais et risques du cocontractant fautif. |

**Question**

7. Que manifeste la prérogative de résiliation unilatérale quant aux rapports de force dans les contrats de marchés publics ?

## Document 15 *Résiliation unilatérale : de nouveaux pouvoirs pour le juge*

Lorsque la puissance publique décide d'utiliser la clause exorbitante et de résilier unilatéralement le contrat de marché public, que peut faire l'opérateur de service public, c'est-à-dire l'entreprise ? Jusqu'en 2011, elle ne pouvait que s'incliner, à la condition de n'avoir pas commis de faute. Et le juge ne pouvait faire qu'une chose : aider à fixer les indemnisations dues à l'opérateur, toujours dans le cas où il n'avait pas commis de faute bien sûr. Il n'avait aucun pouvoir de discussion quant à la résiliation elle-même. Un arrêt du Conseil d'État daté du 21 mars 2011 change totalement le fonctionnement de la résiliation : il autorise désormais le juge qui serait saisi par l'entreprise titulaire du marché public à prononcer l'annulation d'une décision unilatérale de résiliation et à ordonner la reprise des relations contractuelles.
Le juge doit alors fixer la date de reprise des relations contractuelles, et compenser éventuellement par l'ordonnance de dommages-intérêts le préjudice entraîné pour l'entreprise par l'interruption non justifiée du contrat.

**Questions**

8. Que dit l'arrêt du Conseil d'État ?

9. Dans quelle mesure cette décision de justice instaure-t-elle une limite au déséquilibre du contrat administratif ?

# Entraînement à l'analyse d'une situation juridique

**LES COMPÉTENCES ATTENDUES**

- Qualifier une situation contractuelle impliquant une personne publique
- Analyser une relation contractuelle et ses effets juridiques

1 800 poules sur trois ans, tel est le marché public de fourniture passé entre le maire de X, commune rurale, et l'EURL FAN. Le maire doit se rendre aujourd'hui à l'évidence : il voulait louer des poules aux habitants de la commune pour réduire les déchets domestiques, en particulier alimentaires ; son idée n'a pas fonctionné, ses administrés n'y ont pas adhéré. Il doit donc absolument trouver un moyen de résilier ce contrat.
Le maire fait appel à vous, conseiller juridique spécialisé dans les questions de marché public.

## Questions

À l'aide de vos connaissances et des annexes, répondez aux questions suivantes.

- Conseillez le maire quant à la justification et à la motivation de la résiliation unilatérale qu'il compte demander. Quelle procédure lui conseillez-vous ?
- Précisez à votre client les conséquences pour la commune de la procédure qu'il veut entamer si la résiliation est acceptée.

## ANNEXE 1

### Les principes de la résiliation pour motif d'intérêt général

**La résiliation du marché pour motif d'intérêt général**
Cette prérogative permet au pouvoir adjudicateur de prononcer unilatéralement la résiliation du marché pour des motifs d'intérêt général. Autrement dit, l'administration est en mesure de mettre un terme au marché en cours d'exécution pour de pures raisons d'opportunités.
Ce pouvoir reconnu à la personne publique est l'expression même de la puissance publique. En effet, même dans le silence gardé par les textes, l'administration dispose de cette faculté.
Cependant, le pouvoir adjudicateur devra en payer les frais. En effet, le titulaire du marché devra, d'une part, percevoir le paiement des frais et investissements engagés et, d'autre part, être gratifié d'une indemnisation en dédommagement de la rupture du contrat.

*www.info-marches-publics.net*

## ANNEXE 2

### Conditions de la résiliation unilatérale

Conditions dans lesquelles l'administration peut résilier unilatéralement un marché public.
La **résiliation d'un contrat de marché public** peut être le fait d'une décision unilatérale prise par la personne publique. Deux situations sont à envisager :
– la **résiliation de plein droit**, lorsque le titulaire du marché se trouve dans l'impossibilité absolue d'en poursuivre l'exécution (la force majeure qui met le titulaire du marché dans l'impossibilité absolue de poursuivre l'exécution du marché, pour des raisons indépendantes de sa volonté et d'obstacles qui ne peuvent être surmontés), ou bien la disparition du titulaire du marché (décès, faillite ou incapacité civile) ;
– la **fin anticipée imposée** par la personne publique à son cocontractant, soit dans l'intérêt général, soit pour sanctionner une faute du titulaire.

*www.net-iris.fr*

# Le marché des poules pondeuses

**Annexe 3**

## Extrait de la circulaire du 14 février 2012 sur les bonnes pratiques

**Le règlement amiable des différends**
La plupart des différends en cours d'exécution du marché sont réglés selon les procédures prévues par le cahier des charges. La persistance de différends importants ne doit pas conduire à une saisine systématique du juge. Plusieurs modes de règlement amiable sont à la disposition des acheteurs publics.

**1. Les comités de règlement amiable des différends ou litiges relatifs aux marchés publics**
Ce sont des organismes consultatifs de conciliation, qui peuvent être saisis de tout différend ou litige survenu au cours de l'exécution d'un marché public ou d'un accord-cadre.
L'originalité du rôle des comités est qu'ils ne statuent pas seulement en droit. Ils peuvent prendre en compte l'équité, pour proposer la solution la plus appropriée aux parties. Les avis rendus par les comités ne s'imposent pas aux parties : celles-ci demeurent libres de les suivre ou non.

**2. La conciliation**
Les parties peuvent convenir de recourir à un tiers conciliateur. La conciliation est organisée librement. Elle peut être confiée à un magistrat administratif (art. L. 211-4 du Code de justice administrative). Elle peut s'achever par une transaction.

**3. La transaction**

**4. L'arbitrage**
L'État, les collectivités territoriales et les établissements publics locaux peuvent, pour la liquidation de leurs dépenses de travaux et de fournitures, recourir à l'arbitrage.

*www.legifrance.gouv.fr*

**Annexe 4**

## La théorie de l'imprévision et les marchés publics

Les événements affectant l'exécution du contrat doivent :
– être imprévisibles. Ce peut être des phénomènes naturels, des circonstances économiques, etc., mais ne pas être raisonnablement prévisibles ;
– être extérieurs aux parties. Ils ne doivent pas être irrésistibles, auquel cas on se trouve dans l'hypothèse de la force majeure qui ne nécessite que trois conditions ; s'ils sont causés par l'administration, c'est la théorie du fait du prince qui s'appliquera ;
– bouleverser l'économie du contrat.

Les charges financières ne sont pas contractuelles mais doivent être indemnisées.

Le dernier critère est « ces circonstances doivent être temporaires », sinon on se retrouve dans le cas de la force majeure.

En effet (Conseil d'État, 9 décembre 1932, n° 89655, Compagnie de tramways de Cherbourg) :

Considérant que, au cas où des circonstances imprévisibles ont eu pour effet de bouleverser le contrat, il appartient au concédant de prendre les mesures nécessaires pour que le concessionnaire puisse assurer la marche du service public dont il a la charge, et notamment de lui fournir une aide financière pour pourvoir aux dépenses extra-contractuelles afférentes à la période d'imprévision, mais que cette obligation ne peut lui incomber que si le bouleversement du contrat présente un caractère temporaire ; que, au contraire, dans le cas où les conditions économiques nouvelles ont créé une situation définitive qui ne permet plus au concessionnaire d'équilibrer ses dépenses avec les ressources dont il dispose, le concédant ne saurait être tenu d'assurer aux frais des contribuables, et contrairement aux prévisions essentielles du contrat, le fonctionnement d'un service qui a cessé d'être viable ; que, dans cette hypothèse, la situation nouvelle ainsi créée constitue un cas de force majeure et autorise à ce titre aussi bien le concessionnaire que le concédant, à défaut d'un accord amiable sur une orientation nouvelle à l'exploitation, à demander au juge la résiliation de la concession, avec indemnité s'il y a lieu, et en tenant compte tant des stipulations du contrat que de toutes les circonstances de l'affaire.

*www.marche-public.fr*

# Sens de la leçon

## Les relations contractuelles avec la personne publique

### 1 Les marchés publics sont des contrats administratifs.

**Ils possèdent des caractéristiques liées aux exigences du service public.**

**Les parties contractantes représentent la collectivité.**

L'État ou la collectivité publique

L'entreprise qui répond à l'offre de marché

signent le contrat de marché public.

### 2 L'exécution des marchés publics est particulière.

**La priorité est donnée au fonctionnement du service public.**

**Les contrats administratifs contiennent obligatoirement une clause exorbitante de droit commun.**

**L'exécution des contrats de marché public est placée sous surveillance, pour le bien de tous :**

Des contrats à exécuter personnellement et selon les prescriptions du contrat

Des prérogatives particulières pour la puissance publique...

.... précisément encadrées par le droit

préparation à l'épreuve

# S'entraîner au BTS n° 3

# Une collaboration bien pensée

## Les compétences attendues

- Qualifier une situation précontractuelle ou contractuelle
- Apprécier l'opportunité, la validité et les effets juridiques d'arrangements contractuels
- Rédiger et/ou adapter tout ou partie d'un contrat

### Mise en situation

La SARL Meillart, vendeur de meubles, est installée à Valence. Elle envisage de conclure un contrat de distribution pour écouler les meubles de la gamme « Fatigless », fabriqués par la société Florum, dont le siège social est à Lyon.

La société Meillart, connue pour son sérieux, a obtenu sans mal un projet de contrat de distribution que lui a fait parvenir la société Florum.

**Travail à faire**

### Dossier 1

Le directeur général de la société Florum est réputé pour être rigoureux en affaires. Les professionnels de la branche le connaissent pour rédiger des contrats plutôt avantageux pour lui. Comme la société Meillart ne veut pas s'engager à la légère, son gérant a décidé de transmettre le projet de contrat à son avocat, Me Préval, dans le cabinet duquel vous effectuez un stage. On vous teste en vous posant quelques questions.

**À l'aide de vos connaissances et des annexes, répondez à ces questions.**

1. **Le fait pour la SARL Meillart de demander et recevoir un modèle de contrat de distribution constitue-t-il un engagement contractuel ? Comment qualifie-t-on cette étape dans les relations juridiques entre les professionnels concernés ?**
2. **Précisez quelles seront les obligations ainsi que l'intérêt de ce contrat pour chacune des parties au futur du contrat.**
3. **Quelles sont les clauses qui défendent particulièrement les intérêts de la société Florum, rédactrice du contrat ? Sont-elles valides ? Quels en sont les effets ?**

## Dossier 2

Le gérant de la SARL Meillart estime que la clause n° 4 relative au prix et aux modalités de paiement est trop imprécise. Il a fait part à Me Préval de ses craintes quant aux renouvellements des approvisionnements ; il redoute que ceux-ci se fassent à des conditions désavantageuses pour lui.
Me Préval vous demande de consulter le Code civil et la jurisprudence pour savoir si cette clause ne serait pas source de nullité du contrat.

Rédigez une note structurée relative au prix dans les contrats commerciaux de distribution, en montrant que l'insuffisance des règles légales a amené la jurisprudence à régler les difficultés existant en la matière.

## Dossier 3

Lors d'un contact téléphonique, le dirigeant de la société Florum a indiqué au gérant de la société Meillart qu'il n'excluait pas de modifier certains termes du contrat avant la signature. Il a signalé, sans plus de détails, qu'il avait omis une clause s'appliquant en cas de cessation de paiements de la part du distributeur.
Par ailleurs, il a mentionné ne pas être contre un autre type de coopération commerciale et s'est dit prêt à modifier les termes du contrat proposé pour établir avec la société Meillart un contrat renforçant leur collaboration.
Également consulté sur ce point, Me Préval fait à nouveau appel à vous.

**À l'aide de vos connaissances et des annexes, répondez aux questions posées.**

1. **Comment pourrait-on transformer ce contrat en contrat de distribution exclusive ? Rédigez les nouvelles clauses qui opéreraient cette transformation.**
2. **Quelle clause permettrait au fournisseur de récupérer ses meubles si une cessation de paiements du distributeur intervenait avant le paiement complet des biens livrés ? Rédigez cette clause.**

### Ressources documentaires

**Annexe 1** Le modèle de contrat de distribution
**Annexe 2** Articles du Code civil
**Annexe 3** Arrêt de la Cour de cassation

## Annexe 1 *Le modèle de contrat de distribution*

Entre les soussignés :
La société anonyme Florum, dont le siège est à Lyon (69 003), 246 avenue Maréchal-de-Saxe, immatriculée sous le numéro 854 456 982 RCS Lyon, représentée par son directeur général Gilbert Bedaut,
Ci-après désigné « le Fournisseur » d'une part,
Et
La… (société distributrice), dont le siège est à… (lieu), immatriculée sous le numéro…, représentée par… (mandataire du distributeur),
Ci-après désigné « le Distributeur » d'autre part,

**Il a été convenu ce qui suit :**
**1 – Objet du contrat**
Le Distributeur s'engage à s'approvisionner auprès du Fournisseur selon les termes et conditions du présent contrat. Le contrat porte sur la distribution des canapés, fauteuils et sièges fabriqués par le fournisseur sous la marque déposée à l'INPI « Fatigless ».

…

Suite

## 2 – Quantité minimale

Le Distributeur s'engage à commander chaque année civile, à compter du 1er janvier N + 1, un minimum de 24 unités, chaises non comptées. Le non-respect de cette obligation entraînerait la résiliation de plein droit du contrat dans les conditions prévues à l'article 7 ci-dessous.
Le Fournisseur s'engage cependant à reprendre les canapés, fauteuils et sièges non vendus lors de la présentation des nouvelles collections, à charge pour le distributeur de commander en quantité égale les nouveautés « Fatigless » au catalogue.

## 3 – Durée

Le contrat est conclu pour une durée de 3 ans à compter de la date de la première livraison effective prévue, soit le j/m/N. Le non-renouvellement du présent contrat de distribution n'entraînerait aucune indemnité au profit de l'une ou l'autre partie.

## 4 – Prix, modalités de paiement

Les produits seront vendus par le Fournisseur au Distributeur au prix fixé par le tarif en vigueur au jour de l'enregistrement de la commande par le Fournisseur. Le Fournisseur peut, à la fin de chaque année civile, modifier le tarif pour tenir compte de l'évolution générale des prix, de la concurrence et des coûts de production des produits. Il fera toutefois son possible pour prévenir au plus tôt le Distributeur de la modification du tarif, et il s'efforcera de déterminer les prix de manière à permettre au Distributeur de faire face à la concurrence.
20 % du prix seront payables à la commande, et le solde 45 jours après la fin du mois de livraison.
Tout retard de paiement donnera lieu à des pénalités au taux d'une fois et demie le taux de l'intérêt légal en vigueur au jour de l'échéance impayée. Le Fournisseur sera autorisé à suspendre les livraisons, sauf en cas de paiement comptant par le Distributeur.

## 5 – Livraisons

Les produits seront livrés par le Fournisseur dans les locaux du Distributeur. Le conditionnement des produits devra être conforme aux spécifications de la commande.

## 6 – Fin du contrat

Le contrat prend fin par la survenance de son terme ; cependant, le Fournisseur le rappellera au Distributeur par lettre recommandée avec avis de réception adressée six mois avant la date prévue pour la fin des relations contractuelles.

## 7 – Résiliation et pénalités

En cas de manquement par le Distributeur à l'une quelconque des obligations mises à sa charge par le contrat, ce dernier pourra être résilié de plein droit, au gré du Fournisseur, aux torts du Distributeur, quinze jours après une mise en demeure demeurée infructueuse, cela sans autre formalité.
Le Fournisseur aura droit dans ce cas à titre de pénalité :
- au paiement de la valeur neuve de remplacement des meubles éventuellement confiés par le Fournisseur au Distributeur et que celui-ci serait dans l'impossibilité de restituer ;
- au remboursement des frais d'enlèvement et de retour du matériel repris ;
- au paiement d'une indemnité de 2 000 euros.

## 8 – Dispositions générales

Le présent document représente l'intégralité du contrat existant entre les parties. Toute modification ne peut résulter que d'un accord constaté dans un écrit signé par les deux parties.
Loi applicable : Le contrat est soumis à la loi française.
Pour toute contestation concernant les présentes, les parties donnent compétence au Tribunal de commerce de Lyon, sans que le Fournisseur puisse être cité devant un autre tribunal.

Fait à Lyon, le j/m/N

Le Fournisseur, Le Distributeur,

## Annexe 2 *Articles du Code civil*

**Article 1163** (modifié par Ordonnance n° 2016-131 du 10 février 2016)
L'obligation a pour objet une prestation présente ou future.
Celle-ci doit être possible et déterminée ou déterminable.
La prestation est déterminable lorsqu'elle peut être déduite du contrat ou par référence aux usages ou aux relations antérieures des parties, sans qu'un nouvel accord des parties soit nécessaire.

**Article 1591**
Le prix de la vente doit être déterminé et désigné par les parties.

## Annexe 3 *Arrêt de la Cour de cassation*

Sur le moyen unique :
Attendu, selon l'arrêt attaqué (Aix-en-Provence, 5 avril 1994), que, le 4 novembre 1987, la société Pallmann Chemie Franz X… a conclu avec la société Cedisud un contrat aux termes duquel celle-là consentait à celle-ci la distribution exclusive de ses produits pour une zone déterminée, la société Cedisud s'engageant, de son côté, à acheter chaque année au minimum 100 tonnes desdits produits ; qu'il était en outre stipulé que « Pallmann vend au concessionnaire aux prix indiqués dans les listes de prix nets », celles-ci « faisant partie intégrante du contrat », et que « toute modification des prix sera communiquée au concessionnaire par lettre recommandée 8 semaines au plus tard avant l'entrée en vigueur de la modification des prix » ;

Attendu que la société Cedisud fait grief à l'arrêt d'avoir rejeté sa demande d'annulation, pour indétermination du prix, du contrat de concession alors, selon le pourvoi, qu'il résulte des constatations des juges du fond que la société Cedisud, qui s'est engagée à s'approvisionner exclusivement auprès de la société Pallmann, à laquelle elle était en outre tenue d'acheter annuellement une quantité minimum de produits, n'était pas ainsi mise en mesure de débattre et d'accepter librement les nouveaux prix, notifiés par la société concédante, auxquels pourraient être conclus les contrats de vente successifs nécessaires à la mise en œuvre de la convention ; que, dès lors, en rejetant la demande d'annulation de cette convention, la cour d'appel n'a pas tiré de ses constatations, desquelles résultait l'indétermination du prix, les conséquences légales qu'elles comportaient, et a ainsi violé les articles 1129 (aujourd'hui article 1163) et 1591 du Code civil ;

Mais attendu que la clause d'un contrat de concession donnant au fournisseur la faculté de modifier unilatéralement le prix des produits que le distributeur s'est engagé à acheter n'affecte pas la validité de ce contrat, l'abus dans la fixation du prix ne donnant lieu qu'à résiliation ou indemnisation ;
D'où il suit que le moyen est sans fondement ;
PAR CES MOTIFS :
REJETTE le pourvoi.

*Cour de cassation, chambre commerciale, 11 juin 1996.*

préparation à l'épreuve

# S'entraîner au BTS n° 4

# Une entreprise au bord du gouffre

## Les compétences attendues

- Justifier le choix d'une structure adaptée à une situation donnée
- Identifier le stade de la procédure dans une situation donnée d'entreprise en difficulté

### Mise en situation

André Tellier dirige une entreprise individuelle de plomberie, établie à Digne-les-Bains (04). Michèle, son épouse, travaille pour lui, ainsi que six autres salariés.

Depuis quelques mois, le comptable attire l'attention d'André Tellier sur ses retards de paiement : les factures de plusieurs fournisseurs n'ont pas été acquittées. Le banquier vient de prévenir que la limite de découvert autorisé du compte de l'entreprise allait bientôt être dépassée. De son côté, l'Administration réclame fermement le règlement de la dernière échéance fiscale.

Vous effectuez un stage dans l'entreprise d'André Tellier, qui s'adresse régulièrement à vous pour obtenir des conseils.

## Travail à faire

### Dossier 1

André Tellier n'est pas homme à fuir les problèmes. Il préfère envisager sereinement les solutions qui lui permettraient de faire face à ses difficultés actuelles de trésorerie, quitte à s'adresser au juge, et il vous demande de l'éclairer sur ce point.

**À l'aide de vos connaissances et des annexes, conseillez M. Tellier.**

1. **Peut-on dire que l'entreprise d'André Tellier est en cessation de paiements ? Justifiez.**
2. **Présentez dans une note structurée la procédure qui vous semble la mieux adaptée pour aider André Tellier à surmonter ses problèmes. Faites ressortir aussi bien les modalités de fonctionnement de l'entreprise dans les mois à venir que les issues possibles de la procédure mise en œuvre.**

### Dossier 2

Les craintes d'André Tellier le poussent à réfléchir aux risques que lui fait courir le statut juridique de son entreprise. Il envisage soit de modifier ce statut, soit de prendre des dispositions pour protéger son patrimoine.

M. Tellier vous demande de préparer une note structurée qui l'aiderait à répondre à ses préoccupations :

– quels sont les risques personnels pris par André Tellier dans le cadre de son activité professionnelle ?
– quelles dispositions peut-il prendre pour limiter ces risques à l'avenir ?

### Dossier 3

André Tellier estime que sa clientèle actuelle est insuffisante ; ses clients sont essentiellement des personnes privées, le plus souvent des particuliers, plus rarement des entreprises qui lui confient une partie d'un chantier.
Aussi a-t-il décidé de se tourner vers les marchés publics, consultant pour cela la presse et les sites Internet spécifiques. Il a retenu une annonce qui lui semble offrir une opportunité de première expérience professionnelle avec l'Administration.

**À l'aide de vos connaissances et des annexes, expliquez à M. Tellier les principes des contrats administratifs.**

1. **Analysez le marché concerné par l'avis d'appel d'offres : les parties concernées, l'objet du contrat, les possibilités que ce contrat offre à l'entreprise Tellier. À quelles conditions André Tellier pourrait-il conclure ce contrat ?**
2. **Rappelez les différentes étapes de passation d'un marché public.**

## Ressources documentaires

**Annexe 1** Définition de la cessation de paiements
**Annexe 2** Éléments de synthèse concernant les procédures pour les entreprises en difficulté
**Annexe 3** L'entreprise individuelle ou l'entreprise individuelle à responsabilité limitée
**Annexe 4** Un avis d'appel d'offres en ligne

## Annexe 1 *Définition de la cessation de paiements*

« L'état de cessation de paiements est la situation dans laquelle se trouve une personne ou une entreprise qui ne dispose plus d'une trésorerie suffisante pour faire face à ses dettes liquides et exigibles. La cessation des paiements ne se confond pas avec une gêne passagère de trésorerie, ni avec l'insolvabilité. »

*www.dictionnaire-juridique.com*

## ANNEXE 2 *Éléments de synthèse concernant les procédures pour les entreprises en difficulté*

| CRITÈRES \ PROCÉDURES | | Procédure collective judiciaire | | |
|---|---|---|---|---|
| | **Conciliation** | **Procédure de sauvegarde** | **Redressement judiciaire** | **Liquidation judiciaire** |
| Initiative de l'ouverture | Dirigeant seulement | | Dirigeant, créanciers, ministère public, saisine d'office | |
| État de cessation des paiements | Non ou oui si la cessation est intervenue depuis moins de 45 jours. | Non, mais il existe des difficultés pouvant peut-être y conduire. | Oui | Oui, et il est impossible de sauver l'entreprise. |
| Mandataire de justice | Conciliateur | Administrateur | | Liquidateur |
| Pouvoirs du mandataire de justice | Assistance | Assistance Surveillance | Surveillance Assistance Représentation | Représentation |
| Ouverture d'une période d'observation | Non | Oui, 6 mois renouvelables une fois. | | Non, mais l'entreprise peut en avoir bénéficié. |
| Résolution des difficultés par : | Accord homologué par le tribunal ou constaté par le président. | Plan de sauvegarde | Plan de redressement | Plan de liquidation ou plan de cession (reprise). |
| Possibilité de sanctionner le dirigeant | Non | | Oui | |
| Confidentialité de la procédure | Non, si l'accord est homologué. Oui sinon. | Non, mention au Registre du commerce et des sociétés ou au Répertoire des métiers | | |
| Durée maximale de la procédure (en principe) | 4 mois | Le plan peut s'étaler sur 10 ans maximum. | | 1 an pour la procédure simplifiée. |

## ANNEXE 3 *L'entreprise individuelle ou l'entreprise individuelle à responsabilité limitée*

**L'entreprise individuelle classique (EI)**

L'entreprise individuelle est constituée par une personne physique seule exerçant une activité commerciale, artisanale ou libérale afin d'en tirer les profits nécessaires à sa subsistance. Ce statut permet à l'entrepreneur de diriger et gérer seul son entreprise. Ses pouvoirs sont par nature illimités.
Ce mode d'exercice a pour avantage de s'adapter à toutes les petites activités qui ne nécessitent pas beaucoup de financement. De même, les formalités fiscales et administratives sont allégées.
Par ailleurs, la création d'une entreprise individuelle est simple et ne nécessite pas la rédaction d'actes ou de statuts, ni d'apports. Il suffit de faire une demande d'immatriculation auprès du centre de formalités des entreprises (CFE). […]
Cependant, l'entreprise individuelle présente des inconvénients nombreux : confusion du patrimoine privé et professionnel de l'entrepreneur impliquant une responsabilité totale et indéfinie pour le passif professionnel. Les créanciers professionnels bénéficient alors de l'ensemble du patrimoine de l'entrepreneur afin de se faire rembourser.
En outre, si l'entrepreneur individuel est marié, il est préférable de conclure un contrat de mariage pour choisir un régime de séparation de biens ou de participation aux acquêts afin de protéger les biens du conjoint.
Cependant, l'article L.526-1 du Code de commerce issu de la loi du 6 août 2015, prévoit que par dérogation aux articles 2284 et 2285 du Code civil, la résidence d'un entrepreneur individuel est insaisissable par les créanciers professionnels, et cela sans formalités.
De plus, l'entrepreneur peut déclarer insaisissables ses autres immeubles, qui n'ont pas été affectés à son usage professionnel (par une déclaration devant notaire).

• • •

## Suite

**L'entrepreneur individuel à responsabilité limitée (EIRL)**

L'entrepreneur souhaitant exercer son activité seul peut décider de le faire sous statut d'entrepreneur individuel à responsabilité limitée. L'intérêt de ce statut est de bénéficier d'une division au sein même de son patrimoine. Ainsi, une partie est affectée à la vie privée et l'autre à l'exercice de la profession. Depuis le 1er janvier 2013, un entrepreneur peut créer autant de patrimoines qu'il a d'activités professionnelles.

Pour bénéficier de ce régime, l'entrepreneur doit effectuer une déclaration au sein de laquelle il énumère les biens nécessaires à son activité et spécialement affectés au patrimoine professionnel. La déclaration du patrimoine d'affectation doit être enregistrée auprès du CFE.

En raison de son particularisme, les mentions « Entreprise individuelle à responsabilité limitée » ou le sigle « EIRL » doivent figurer sur tous les documents professionnels, avant la dénomination sociale de l'entreprise.

***Le régime fiscal***

L'entrepreneur est soumis à l'impôt sur le revenu. Les bénéfices sont imposés dans la catégorie des bénéfices industriels et commerciaux (BIC) ou celle des bénéfices non commerciaux (BNC) selon la nature de l'activité.

Toutefois, l'entrepreneur individuel peut opter pour l'impôt sur les sociétés. Cette option est irrévocable. En revanche, l'EIRL soumis au régime de la micro-entreprise est exclu de cette option.

*www.netpme.fr*

## Annexe 4 *Un avis d'appel d'offres en ligne*

CONSEIL GÉNÉRAL ALPES DE HAUTE-PROVENCE

**Rénovation et aménagement au collège René-Cassin – PPMC 2011**

> AVIS D'APPEL PUBLIC À LA CONCURRENCE <

Avis N° : AO-1103-3497 Mise en ligne : 15/03/2016

04 St-André-les-Alpes Source : **MarchésOnline.com**

Client : Conseil général des Alpes-de-Haute-Provence Travaux de bâtiment

Procédure adaptée Date limite de réponse : 08/05/2016

**Nom et adresse officiels de l'organisme acheteur :** Conseil général des Alpes-de-Haute-Provence Correspondant : M. Jean-Louis Bianco, président du conseil général, 13, rue du Docteur Romieu BP 216, 04003 Digne-les-Bains Cedex, tél. : 04 92 30 04 00, adresse Internet : http://www.cg04.fr

**Objet du marché :** Travaux de rénovation et d'aménagement au collège René-Cassin à Saint-André – PPMC 2011

**Type de marché de travaux :**

**Lieu d'exécution :** Saint-André

**Caractéristiques principales :** Les délais d'exécution des travaux sont fixés à l'acte d'engagement et ne peuvent en aucun cas être modifiés. À titre indicatif, les travaux dureront du 1er septembre 2016 au 31 octobre 2016.

**Prestations divisées en lots :** oui

Possibilité de présenter une offre pour un ou plusieurs lots

Langues pouvant être utilisées dans l'offre ou la candidature : français.

Unité monétaire utilisée : l'euro.

**Critères d'attribution :** Offre économiquement la plus avantageuse.

**Date limite de réception des offres :** 8 mai 2016 à 12 h 00

**Délai minimal de validité des offres :** 120 jours à compter de la date limite de réception des offres.

Numéro de référence attribué par le pouvoir adjudicateur/l'entité adjudicatrice : 11MTD004

*Adresse auprès de laquelle des renseignements d'ordre technique peuvent être obtenus :*
Correspondant : M. Henri MAGARD, Conseil général des Alpes-de-Haute-Provence – Maison technique de Digne-les-Bains, quartier La Tour, 04000 Digne-les-Bains, tél. : 04 92 31 89 99.

*Adresse auprès de laquelle des renseignements d'ordre administratif peuvent être obtenus :* Conseil général des Alpes-de-Haute-Provence – Service des Affaires juridiques – Unité Marché publics, 13, rue du Docteur Romieu – BP 216, 04003 Digne-les-Bains, tél. : 04 92 30 05 22, télécopieur.

*Adresse à laquelle les offres/candidatures/projets/demandes de participation doivent être envoyés :* Conseil général des Alpes-de-Haute-Provence – Service des Affaires juridiques – Unité Marchés publics, 13, rue du Docteur Romieu – BP 216, 04003 Digne-les-Bains, tél. : 04 92 30 05 22.

**Nature et désignation des lots :** Lot(s) 1 Faux plafonds – remplacement de faux plafonds

Lot(s) 2 Peinture – Travaux de peinture sur murs, plafond de sol, nettoyage

Lot(s) 3 Électricité – Travaux électriques courant fort et courant faible – alimentations spécifiques et chauffage électrique

Lot(s) 4 Plomberie - sanitaire - ventilation – chauffage – eau chaude

# Préparation à l'épreuve

## PRÉSENTATION DE L'ÉPREUVE

L'épreuve écrite U31 d'Économie et Droit se compose de deux parties indépendantes : une partie juridique et une partie économique, à traiter sur une durée de 2 heures pour chaque partie de l'épreuve.

La partie juridique porte sur un ou plusieurs thèmes des **programmes des années de BTS** et vise à évaluer votre capacité à mobiliser vos connaissances et à mettre en œuvre les compétences acquises tout au long de votre cursus.

### L'objectif

Le principal objectif du BTS est à caractère opérationnel. Les compétences et les connaissances à acquérir vous permettront :

– de maîtriser les règles de droit qui s'appliquent aux différents acteurs économiques et sociaux, en mesurant le sens et la portée de ces règles, dans un contexte national et international ;

– de disposer des compétences méthodologiques en matière de recherche et d'analyse d'une documentation juridique, de mise en œuvre d'outils et de normes en usage dans le domaine du droit ;

– d'analyser des situations simples tirées de la vie des organisations et/ou de proposer des solutions argumentées.

### Le sujet

Il se présente sous la forme d'un dossier documentaire décrivant une ou plusieurs situations juridiques. Il comporte un questionnement destiné à guider votre travail, accompagné ou non d'annexes.

Les différents dossiers à analyser vous inviteront à résoudre une situation juridique et/ou à rédiger une note structurée.

Ces différents dossiers peuvent être accompagnés d'annexes constituées par un contrat, une décision de justice, etc. Ces annexes nécessitent donc elles-mêmes des méthodologies en vue d'une exploitation efficace.

# I. METTRE EN ŒUVRE LES MÉTHODOLOGIES

## 1. Analyser une situation juridique

L'exercice qui consiste à résoudre un cas pratique permet d'apprécier l'aptitude de l'étudiant à appliquer des règles de droit à des situations concrètes. Résoudre un cas pratique consiste à répondre à une ou plusieurs questions posées sur une situation donnée, en utilisant l'argumentation juridique appropriée. La résolution de tout cas pratique suppose de répondre aux questions suivantes :

– Quels sont les faits ?

– Quel est le problème juridique posé ?

– Quelle est la règle de droit applicable ?

– Quelle argumentation peut-on développer ?

– Quelle solution doit-on adopter ?

### Démarche

#### ÉTAPE 1 Les faits qualifiés

La première étape du travail suppose de lire attentivement le contexte et les faits qui sont à l'origine du problème qui vous est soumis.

*Exemple : M. X avait l'habitude de se livrer chez un fournisseur, l'entreprise Y., dans le cadre d'un accord passé avec elle. À la suite d'un dégât causé à la marchandise lors d'un transport, M. X a voulu faire payer à l'entreprise Y le préjudice subi. Le fournisseur n'a rien voulu entendre, et a prétendu être exonéré de toute réclamation grâce aux termes du contrat.*

Vous devez traduire ces faits en termes juridiques. Qualifier les faits permet de rattacher la problématique concrète à un cadre juridique abstrait, c'est-à-dire à la règle de droit applicable afin d'en tirer des conclusions. L'exercice de qualification juridique consiste donc à donner aux faits concernés la traduction juridique adaptée permettant l'application de la règle de droit.

*Exemple : le cocontractant d'un commerçant invoque une clause de non-responsabilité pour repousser une demande d'indemnisation née d'une livraison défectueuse.*

À ce stade, il faut éviter de mêler aux faits des éléments de droit, et encore moins une solution prématurée.

#### ÉTAPE 2 Le problème juridique

L'identification des parties (demandeur et défendeur) et des éléments du problème doit aboutir à la formulation du problème juridique. Ce problème doit être présenté de façon générale, au-delà du cas spécifique.

*Exemple : Quels sont les droits des salariés quant à l'utilisation personnelle de leur messagerie professionnelle ? ou bien : Un employeur peut-il licencier un salarié après avoir pris connaissance, en son absence, du contenu de sa messagerie ?*

#### ÉTAPE 3 La ou les règle (s) de droit applicable(s)

Il s'agit d'expliquer les grandes lignes du droit positif, qui permettront d'apporter une réponse au questionnement juridique identifié dans l'étape précédente.

*Exemple : le droit pose comme principe que toute utilisation de son poste de travail par un salarié est supposée avoir une finalité professionnelle, y compris l'envoi de messages électroniques, à charge pour l'employé d'identifier les dossiers et courriers qu'il considère comme personnels. La connexion Internet mise à disposition par l'employeur est un outil de travail dont l'utilisation doit être purement professionnelle, sauf usage modéré personnel autorisé, etc.*

Des règles juridiques sont parfois fournies en annexe dans le sujet (extrait de codes, décision de justice, convention collective…), mais on attendra généralement de vous que vous fassiez appel à vos connaissances. Il est donc indispensable de bien identifier et maîtriser la partie du cours concernée.

### ÉTAPE 4 La solutions proposée

Les étapes précédentes ont permis de passer des faits au droit. Il s'agit maintenant d'appliquer le droit aux faits pour proposer une ou plusieurs solutions. Il faut donc s'attacher à tirer les conséquences des analyses précédentes. L'argumentation juridique consiste à rapprocher les faits, juridiquement qualifiés, des règles de droit applicables, pour en déduire une ou plusieurs solutions.

La solution que vous proposerez est susceptible d'entraîner des conséquences juridiques (action en justice, démarches, etc.). Elle doit être justifiée par une argumentation juridique rigoureuse.

*Exemple : le licenciement de ce salarié sera considéré comme abusif ou, au contraire, sera validé car fondé sur une cause réelle et sérieuse.*

Vous devez soigner la rédaction et structurer votre propos avec des transitions claires (« C'est pourquoi…, Compte tenu de…, En conséquence… »). Dans tous les cas, vous utilisez le vocabulaire juridique adéquat.

Vous pourrez introduire la solution que vous proposez avec une formule classique : « Dans le cas d'espèce…, En l'espèce…, Dans le cas étudié… »

## Application

Léa a été engagée en qualité de vendeuse par la société CQFD en 2006. Le 18 janvier 2011, elle a adressé un courrier électronique aux actionnaires et dirigeants de l'entreprise, dans lequel elle dénonçait ses conditions de travail et de rémunération par les propos suivants : « *Je dénonce des horaires de service dépassés et non rémunérés, un rythme tendu et stressant lors de la période de Noël, un salaire aligné sur le Smic, un travail de manutention pénible, une mauvaise qualité du tablier de travail, un contrôle sans restriction des sacs à la sortie du magasin ! Et sachez que je travaille dur, et toujours avec le sourire, pour contribuer à votre enrichissement.* » Estimant que ce courriel comportait des termes injurieux, diffamatoires et excessifs, l'employeur l'a licenciée pour faute grave. Contestant ce licenciement, Léa souhaite saisir le conseil de prud'hommes.

Qualifiez la situation opposant Léa à son employeur et présentez l'argumentation juridique permettant de résoudre ce litige. Appuyez-vous sur la documentation fournie ci-dessous.

**Article L. 1121-1 du Code du travail – Libertés individuelles dans l'entreprise**

« Nul ne peut apporter aux droits des personnes et aux libertés individuelles et collectives de restrictions qui ne seraient pas justifiées par la nature de la tâche à accomplir ni proportionnées au but recherché ».

**Article L. 2281-1 du Code du travail**

« Les salariés bénéficient d'un droit à l'expression directe et collective sur le contenu, les conditions d'exercice et l'organisation de leur travail. »

# Corrigé

**1. Les faits qualifiés**

Une salariée est licenciée pour faute grave après avoir adressé un courriel dénonçant ses conditions de travail à son employeur et aux actionnaires de la société qui l'employait.

**2. Le problème juridique**

Un salarié abuse-t-il son libre droit d'expression dans l'entreprise en dénonçant, sans termes injurieux, ses conditions de travail ?

**3. La ou les règle(s) de droit applicable(s)**

Article L. 1121-1 du Code du travail sur les libertés individuelles dans l'entreprise : « Nul ne peut apporter aux droits des personnes et aux libertés individuelles et collectives de restrictions qui ne seraient pas justifiées par la nature de la tâche à accomplir ni proportionnées au but recherché. »

Cependant, et a contrario, l'employeur dispose du pouvoir de direction dans son entreprise. Il peut estimer, s'il en rapporte la preuve, qu'un salarié abuse de sa liberté d'expression s'il diffuse des propos mensongers sur ses conditions de travail et sa rémunération, traduisant ainsi son intention de nuire à l'employeur.

**4. La solution proposée**

Dans le cadre de son pouvoir de direction, l'employeur peut sanctionner l'abus de propos mensongers caractérisant un manquement du salarié à son devoir de loyauté dans l'exécution de son contrat de travail. Cependant, c'est aussi à l'employeur d'en rapporter la preuve, car son pouvoir de direction doit intégrer et respecter le principe de la liberté individuelle d'expression des salariés.

En l'espèce, la salariée a formulé un certain nombre de doléances sur le contenu, les conditions d'exercice et l'organisation de son travail, sur un ton tout au plus satyrique ou ironique, mais non violent et en aucun cas diffamatoire. L'intention de nuire à l'employeur ne semble pas établie ici. La salariée n'a fait qu'user de la liberté d'expression dont jouit tout salarié dans l'entreprise.

Il semble que Léa n'ait pas abusé de sa liberté d'expression en ayant adressé aux actionnaires et dirigeants de l'entreprise un courrier électronique portant sur ses conditions de travail et sa rémunération, dès lors que ce courrier ne comportait pas de termes injurieux, diffamatoires ou excessifs. Son licenciement sera sans doute sanctionné par la justice.

## 2. Rédiger une note structurée

Dans l'épreuve de Droit, il peut vous être demandé de rédiger une note structurée destinée à apporter un éclairage juridique par rapport à un litige ou aux questions d'une personne. Dans certains cas, vous disposerez d'annexes qui vous donneront des éléments de réflexion.

C'est la qualité du raisonnement et de l'argumentation ainsi que le vocabulaire adapté et une réflexion construite qui seront appréciés dans ce type d'exercice. Cela signifie que le travail doit être structuré selon les consignes formulées dans le sujet.

### Démarche

#### Étape 1 Rédiger une introduction

L'introduction n'est pas indispensable mais elle est conseillée pour présenter ou rappeler le contexte de l'étude et annoncer les points de droit qui seront abordés.

*Remarque : Les critères de forme de la note (émetteur, date...) ne sont pas évalués dans cette épreuve. Cette note peut ne pas contenir de titre de civilité ou de formule de politesse.*

#### Étape 2 Proposer une argumentation juridique

Il s'agit d'exposer les principes juridiques qui s'appliquent au problème identifié. Cette argumentation se fait en quelques lignes structurées en deux ou trois parties, chaque partie ou sous-partie peut être identifiée par un numéro ou un titre. Le style est impersonnel, neutre et utilise des formules telles que : il semble que... , il apparaît...

#### Étape 3 Formuler des propositions

Il s'agit d'éclairer la personne qui vous a posé la ou les questions, en lui faisant un ou des propositions, ou suggestions. *(Exemple : changer de statut juridique, saisir la justice pour...)*

### Application

**À l'aide de vos connaissances, rédigez une note structurée pour conseiller M. X.**

M. X, jeune commercial récemment recruté par une PME, se voit soumettre par son employeur, une clause de non-concurrence dans son contrat. Il vous demande de lui en présenter, dans une courte note, les conditions de validité et les conséquences en cas de non-respect de cette clause.

**Annexe** *Clause de non-concurrence*

Compte tenu de la connaissance des fichiers clients et des informations stratégiques auxquelles M. X. est appelé à avoir accès, il est convenu qu'en cas de rupture de son contrat, pour quelque cause que ce soit, y compris en cas de rupture du contrat durant la période d'essai, M. X. s'interdit d'accepter chez un concurrent de la société Y. tout contrat de travail qui l'amènerait à exercer des fonctions similaires aux siennes. De même il lui est interdit de créer sa propre entreprise en concurrençant directement son actuel employeur.

La présente interdiction de concurrence s'appliquera pendant une durée de deux ans après la rupture du contrat de travail, dans le département du lieu du siège de l'entreprise Y., ainsi que dans les départements limitrophes.

Durant les deux années d'application de cette clause, l'entreprise Y. s'engage à verser à M. X. une contrepartie financière équivalente à 40 % de sa rémunération nette au jour de la rupture du contrat. Toutefois, la société Y. se réserve le droit de libérer M. X. de son obligation de non-concurrence. Dans ce cas, elle sera elle-même dispensée du paiement de la contrepartie prévue ci-dessus.

## Corrigé

M. X, commercial, s'interroge sur la nature, les conditions et les effets de la clause de non-concurrence.

La clause de non-concurrence est une clause du contrat de travail interdisant, sous certaines conditions, d'exercer après la rupture du contrat, une activité professionnelle qui causerait un préjudice à l'employeur. Elle aboutit donc à interdire à un salarié d'exercer son activité dans une entreprise concurrente de celle de son employeur à l'issue de son contrat de travail.

### 1 • Les conditions de validité de la clause de non-concurrence

La clause de non-concurrence résulte du contrat de travail ou d'un accord collectif. Elle est nécessairement écrite car elle ne se présume pas. La jurisprudence a établi un ensemble de conditions cumulatives pour que la clause de non-concurrence soit valable et applicable : elle doit être limitée dans le temps et dans l'espace ; elle doit prévoir une contrepartie pécuniaire au profit du salarié, qui est la juste indemnisation du préjudice subi par le salarié du fait de l'application de cette clause.

Elle doit également laisser au salarié la possibilité de travailler, doit respecter un critère de proportionnalité et doit protéger les intérêts légitimes de l'entreprise. En effet, l'insertion d'une clause de non-concurrence dans un contrat de travail n'est valable que si elle est indispensable à la défense des intérêts légitimes de l'entreprise et si elle ne porte pas une atteinte injustifiée et disproportionnée à la liberté du travail.

Enfin, la clause de non-concurrence devient applicable après la rupture du contrat de travail, et selon les formes prévues dans la clause.

### 2 • Les conséquences du non-respect de la clause de non-concurrence

Le salarié qui ne respecte pas la clause encourt des risques.

L'employeur peut engager une action devant le conseil de prud'hommes afin d'obtenir le remboursement de la contrepartie financière et le versement de dommages et intérêts.

Le juge peut également demander au salarié de cesser sa nouvelle activité.

# II. SAVOIR EXPLOITER LES ANNEXES

## 1. Analyser un contrat

Dans l'épreuve de Droit, vous devez répondre à des questions de manière à proposer une solution à un problème juridique. Vous disposez pour cela d'un dossier documentaire pouvant comporter un contrat ou des clauses extraites d'un contrat.

Il s'agira alors pour vous, selon les exigences de l'exercice :

– de rattacher le contrat à une situation juridique ;

– d'identifier les obligations des parties et les effets particuliers de certaines clauses contractuelles ;

– d'exercer votre esprit critique et d'apprécier la validité du contrat en général ou de ses clauses spécifiques ;

– éventuellement, de faire le rapprochement entre le contenu du contrat proposé à l'étude et les informations juridiques fournies par d'autres sources documentaires (extrait de code, jurisprudence, etc.).

### Démarche

#### ÉTAPE 1 Lire le contrat ou les clauses extraites du contrat

Cette première étape permet de repérer de quel type de contrat il s'agit (contrat de travail, contrat de vente, contrat d'assurance…). La première lecture du contrat suffit à l'identifier, souvent grâce au titre du document.

#### ÉTAPE 2 Analyser le contrat

La méthode d'analyse se déroule selon les phases suivantes.

##### 1. La situation juridique

Il s'agit d'identifier les éléments du contrat qui précisent la situation :

– d'abord, l'objet du contrat : contrat de travail (à durée déterminée, indéterminée, etc.), contrat de vente (entre professionnels, entre un professionnel et un consommateur, etc.), contrat de location (civile, commerciale), contrat de transport, contrat d'assurance, etc. ;

– ensuite, les parties concernées : un salarié et son employeur, un vendeur et un acheteur, un bailleur et son locataire, un transporteur et une personne transportée, un assureur et un assuré, etc.

##### 2. La règle de droit applicable

Il s'agit de retrouver à quelle branche du droit se rapporte le contrat : droit civil, droit du travail, droit commercial, droit de la consommation, etc.

##### 3. La validité du contrat

**1. Vérifier l'existence des conditions générales de validité du contrat (C. civ, art. 1128)**

– Le consentement des parties (existence et absence de vice) ;

– Leur capacité de contracter ;

– Un contenu licite et certain.

**2. Vérifier l'existence des conditions spécifiques de validité du contrat**

– Les exigences légales (les mentions impératives dans les contrats de travail atypiques, par exemple) ;

– La présence de formulaires à joindre impérativement (le bordereau de rétractation dans le contrat de vente à domicile, par exemple) ;

– La signature des parties.

### 4. Les caractéristiques du contrat

Il s'agit de situer le contrat dans les classifications de référence (contrat consensuel ou formel, contrat synallagmatique ou unilatéral, contrat onéreux ou à titre gratuit, etc.).

Vous justifierez la typologie retenue (*ex. : il s'agit d'un contrat consensuel parce que l'écrit n'est pas une condition de validité mais un instrument de preuve ; c'est un contrat synallagmatique parce qu'il fait naître des obligations réciproques*).

### 5. Les clauses du contrat

Vous repérerez les divers éléments du contrat :

– La nature précise du contrat : contrat de travail à temps partiel, prêt à la consommation, contrat de location avec option d'achat… ;

– Le lieu et la date de conclusion du contrat ;

– Les parties, avec leurs noms et leurs qualités en droit (SARL Durand, employeur, et Mme Bayle, salariée ; M. Dubois, emprunteur, la banque SMC SA, prêteur) ;

– La durée et/ou le terme du contrat ; éventuellement, les possibilités de renouvellement prévues par une clause.

### 6. Les effets du contrat

Il s'agit de préciser quelles sont les obligations des parties découlant du contrat, en distinguant celles qui se traduisent par des sommes à payer (prix du bien vendu, loyer de l'appartement, salaire et éléments de rémunération, etc.) et celles qui revêtent une autre forme (prestation de travail, réalisation d'une activité, livraison d'un bien, interdiction d'exercer une activité, etc.).

## ÉTAPE 3 Utiliser le résultat de cette analyse pour résoudre le cas

En fonction des questions posées par le sujet, l'analyse ainsi menée pourra être utilisée pour argumenter sur la solution proposée.

# Application

L'entreprise de chimie Carrier SA a embauché Mme Vilard en tant que responsable d'un de ses pôles de recherche. Les parties ont signé le contrat de travail reproduit ci-après. Analysez la situation professionnelle de la salariée en répondant aux questions suivantes.

**1.** De quel type de contrat s'agit-il ? Où et quand a-t-il été conclu ?

**2.** Les conditions générales de validité des contrats sont-elles réunies ? L'écrit est-il une condition de validité de ce contrat ? Pourquoi ?

**3.** Quelles sont les obligations des parties ?

**4.** Quels sont les termes du contrat favorables aux intérêts de la salariée ?

**5.** Quelles sont les clauses qui peuvent paraître pénalisantes pour la salariée ? Ces clauses sont-elles licites ?

*Note : ces questions sont un exemple pour l'entraînement proposé ici ; ce n'est pas forcément le modèle des questions de l'épreuve.*

**CONTRAT DE TRAVAIL À DURÉE INDÉTERMINÉE**

ENTRE LES SOUSSIGNÉS :
– la Société anonyme CARRIER, 14, avenue de la Victoire 26000 Montélimar
représentée par M. Gilles Brasset, agissant en qualité de Directeur des ressources humaines,
d'une part,
– et Mme Maryse Vilard demeurant 8, rue Champollion 26000 Montélimar,
d'autre part,
IL A ÉTÉ CONVENU ET ARRÊTÉ CE QUI SUIT :

**Article 1er** – La Société CARRIER engage, sous réserve des résultats de la visite médicale d'embauche, Mme Maryse Vilard, âgée de 32 ans, à compter du 1er octobre N.
Le contrat est soumis aux dispositions de la Convention collective nationale des industries chimiques (brochure JO n° 3108).

**Article 2 – Qualification et fonctions**
Mme Maryse Vilard sera employée en qualité d'ingénieur plasticien en chef. Elle dirigera le pôle « Recherche en plasturgie souple » et encadrera les ingénieurs et chercheurs qui lui seront rattachés. Elle respectera en permanence son devoir de loyauté, complété par l'obligation au secret professionnel pour tout ce qui concerne les programmes de recherche et leur avancée.

**Article 3 – Durée du contrat et préavis en cas de rupture**
Le présent contrat est conclu pour une durée indéterminée. Il est résiliable par l'une ou l'autre des parties, dans le respect des règles légales et conventionnelles, sous réserve du respect d'un délai de préavis d'un mois en cas de démission et de deux mois en cas de licenciement.

**Article 4 – Statut et rémunération**
Mme Maryse Vilard aura la qualification de cadre, coefficient 385 dans la convention collective ; elle percevra un salaire mensuel brut de 3 100 € (trois mille cent euros), versé le 30 de chaque mois civil, et correspondant à la rémunération prévue par la convention collective précitée pour le coefficient 385. Ce salaire sera révisé annuellement selon les modalités conventionnelles existantes.

**Article 5 – Durée du travail**
Selon la loi, soit 35 heures hebdomadaires ; Horaires et organisation de la semaine : selon les précisions du règlement intérieur en vigueur. Heures supplémentaires : selon les nécessités de service.

**Article 6 – Clause de mobilité :** Mme Maryse Vilard exercera ses fonctions à Montélimar. Toutefois, compte tenu de la nature de ses activités, l'entreprise CARRIER se réserve la possibilité de la muter dans ses autres centres de recherche, soit à Marseille, soit à Nantes, selon les nécessités de service, et en respectant un délai de prévenance de trois mois. Le refus de Mme Maryse Vilard de rejoindre son nouveau poste équivaudrait à une démission de sa part.

**Article 7 – Clause de non-concurrence**
En cas de rupture du présent contrat, pour quelque cause que ce soit, Mme Maryse Vilard s'engage formellement à ne pas travailler dans des fonctions similaires aux siennes, pour une entreprise ayant une activité concurrente de celle de la Société CARRIER. Cette restriction est valable pendant une durée de deux ans à compter de la cessation du contrat, et s'applique dans le département de la Drôme et dans les départements limitrophes.
En contrepartie de cette obligation, Mme Maryse Vilard percevra pendant toute la durée de l'interdiction une indemnité mensuelle égale à 50 % de son salaire au jour de la rupture du contrat. En cas de non-respect de la présente clause, Mme Maryse Vilard sera redevable d'une somme fixée à l'équivalent de six mois du dernier salaire perçu.

Fait en deux exemplaires,
à Montélimar, le 21 septembre N

| | |
|---|---|
| Lu et approuvé<br>M. Vilard | Lu et approuvé<br>G. Brasset |

## Corrigé

### 1. De quel type de contrat s'agit-il ? Où et quand a-t-il été conclu ?

Il s'agit d'un contrat de travail à durée indéterminée. Il a été conclu à Montélimar, le 21 septembre N.

### 2. Les conditions générales de validité des contrats sont-elles réunies ? L'écrit est-il une condition de validité de ce contrat ?

– Capacité des parties : rien ne permet de douter de la capacité de Mme Vilard, qui est majeure. Pour la société, les fonctions exercées par le directeur des ressources humaines laissent supposer qu'il a reçu du directeur général la délégation de pouvoir indispensable à la signature des contrats de travail.
– Consentement : il apparaît au travers des signatures. Rien ne laisse présumer l'existence d'une erreur, d'un dol, ou d'une violence à l'origine du consentement des parties.
– Contenu : il est déterminé pour les deux parties (la prestation de travail d'une part, la rémunération d'autre part) et il est parfaitement licite.
Les trois conditions de validité des contrats prévues par l'article 1128 du Code civil sont donc réunies.
Pour ce qui concerne l'écrit, le contrat de travail à durée indéterminée est un contrat consensuel ; au contraire du contrat de travail à durée déterminée, il n'exige pas obligatoirement la forme écrite et l'absence de rédaction n'entraîne pas la nullité du contrat. Pour autant, le document écrit est utile en tant qu'instrument de preuve de l'existence du contrat et des obligations qui en découlent pour les deux parties.

### 3. Quelles sont les obligations des parties ?

– L'employeur doit respecter les engagements nés du contrat (travail demandé à la salariée conforme à sa qualification et aux fonctions définies) ; il doit verser le salaire convenu et le réviser aux dates prévues et selon les modalités de la convention collective.
– La salariée doit exécuter la prestation de travail précisée par le contrat ; elle doit respecter les termes du contrat, aussi bien ses conditions générales (obligation de loyauté, secret professionnel) que les clauses particulières (clause de mobilité, clause de non-concurrence).

### 4. Quels sont les termes du contrat favorables aux intérêts de la salariée ?

Le premier aspect favorable du contrat est sa durée indéterminée, gage de (relative) stabilité de l'emploi. Le deuxième point favorable est la référence aux dispositions de la convention collective. Enfin, certains points particuliers méritent d'être relevés : l'assurance de la révision annuelle du salaire, la durée du préavis de licenciement fixée à deux mois sans référence à l'ancienneté de la salariée au jour du licenciement.

### 5. Quelles sont les clauses qui peuvent paraître pénalisantes pour la salariée ? Ces clauses sont-elles licites ?

– La clause de mobilité : elle peut faire naître des craintes quant à une mutation future.
– La clause de non-concurrence : c'est une atteinte à la liberté du travail de la salariée.

Ces clauses sont soumises à des conditions stictes de validité par la jurisprudence :
– la clause de mobilité doit être justifiée objectivement par l'intérêt de l'entreprise (fonctions du salarié, besoins de l'entreprise) ; elle doit préciser sa zone géographique d'application ; elle doit aussi ne pas être mise en œuvre de façon abusive. Ici la clause remplit les conditions de validité (même si la référence à une démission présumée est déplacée, la seule voie de droit offerte à l'employeur étant celle du licenciement disciplinaire pour refus d'obéissance) ;
– la clause de non-concurrence ne doit pas porter atteinte de façon excessive à la liberté de travail du salarié (détermination précise des fonctions interdites, zone géographique et durée d'application de l'interdiction limitées) ; elle doit être justifiée par la défense des intérêts légitimes de l'entreprise ; elle doit aussi prévoir une contrepartie financière au profit du salarié. Là encore, la clause insérée dans le contrat de Mme Vilard paraît tout à fait valide.

# 2. Analyser une décision de justice

L'épreuve de Droit consiste à répondre à des questions de manière à proposer une solution à un problème juridique. Vous disposez pour cela d'un dossier documentaire, pouvant comporter une décision de justice (ou un extrait de jurisprudence). Le sujet ne demandera pas forcément de l'analyser, mais ce travail se révélera souvent indispensable pour répondre aux questions posées et proposer une solution argumentée.

Dans cette épreuve, vous devrez donc être capable de :

– situer la décision de justice en précisant la juridiction, la date, la procédure, le domaine de droit concerné ;

– dégager le problème juridique posé et le raisonnement de la juridiction pour le résoudre.

## Démarche

### ÉTAPE 1 Maîtriser le vocabulaire juridique

Cette étape du travail suppose une bonne maîtrise des termes juridiques spécifiques, ainsi qu'une connaissance précise des étapes de la procédure et du système judiciaire.

#### Maîtriser la terminologie

**Appel :** voie de recours par laquelle une partie porte le procès devant une juridiction du second degré.

**Appelant :** personne qui fait appel d'une décision du premier degré.

**Arrêt :** décision d'une juridiction supérieure : cour d'appel, Cour de cassation.

**Arrêt confirmatif :** arrêt de la cour d'appel confirmant le jugement des premiers juges.

**Arrêt infirmatif :** arrêt de la cour d'appel contraire au jugement des premiers juges.

**Attendu :** mot introductif des paragraphes d'une décision de justice (faits, arguments du demandeur).

**Défendeur :** personne contre laquelle la procédure est engagée.

**Demandeur :** personne qui engage la procédure.

**Dispositif :** partie d'un jugement ou d'un arrêt qui énonce la décision de la juridiction.

**Grief :** reproche (faire grief : reprocher).

**Intimé :** défendeur devant la cour d'appel.

**Jugement :** décision d'une juridiction du premier degré (tribunal d'instance, tribunal de grande instance, tribunal de commerce, conseil de prud'hommes, etc.).

**Juges du droit :** magistrats de la Cour de cassation (par extension, la Cour de cassation elle-même).

**Juges du fond :** juges des premier et second degrés (par extension, les juridictions des premier et second degrés).

**Motif :** argument de la juridiction.

**Moyen :** argument présenté contre la décision de justice contestée. Un moyen peut être divisé en plusieurs branches.

**Parties :** personnes qui s'opposent dans un litige.

**Pourvoi en cassation :** recours contre une décision en dernier ressort porté devant la Cour de cassation. La Cour de cassation rejette (arrêt de rejet) ou casse et annule l'arrêt contesté.

**Revirement de jurisprudence :** nouvelle interprétation du droit adoptée par les juges (en général de la Cour de cassation), adoptant une position contraire à celle qui prévalait jusque-là.

## ÉTAPE 2 Comprendre la décision de justice

Pour bien comprendre une décision de justice, il faut repérer les points suivants.

### 1. La juridiction et la date de la décision étudiée

Repérer s'il s'agit d'un jugement ou d'un arrêt, identifier la juridiction (tribunal ou cour) qui est intervenue.

*Exemple : arrêt du 26 janvier 2009 rendu par la 1re chambre sociale de la Cour de cassation.*

### 2. Les parties

Identifier les parties en présence (demandeur/défendeur, appelant/intimé, demandeur au pourvoi/défendeur au pourvoi) : indiquer leurs noms en les situant l'une par rapport à l'autre sur le plan juridique.

*Exemple : le demandeur est M. Rouliery, salarié, le défendeur est la société Carvet, employeur.*

### 3. Les faits à l'origine du litige et l'objet du litige

Résumer les faits, c'est-à-dire les circonstances ou les événements qui ont mené au litige, en éliminant les détails et en suivant l'ordre chronologique. Puis mettre en évidence le litige lui-même.

### 4. Le déroulement de la procédure

Identifier, par déduction, les différentes juridictions saisies et présenter les étapes du procès chronologiquement. Indiquer la décision rendue par chaque juridiction.

### 5. L'énoncé du problème de droit

Formuler le problème juridique posé au juge, éventuellement sous la forme d'une phrase interrogative, mais toujours sous une forme générale. On peut souvent déduire le problème de droit des motifs évoqués par la juridiction saisie.

*Exemple : le licenciement d'un salarié peut-il intervenir pour des faits relevant de sa vie privée ?*

### 6. Les arguments des parties

Exposer les arguments (moyens) avancés par les parties devant la juridiction qui a rendu la décision étudiée. Procéder par énumération pour chacune des parties.

### 7. Les motifs de la décision

Relever les raisons qui justifient la décision du juge. Elles sont rédigées le plus souvent sous la forme : « Considérant que… » ou « Attendu que… ».

### 8. Le dispositif de la décision

Indiquer la décision prise par la juridiction saisie, tout en la commentant.

*Exemple : la Cour de la cassation pose ici le principe nouveau selon lequel le professionnel est tenu à une obligation de résultat ; cette décision constitue un revirement de jurisprudence.*

## ÉTAPE 3 Utiliser le résultat de cette analyse pour résoudre le cas

En fonction des questions posées par le sujet, l'analyse ainsi menée pourra être utilisée pour argumenter sur la solution proposée.

## Application

**À l'aide de vos connaissances, analysez la décision de justice ci-dessous.**

*Note : ce type de question est un exemple pour l'entraînement proposé ici ; ce n'est pas forcément le modèle de sujet qui sera posé lors de l'épreuve.*

Cour de cassation, chambre sociale, 10 mars 2009 *(juridiction et date de la décision)*

M. X… c/ société Y *(parties : le demandeur au pourvoi est cité en premier)*

LA COUR DE CASSATION,

Attendu, selon l'arrêt attaqué, que M. X… a été engagé le 20 janvier 2004 en qualité de chef d'équipe par la société Y ; que, par courrier du 5 mai 2004, le salarié s'est plaint auprès de son employeur de divers « faits illégaux » tenant notamment au défaut de respect d'une promesse de promotion, à la présentation d'accidents de travail comme des situations de maladie et à des agissements de harcèlement moral imputés à un supérieur hiérarchique ; qu'à la suite de ce courrier, il a été licencié pour faute grave par lettre du 3 juin 2004 ; que le salarié a saisi la juridiction prud'homale de demandes en contestation de son licenciement […] ; *(rappel des faits et procédure)*

Vu les articles L. 1152-2 et L. 1152-3 du Code du travail ; *(textes visés par la Cour)*

Attendu qu'aux termes du premier de ces textes, aucun salarié ne peut être sanctionné, licencié ou faire l'objet d'une mesure discriminatoire, directe ou indirecte, notamment en matière de rémunération, de formation, de reclassement, d'affectation, de qualification, de classification, de promotion professionnelle, de mutation ou de renouvellement de contrat, pour avoir subi ou refusé de subir des agissements répétés de harcèlement moral ou pour avoir témoigné de tels agissements ou les avoir relatés ; que selon le second, toute rupture de contrat de travail intervenue en méconnaissance des articles L. 1152-1 et L. 1152-2 du Code du travail, toute disposition ou tout acte contraire est nul ; qu'il s'en déduit que le salarié qui relate des faits de harcèlement moral ne peut être licencié pour ce motif, sauf mauvaise foi, laquelle ne peut résulter de la seule circonstance que les faits dénoncés ne sont pas établis ;

*(rappel des principes de droit appliqués)*

Attendu que pour décider que le licenciement de M. X… reposait sur une cause réelle et sérieuse et le débouter de sa demande de dommages-intérêts pour rupture abusive, l'arrêt retient que le fait pour un salarié d'imputer à son employeur, après en avoir averti l'inspection du travail, des irrégularités graves dont la réalité n'est pas établie, et de reprocher des faits de harcèlement à un supérieur hiérarchique sans les prouver, caractérise un abus dans l'exercice de la liberté d'expression et constitue une cause réelle et sérieuse de licenciement ;

*(rappel de la décision des juges du fond et leur argumentation)*

Qu'en statuant ainsi, alors que le grief tiré de la mise à jour des agissements de harcèlement moral par le salarié, dont la mauvaise foi n'était pas alléguée, emportait à lui seul la nullité de plein droit du licenciement, la cour d'appel a violé les textes susvisés ; […] *(arguments de la Cour de cassation)*

PAR CES MOTIFS,

CASSE ET ANNULE, dans toutes ses dispositions, l'arrêt rendu le 28 septembre 2006, entre les parties, par la cour d'appel de Dijon ; remet, en conséquence, la cause et les parties dans l'état où elles se trouvaient avant ledit arrêt et, pour être fait droit, les renvoie devant la cour d'appel de Besançon […].

*(décision de la Cour de cassation)*

# Corrigé

## 1. La juridiction et la date de la décision

La décision étudiée est un arrêt de la chambre sociale de la Cour de cassation, rendu le 10 mars 2009.

## 2. Les parties

L'affaire oppose M. X…, salarié de la société Y et demandeur au pourvoi, à la société Y, son employeur.

## 3. Les faits à l'origine du litige et l'objet du litige

M. X… était employé au sein de la société Y en qualité de chef d'équipe. Quelques mois après son embauche, il s'est plaint à sa direction de « faits illégaux » : non-respect d'une promesse de promotion, présentation d'accidents de travail comme des situations de maladie, agissements de harcèlement moral imputés à un supérieur hiérarchique. Il a été licencié pour faute grave à la suite de ce courrier.

## 4. Le déroulement de la procédure

M. X… a contesté son licenciement devant la juridiction prud'homale. L'affaire a ensuite été portée en appel ; par un arrêt du 28 septembre 2006, la cour d'appel de Dijon a estimé que le licenciement était justifié. M. X… a alors formé un pourvoi en cassation.

## 5. L'énoncé du problème de droit

Un salarié peut-il être valablement licencié pour des faits allégués mais non prouvés de harcèlement moral ?

## 6. Les arguments des parties

– M. X… estime avoir été victime d'actes de harcèlement moral de la part de son supérieur hiérarchique et avoir été licencié abusivement par son employeur.

– La société Y, de son côté, estime que M. X… n'a pas rapporté la preuve des faits de harcèlement qu'il a relatés par courrier et que le licenciement pour faute grave est fondé.

## 7. Les motifs de la décision

La Cour de cassation estime que le grief tiré des agissements de harcèlement moral par le salarié, dont la mauvaise foi n'était pas alléguée, suffit à entraîner à lui seul la nullité de plein droit du licenciement.

## 8. Le dispositif de la décision

En cassant l'arrêt rendu par la cour d'appel de Dijon, la Cour de cassation désapprouve les juges du second degré qui avaient rejeté la demande du salarié au motif que celui-ci n'avait pas rapporté la preuve des irrégularités et des allégations rapportées contre son employeur. La Haute Cour rappelle en effet qu'en la matière, la loi prévoit qu'un salarié ne peut pas être licencié pour avoir témoigné d'agissements répétés de harcèlement moral ou les avoir relatés et que toute disposition ou tout acte contraire est nul. Dans ces conditions, et dans la mesure où il n'est pas établi que le salarié aurait agi avec mauvaise foi, le licenciement doit être considéré comme nul.

# Lexique de la 1re année de BTS

## A

### Accord collectif
➜ Accord ponctuel portant uniquement sur un thème précis : formation professionnelle, salaires, égalité professionnelle…

### Accord dérogatoire
➜ Accord qui déroge à un autre texte.

### Acte de commerce
➜ Acte défini par la loi ou la jurisprudence comme étant de nature ou forme commerciale, par opposition à un acte civil.

### Acte juridique
➜ Manifestation de volonté d'une ou de plusieurs personnes destinée à produire des effets juridiques.

### Appel d'offres
➜ Publicité légale par laquelle le pouvoir adjudicateur fait connaître aux entreprises intéressées ses besoins en matière de travaux, de fournitures ou de services. Il est possible de répondre à un appel d'offres de manière électronique.

### Apport en société
➜ Biens que les associés mettent à la disposition de la société en contrepartie duquel ils reçoivent des droits sociaux (parts ou actions). L'apport peut se faire en numéraire, en nature ou en industrie (travail personnel). Les apports contribuent à la constitution du capital (à l'exception des apports en industrie).

### Artisan
➜ Personne qui vend essentiellement des produits ou des services issus de son travail et dont l'entreprise ne compte pas plus de dix salariés.

### Association
➜ Groupement constituant une personne morale dont l'activité, en principe non lucrative, poursuit un objectif d'intérêt général, de type culturel, sportif, humanitaire…

### Avant-contrat
➜ Phase précédant le contrat définitif, constituée par une promesse unilatérale et/ou bilatérale de contracter, qui engage celui ou ceux qui l'ont faite.

## B

### Bonne foi
➜ Devoir de loyauté et de coopération de tout contractant, aussi bien dans la conclusion que dans l'exécution du contrat.

## C

### Cahier des charges
➜ Ensemble des documents contractuels par lequel le pouvoir adjudicateur impose au contractant ses conditions de réalisation de l'ouvrage ou du service à fournir.

### Capacité juridique
➜ Aptitude d'une personne à être titulaire de droits (capacité de jouissance) et à les exercer (capacité d'exercice).

### Cautionnement
➜ Sûreté personnelle par laquelle une personne (la caution) s'engage à payer la dette du débiteur dans le cas où ce dernier ne pourrait pas respecter ses engagements.

### Centre de formalités des entreprises (CFE)
➜ Centre qui permet aux entreprises de souscrire, en un même lieu et sur un même document, les déclarations auxquelles elles sont tenues par les lois et les règlements dans les domaines juridique, administratif, fiscal, social et statistique, lors de leur création, de la modification de leur situation sociale et de la cessation de leur activité.

### Cessation de paiements
➜ Situation d'une entreprise qui ne peut faire face à son passif exigible avec son actif disponible.

### Clause de mobilité
➜ Clause contractuelle prévoyant la possibilité que l'employeur se réserve de modifier le lieu de travail du salarié.

### Clause de non-concurrence
➜ Clause permettant provisoirement à un employeur de se prémunir contre la concurrence que pourrait lui faire un salarié à l'expiration du contrat de travail en ayant pour objet de lui interdire l'exercice d'une activité professionnelle concurrentielle pendant un certain temps.

### Clause de réserve de propriété
➜ Dans un contrat de vente, clause permettant de retarder le transfert de propriété du vendeur à l'acheteur jusqu'au moment du paiement complet du prix.

### Clause d'indexation
➜ Dans un contrat dont les paiements sont échelonnés dans le temps, clause qui entraîne la révision automatique du prix prévu au contrat en fonction de la variation d'un indice.

### Clause exonératoire de responsabilité
➜ Clause par laquelle une partie au contrat écarte d'avance toute demande d'indemnisation de son cocontractant en cas d'inexécution de ses obligations.

### Clause exorbitante de droit commun
➜ Clause caractéristique des marchés publics qui serait illégale dans un contrat de droit privé.

### Clause limitative de responsabilité
➜ Clause par laquelle une partie au contrat fixe à l'avance le montant de l'indemnité maximale à laquelle elle serait tenue en cas d'inexécution de ses obligations.

### Commerçant
➜ Toute personne physique ou morale qui exerce des actes de commerce et en fait sa profession habituelle.

### Compte personnel de formation (CPF)
➜ Dispositif permettant à tout actif d'accumuler, même lors de chômage, jusqu'à 150 heures de formation (24 h par an les cinq premières années, puis 12 h).

### Conciliation
➜ Procédure amiable engagée à la demande d'un débiteur dont l'entreprise connaît des difficultés pour tenter une négociation avec ses créanciers. La conciliation intervient avant la cessation de paiements ou dans les 45 jours de son prononcé.

### Congé individuel de formation
Dispositif permettant à tout salarié de suivre, au cours de sa vie professionnelle, à son initiative et à titre individuel, des actions de formation. Le CIF est utilisé indépendamment de la participation du salarié aux stages compris dans le plan de formation de l'entreprise dans laquelle il exerce son activité.

### Contrat
➜ Convention par laquelle une ou plusieurs personnes s'obligent envers une ou plusieurs autres à donner, à faire ou à ne pas faire quelque chose.

### Contrat administratif
➜ Contrat dont une des parties au moins est une personne morale ou la représente, caractérisé par des clauses ou une logique dérogatoires au commun.

### Contrat de travail à durée déterminée (CDD)
➜ Contrat de travail dont le terme est fixé.

### Contrat de travail à durée indéterminée (CDI)
➜ Contrat de travail dont le terme n'est pas fixé.

### Contrat de travail temporaire
→ Contrat conclu entre une entreprise de travail temporaire (agence d'intérim) et un travailleur temporaire (intérimaire).

### Convention
→ Engagement d'une personne dans le but de créer, modifier ou annuler un rapport juridique à l'égard d'une autre personne.

### Convention collective
→ Accord global traitant de l'ensemble du droit du travail (contrat de travail, hygiène, congés, salaires, classification, licenciement…), adaptant ainsi le code du travail à un secteur donné.

### Coopérative
→ Type de société dans laquelle les salariés constituent la majorité des associés, n'appliquant pas le principe de la redistribution des profits et mettant en application le principe de la participation de chacun à la prise de décision.

### Créancier chirographaire
→ Créancier ordinaire, c'est-à-dire ne bénéficiant d'aucune garantie particulière pour assurer le recouvrement de sa créance.

### Créancier privilégié
→ Créancier bénéficiant d'une priorité de paiement par rapport aux créanciers chirographaires.

## → D

### Délai de grâce
→ Délai de paiement accordé à un débiteur défaillant.

### Déontologie
→ Ensemble des règles et devoirs qui régissent l'exercice d'une profession.

### Dividendes
→ Partie des bénéfices d'une société qui, sur décision de son assemblée générale, est distribuée aux associés.

### Droit de vote en assemblée générale
→ Droit accordé aux associés en contrepartie des apports effectués à la société. L'assemblée générale est l'organe délibérant de la société, compétent pour désigner ou révoquer les dirigeants, approuver les comptes et, d'une manière générale, statuer sur les propositions des organes de direction.

## → E

### Effet relatif du contrat
→ Principe selon lequel le contrat n'a d'effet qu'entre les parties contractantes.

### Entreprise
→ Organisation qui combine les facteurs travail et capital pour produire des biens et des services qu'elle vend sur un marché.

### Entreprise individuelle
→ Forme juridique d'entreprise dans laquelle il n'y a pas de distinction de patrimoine entre le propriétaire de l'entreprise et l'entreprise.

## → F

### Folle enchère
→ Lorsque ou « si » le contractant de la personne publique ne peut honorer son engagement, l'offre est à nouveau publiée sur « folle enchère ». Le plus offrant ou le moins disant obtient le marché.

### Fonction publique
→ Ensemble des personnes travaillant au sein des administrations publiques.

### Force obligatoire du contrat
→ Principe selon lequel le contrat engage les contractants et ne peut être remis en cause par la décision unilatérale de l'un d'eux.

## → G

### Gestion prévisionnelle des emplois et des compétences (GPEC)
→ Gestion anticipative et préventive des ressources humaines, en fonction des contraintes de l'environnement et des choix stratégiques de l'entreprise.

### Groupement d'intérêt économique (GIE)
→ Groupement de personnes permettant à ses membres (au minimum deux) de mettre en commun certains moyens, afin de faciliter ou de développer leur activité économique.

## → I

### Impôt sur le revenu des personnes physiques (IRPP)
→ Impôt direct d'État dont l'assiette est constituée par les revenus des contribuables personnes physiques.

### Impôt sur les sociétés (IS)
→ Impôt direct d'État dont l'assiette est constituée par les revenus des contribuables personnes morales, en principe les sociétés, mais, plus généralement, toutes les personnes morales se livrant à une exploitation ou à des opérations à caractère lucratif.

### Incapacité juridique
→ Inaptitude d'une personne à être titulaire de droits (incapacité de jouissance) ou à les exercer (incapacité d'exercice).

## → L

### Licenciement pour insuffisance professionnelle
→ Rupture du contrat de travail à l'initiative de l'employeur estimant et prouvant que le salarié est incapable d'exécuter ses tâches de façon satisfaisante.

### Licenciement pour motif économique
→ Licenciement intervenant pour suppression ou transformation d'emploi, modification refusée par le salarié, d'un élément essentiel de son contrat de travail devant être causées par des difficultés économiques, des mutations technologiques, la réorganisation de l'entreprise nécessaire à la sauvegarde de sa compétitivité ou la cessation d'activité de l'entreprise.

### Lien de subordination
→ Critère essentiel de la qualité de salarié, le lien de subordination se manifeste par l'exécution d'un travail sous l'autorité d'un employeur ayant le pouvoir de donner des ordres et des directives, d'en contrôler l'exécution et de santionner les manquements de son subordonné.

### Liquidation judiciaire
→ Procédure entraînant la vente de tous les actifs d'une entreprise, décidée par le tribunal lorsque les difficultés de l'exploitation sont telles qu'il est impossible de la poursuivre.

## → M

### Marché public
→ Contrat conclu à titre onéreux entre les pouvoirs adjudicateurs (représentants des pouvoirs publics) et des opérateurs économiques publics ou privés, pour répondre à leurs besoins en matière de travaux, de fournitures ou de services.

### Modification des conditions de travail
→ Simple changement des conditions de travail du salarié relevant du pouvoir de direction et s'imposant en principe au salarié, qui, s'il la refuse, risque d'être sanctionné, voire licencié.

### Modification du contrat de travail
→ Modification d'un ou plusieurs éléments du contrat de travail obligeant l'employeur à recueillir au préalable l'accord du salarié.

## → P

### Plan de sauvegarde de l'emploi (PSE)
→ Plan destiné à éviter les licenciements ou à en limiter le nombre, et à faciliter le reclassement du personnel dont le

licenciement ne pourrait être évité. L'employeur a l'obligation d'établir un PSE (ex-plan social) lorsque l'entreprise compte au moins 50 salariés et que le nombre de licenciements est au moins égal à 10 dans une même période de 30 jours.

### Pourparlers

➜ Phase préliminaire à la passation du contrat durant laquelle les clauses sont discutées. Aucune partie n'est engagée à ce stade.

### Pouvoir adjudicateur

➜ Il peut s'agir de l'État, des collectivités territoriales, d'organismes de droit public (ex. : une administration) et des associations formées par ces collectivités (ex. : une agglomération de communes).

### Pouvoir de résiliation unilatérale du marché

➜ La puissance publique peut seule mettre fin unilatéralement au contrat de marché signé. Elle peut le faire pour faute du cocontractant et dispose de pouvoirs étendus pour imposer ses conditions de résiliation ; elle peut aussi le faire hors faute du cocontractant, qu'elle doit alors indemniser.

### Principe de faveur

➜ Principe permettant d'appliquer, en cas de conflit entre plusieurs normes, celle qui est la plus favorable au salarié.

### Procédure de sauvegarde

➜ Procédure judiciaire de prévention intervenant avant la cessation de paiements (ou dans les 45 jours de son prononcé), par laquelle sont recherchés les moyens de réorganiser l'entreprise en difficulté, pour permettre la poursuite de son activité, le maintien des emplois et l'apurement de son passif dans un plan de sauvegarde.

### Promesse de contrat

➜ Engagement unilatéral ou bilatéral de passer un contrat.

### Protection fonctionnelle

➜ Protection des fonctionnaires, organisée par la collectivité publique dont ils dépendent, contre les menaces, violences, injures, diffamations ou outrages dont ils pourraient être victimes à l'occasion de leurs fonctions.

## ➜ R

### Reclassement

➜ Obligation de l'employeur, préalable à tout licenciement pour motif économique, qu'il soit collectif ou individuel. Le reclassement doit être réalisé sur un emploi relevant de la même catégorie que celui qu'occupe le salarié ou sur un emploi équivalent ou, à défaut, et sous réserve de son accord exprès, sur un emploi de catégorie inférieure.

### Redressement judiciaire

➜ Procédure judiciaire intervenant après cessation de paiements d'une entreprise, dont les objectifs sont de poursuivre l'activité de l'entreprise sous surveillance et d'élaborer un plan de redressement, pour le maintien de l'emploi et l'apurement du passif.

### Régime matrimonial

➜ Ensemble de règles, d'origine légale ou contractuelle, déterminant la composition du patrimoine de chaque époux et précisant comment chacun d'eux acquiert des droits et engage ses biens à l'égard des tiers.

### Registre du commerce et des sociétés (RCS)

➜ Registre regroupant les informations sur les entreprises françaises.

### Représentant des salariés

➜ Instances représentatives des salariés (CE, délégués du personnel, délégués syndicaux) dialoguant avec l'employeur.

### Représentation

➜ Dispositif juridique permettant à une personne (le représentant) d'agir au nom d'une autre personne (le représenté) pour laquelle elle peut passer des contrats.

### Résiliation du contrat

➜ Annulation, par le juge ou par le jeu d'une clause, d'un contrat qui ne respecte pas les conditions de validité posées par la loi ou dont l'une des parties ne respecte pas les obligations qui en découlent. La résiliation n'a d'effet que pour l'avenir.

### Résolution du contrat

➜ Annulation, par le juge ou par le jeu d'une clause, d'un contrat qui ne respecte pas les conditions de validité posées par la loi ou dont l'une des parties ne respecte pas les obligations qui en découlent. La résolution est rétroactive et s'accompagne de la restitution des prestations déjà versées.

## ➜ S

### Société

➜ Personne morale instituée par un contrat conclu entre plusieurs personnes qui conviennent de mettre en commun des biens ou leur industrie dans le but de partager les bénéfices, une économie et éventuellement les pertes. Dans certains cas, elle peut être instituée par l'acte de volonté d'une seule personne.

### Société coopérative d'intérêt collectif (SCIC)

➜ Société coopérative dont l'objet est la production et la fourniture de biens et de services ayant un caractère d'utilité sociale.

### Société coopérative de production (SCOP)

➜ Société, de type SA ou SARL, dont les salariés sont associés majoritaires et mettent un projet d'entreprise en commun tout en partageant des risques et des décisions.

### Subordination

➜ Dépendance d'une personne à l'égard d'une autre.

### Superprivilège des salaires

➜ Priorité de paiement avant toute autre créance, accordée par la loi aux salariés pour garantir le versement des salaires impayés en cas de cessation de paiements de leur employeur.

## ➜ T

### Transfert d'entreprise

➜ Modification de la situation juridique de l'employeur (vente, fusion…) entraînant la poursuite des contrats de travail en cours avec le nouvel employeur.

### Transformation sociale

➜ Modification de la forme de la société. Elle est décidée en AGE.

### Transmission d'entreprise

➜ Opération juridique consistant à céder l'entreprise dans un contrat de vente ou dans une succession, soit par cession du fonds (entreprise individuelle), soit par cession des parts sociales (société).

## ➜ V

### Validation des acquis de l'expérience (VAE)

➜ Dispositif permettant au salarié d'obtenir une reconnaissance de ses acquis professionnels et de son expérience.

### Vice du consentement

➜ Circonstance qui entrave la réalisation normale du consentement comme l'erreur, le dol ou la violence exercée par un contractant.

**Crédits photographiques :** p. 3 : vgstudio/Fotolia ; p. 4 (h) : pressmaster/Fotolia ; p. 4 (b) : pixamo/Fotolia ; p. 5 (hg) : Christophe Fouquin/Fotolia ; p. 5 (hd) : gpointstudio/Fotolia ; p. 5 (bg) : goodluz/Fotolia ; p. 5 (bd) : Szasz-Fabian Erika/Fotolia ; p. 6 (g) : industrieblick/Fotolia ; p. 6 (m) : Wild Orchid/Fotolia ; p. 6 (d) : Brian Jackson/Fotolia ; p.7 Joseph Hilfiger/Fotolia ; p. 8 (h) : contrastwerkstatt/Fotolia ; p. 8 (b) : contrastwerkstatt/Fotolia ; p. 9 (h) : JPC-PROD/Fotolia ; p. 9 (b) : George Wada/Fotolia ; p. 11 : Gelpi/Fotolia ; p. 18 : Photographee/Fotolia ; p. 18 D-plume/Fotolia ; p. 24 : Monkey Business/Fotolia ; p. 25 : contrastwerkstatt/Fotolia ; p. 26 (1) : StockLite/Shutterstock ; p. 26 (2) : Luis Sanos/Shutterstock ; p. 26 (3) : Gualtiero Boffi /Shutterstock ; p. 26 (4) : Yuri Arcurs/Shutterstock ; p. 30 : Tyler Olson/Fotolia ; p. 32 : Antonioguillem/Fotolia ; p. 35 : ruigsantos/Fotolia ; p. 36 (h) : vadymvdrobot/Fotolia ; p. 36 (b) : Pavel L Photo and Video/Shutterstock ; p. 37 Dmitry Vereshchagin/Fotolia ; p. 38 (1) : goodluz/Fotolia ; p. 38 (2) : Yuri Arcurs/Shutterstock ; p. 38 (3) : Auremar/Fotolia ; p. 38 (4) : CPA indutrieblick/Fotolia p. 38 (5) : contrastwerkstatt/Fotolia ; p. 41 Stock Photo pro/Fotolia; p. 42 : contrasrwerksatatt /Fotolia ; p. 48 : yurolaisalbert/Fotolia ; p. 49 : asierromero/Fotolia ; p. 54 : Kadmy /Fotolia ; p. 58 : Rui Vale de Sousa/Fotolia ; p. 61 : Kurhan/Fotolia ; p. 63 : arekmalang/Fotolia ; p. 67(H) : commentcamarche.net/CCM-Le Figaro ; p. 67 : contastwerskstatt /Fotolia ; p. 68 : lenets_tan/Fotolia ; p. 69 : journaldunet.com/CCM-Le Figaro/janvier 2017 ; p. 73 : Idpsad/Fotolia ; p. 75 : Monika Wisniewska/Fotolia ; p. 77 : Jp Chret/Fotolia; p. 81 : puhhha/Fotolia ; p. 82 : Yarinca-Yarinca/Istockphoto ; p. 85 : sepy/Fotolia ; p. 90 : PHILETDOM/Fotolia ; p. 94 : Geotrac/Istockphoto ; p. 97 : ArTo/Fotolia ; p. 104 Gustavo; p. 106 : Alexandre Sioc'Han de Kersabiec/Sud Ouest ; p. 109 : contrastwerkstatt/Fotolia ; p. 110 Rogerphoto; p. 111 Eisenhans; p. 113 Eléonore H; p. 115 : Picture-Factory/Fotolia ; p. 116 : Yuri Arcurs/Shutterstock ; p. 119 : ACP prod/Fotolia ; p. 120 : naka/Fotolia ; p. 122 : thodonal/Fotolia ;p. 126 Koirill; p. 133 : vadymvdrobot/Fotolia ; p. 134 : Veniamin Kraskov/Fotolia ; p. 140 : Imageman/Shutterstock.

**Dessins :** Chimulus (p. 88), Pascal Gauffre (p. 90), Hubert Blatz (p. 113). – **Infographies :** Alexandre Leguedey.

MIXTE
Papier issu de sources responsables
FSC
www.fsc.org
FSC® C022030

N° de projet : 10238599 - Dépôt légal : Août 2018 - JPM
Imprimé en Italie par L.E.G.O. S.p. A., Lavis (TN)